Volker Bugdahl
unter Mitarbeit von Britta Bugdahl und Bert Bugdahl
Kreatives Problemlösen
im Unterricht

Volker Bugdahl

Kreatives Problemlösen im Unterricht

Gedruckt auf chlorfrei gebleichtem Papier
ohne Dioxinbelastung der Gewässer

Deutsche Bibliothek – CIP-Einheitsaufnahme

Bugdahl, Volker:
Kreatives Problemlösen im Unterricht / Volker Bugdahl.
Unter Mitarb. von Britta Bugdahl und Bert Bugdahl. –
Frankfurt am Main : Cornelsen Scriptor, 1995
    ISBN 3-589-21049-4

5.   4.   3.   2.   1.   Die letzten Ziffern bezeichnen
99   98   97   96   95   Zahl und Jahr des Drucks.

Redaktion: Marion Clausen, Gleichen (Etzenborn)
Herstellung: Kristiane Klas, Frankfurt
Umschlaggestaltung: Studio Lochmann, Frankfurt am Main unter Verwendung einer
Zeichnung von Klaus Puth, Mühlheim
Zeichnungen: Klaus Becker, Frankfurt am Main
Satz: FROMM Verlagsservice GmbH, Idstein
Druck und Bindung: Paderborner Druck Centrum, Paderborn
Vertrieb: Cornelsen Verlag, Berlin
Printed in Germany
ISBN 3-589-21049-4
Bestellnummer 210494

Inhalt

Vorwort 8

1. Einleitung 10

2. Definitionen 12
   2.1 Intelligenz und Kreativität 12
   2.2 Die fünf Kreativitätsebenen 13
   2.3 Innovation 14
   2.4 Ambiguitätstoleranz 15
   2.5 Wozu brauchen wir neue Ideen? 15
   2.6 Aber was ist eigentlich ein Problem? 16
   2.7 Kreislauf der Innovation 18
   2.8 Hinweise für den Unterricht 19

3. Brainstorming 20
   3.1 Hintergrund: Abrufen unbewußten Wissens 20
   3.2 Der Kaufmann von Bagdad 20
   3.3 Prinzip der Methode 21
   3.4 Regeln 24
   3.5 Vorbereitung, Ablauf und Auswertung des Brainstormings . . 26
   3.6 Praktisches Beispiel 28
   3.7 Motivierte Modifikation von Information 29
   3.8 Lernziel: Nie wieder ideenlos 38
   3.9 Hinweise für den Unterricht 39

4. Motivation 42
   4.1 Hintergrund: Primäre und sekundäre Motivation 42
   4.2 Lernziel: Denksport wärmt. Ohne Gedächtnis keine Ideen . . . 43
   4.3 Arten von Aufwärm- und Lockerungsübungen 44
   4.4 Gedächtnistraining 48
   4.5 Hinweise für den Unterricht 51

5. Brainwriting 53
   5.1 Hintergrund: Schriftliches Brainstorming 53
   5.2 Lernziel: Von 0 auf 100 (Ideen) in 30 Minuten 54
   5.3 Prinzip der Methode 54
   5.4 Praktische Beispiele zur Methode 635 57
   5.5 Hinweise für den Unterricht 58

6. Entrinnen 61
6.1 Hintergrund: Problemlösen = sich vom Problem lösen 61
6.2 Lernziel: Neue Einsichten durch Ausbruch 64
6.3 Hinweise für den Unterricht 87

7. Bionik, Synektik 90
7.1 Hintergrund: Die Natur als Vorbild,
    Reflexionswand und Ideenlieferant 90
7.2 Lernziel: Laterales Denken 92
7.3 Prinzip der Methode 95
7.4 Praktisches Beispiel: Synektische Exkursion 96
7.5 Hinweise für den Unterricht 101

8. Morphologischer Kasten 104
8.1 Hintergrund: Problemzerlegung 104
8.2 Lernziel: Problemlösen durch Strukturierung
    und Zwangsverknüpfung 107
8.3 Prinzip der Methoden Morphologie, Funktionsanalyse,
    Attributive Listing 109
8.4 Praktische Übungen 115
8.5 Morphos 116
8.6 Hinweise für den Unterricht 117

9. Konfliktlösen 119
9.1 Hintergrund: Soziale Fallen 119
9.2 Lernziel: Gemeinsam gewinnen 127
9.3 Prinzip der Methoden Prioritäten setzen, Mapping,
    Konfliktmorphologie 128
9.4 Praktische Übung: Das VO-BU-Spiel 134
9.5 Hinweise für den Unterricht 135

**10. Unterrichtssituationen und Einstiegsmöglichkeiten
in die Methoden** 136
10.1 Deutsch und andere Sprachen 136
10.2 Naturwissenschaftliche Fächer 146
10.3 Mathematik 160
10.4 Religion und Sozialkunde 167

11. Methodenübersichten 178

11.1 Problemlösemethoden und Verfahrensmerkmale 178

11.2 Allgemeine Fragen zur Anregung der Ideenproduktion 179

11.3 Brainstorming-Varianten 184

11.4 Methoden der schöpferischen Konfrontation 185

12. Literaturverzeichnis 187

13. Stichwortverzeichnis 189

Vorwort

Das Wissen unserer Zeit vermehrt sich explosionsartig, aber zugleich wird es immer schwieriger und teurer, wesentliche Informationen zu erkennen, an sie heranzukommen und sie weiterzugeben. Auf der anderen Seite sind auch die Schüler heute nicht mehr auf die gleiche Weise wissensdurstig und konzentriert wie zu der Zeit, als es weniger außerschulische Information und Ablenkung gab. Das zwingt den Lehrer fast in die Rolle eines Showmasters: Er ist in jedem Sinne erfolgreicher, wenn er sich und den zu vermittelnden Stoff interessant macht.

Unterricht sollte aber auch noch aus einem anderen Grunde nicht trocken sein. Berge rieselfähiger bis staubiger Fakten können die Kreativität der Schüler zuschütten, anstatt sie flüssig zu halten. Unsere Erziehung basiert vorwiegend auf Sachkompetenz, Logik und Ordnung. Vorhandenes Wissen wird weitergegeben und gegen Veränderungen im Lernprozeß abgesichert. Dagegen ist nichts zu sagen, aber das reicht nicht. Wir müssen die Wirksamkeit der Sachkompetenz vervielfältigen, indem wir ihr die Fähigkeit, neue Ideen zu entwickeln, an die Seite stellen. Die vielen Probleme, die uns das ganze Leben hindurch begleiten, entstehen meist durch die Starrheit des Denkens. Wir lösen sie am besten durch neue Ideen und Betrachtungsweisen und müssen uns dazu selbst vom starren Denken lösen, aus dem Gefängnis der alten Ideen ausbrechen und neue entwickeln.

Probleme imitativ zu lösen, also nach einem Vorbild, bringt uns nicht weiter. An der Schwelle zum Jahre 2000 mit einer nie zuvor gekannten Problemfülle brauchen wir innovative Lösungen. Der wirtschaftliche und gesellschaftliche Wettbewerb ist längst zum Wettbewerb um Information und Innovation geworden. Das alte Denken „try the same, but harder" („Versuche das gleiche – nur intensiver") hat ausgedient. Jetzt muß es heißen: „Versuche etwas Neues, sei kreativ!"

Kreativität (die Definition wird in Kapitel 2 nachgeliefert) ist keine reine Begabung, sondern eine Fertigkeit, die gelehrt, geübt und gelernt werden kann, und sie hängt nicht einmal direkt mit Intelligenz zusammen. Viele Intelligente sind überhaupt nicht kreativ, und viele Kreative sind nicht besonders intelligent. Dieses Buch möchte Ihnen helfen, Kreativität (wieder) zu (er)wecken, und bietet Ihnen dazu einen prall gefüllten Werkzeugkasten. Die erprobten Werkzeuge müssen Sie allerdings selbst auswählen und bedienen, und das können Sie auch viel besser als die Autoren. Britta und Bert haben die Schule noch in guter Erinnerung. Jetzt sind sie auf dem besten Wege, selbst Lehrer zu werden, wie viele unserer Vorfahren. Ich bin Chemiker und trete hier nur als „gebildeter Laie" auf. Mildernde Umstände sind vielleicht meine Lehrtätigkeit an der Fachhochschule Darmstadt und die Begegnung mit sehr engagierten guten Lehrern aus unserem Freundeskreis.

Zum Inhalt: Die Vorstellung der Methoden folgt einem logischen Ablauf, ist aber nicht zwingend: Über *Brainstorming* finden wir Ideen und damit Problemlösemethoden. Die verfremdenden Methoden üben wir beim *Brainwriting*, vertiefen sie im Kapitel *Entrinnen* und wenden sie konzentriert bei der *synektischen Exkursion* an. Beim *Morphologischen Kasten* werden wir zunächst wieder systematischer und strukturieren Probleme. Nun verfügen wir schon über das gesamte Instrumentarium und quellen vor Ideen über. Schließlich sehen wir, daß man mit „kreativen" Methoden nicht nur Ideen findet, sondern auch friedlich *Konflikte lösen* kann.

Das Kapitel *Unterrichtssituationen* möchte Sie mit einigen Beispielen darauf aufmerksam machen, wie viele Gelegenheiten es gibt, auf Kreativität hinzuweisen und sie (aus-)zu üben.

Wenn Sie nach der Devise handeln: „Erfolgreich sein heißt erfolgreich machen", dann werden Ihre Schülerinnen und Schüler* ganzheitlich denkende und handelnde Individuen. Sie haben beste Voraussetzungen für eine effektive Ausbildung und ein erfülltes Berufsleben. Sie sind motiviert zur Eigenleistung in der Gemeinschaft . Sie verfügen über ein gesundes Selbstbewußtsein, über Entscheidungsmut, Frische und Humor. Und sie denken gerne und dankbar an ihre kreativen Lehrer zurück.

Frau OStRin Dr. Alice Noll, Hanau, und Herrn OStR Dr. Jürgen Sänger, z. Z. Berater in der Inspection Pédagogique Nationale d'Allemand Jaunde / Kamerun, danke ich sehr herzlich für die kritische Durchsicht des Manuskripts und für wertvolle Hinweise. Frau Angela Bugdahl danken wir für den Anstoß zu unserem Buch.

Dr. Volker Bugdahl

---

* Dies Buch ist in der männlichen Form geschrieben. Die Ausdrucksweise „Schülerinnen und Schüler" hätte noch mehr Kürzungen erfordert, und „Schüler/Innen" ist u. E. ein unschöner Kompromiß. Bitte glauben Sie uns trotzdem, daß wir alle Menschen in gleicher Weise achten.

1. Einleitung

Das Bild einer Glühbirne ist uns wie selbstverständlich zum Piktogramm geworden und bedeutet „Idee" oder „Aha" oder „Heureka". Früher sagte man: „Mir ist ein Licht aufgegangen" und dachte an eine Kerze. So hat eine technische Erfindung auch ein Symbol für etwas „Idee"elles verändert.

Piktogramm „Idee"

Die Geschichte der Menschheit wird gewöhnlich als politische, manchmal auch als ökonomische Geschichte, seltener als die Geschichte der Denkschulen, aber fast nie als technische Geschichte beschrieben. Sehr zu Unrecht, denken wir und wollen für einen Augenblick einmal mit einer groben Übertreibung die Geschichtslehrer schocken, um unseren Gedankengang zu verdeutlichen.

Die Rosenkriege der englischen Geschichte, über die wir uns in der Schule lange verbreitet haben, ließen sich (Westheimer 1987, S. 400) wie folgt in zwei Sätzen zusammenfassen:

York brüllt: „Ich werde König!"

Lancaster brüllt: „Nein, *ich* werde König!"

Wir vermuten, daß viele Leser (die Geschichtslehrer natürlich ausgenommen) nicht wissen, wer denn nun König geworden ist, und daß dies leider noch mehr Lesern sogar egal ist. Von der Erfindung der Brille profitiert dagegen gut 50 % der verehrten Leserschaft – jetzt wieder einschließlich aller Historiker.

Geisteswissenschaftler wie Theologen, Philosophen, Juristen spielten und spielen eine dominante Rolle als Staatenlenker und Denker, während Naturwissenschaftler und Techniker die meisten Lösungen (und auch einige Ursachen) für unsere Probleme geliefert haben. Viele Techniker haben ihr ganzes Leben lang ein schlechtes Gewissen in Sachen Allgemeinbildung und versuchen beflissen, sich zu bilden. Allein schon deshalb, um sich mit Vertretern der anderen Fakultäten unterhalten zu können. Manche Geisteswissenschaftler sind dagegen fast stolz darauf, nicht zu wissen, wie z. B. eine Glühbirne funktioniert, oder – was eine natürliche Folge dieser Einstellung ist – haben heimlich gesundheitliche Bedenken beim Auswechseln dieses Leuchtmittels.

Damit sind wir wieder am Ausgangspunkt. Lassen sie uns noch ein bißchen an der Glühbirne herumdenken. Licht anmachen ist kinderleicht, solange wir keine Fragen stellen. Fangen wir aber erst einmal an, dann können wir die gesamte industrielle Technologie und Wirtschaft an der Glühlampe aufhängen. Woraus besteht die Glühbirne? Aus Glas, einer metallenen (Kupfer, Messing, Aluminium) Fassung mit genormtem Schraubgewinde, innen einem metallenen (Wolfram, hochschmelzende Legierungen) gewendeltem Glühfaden an in Glas geführten Zuleitungsdrähten in Edelgasatmosphäre.

Glas macht man aus Soda und Sand, Soda z. B. nach dem Solvay-Verfahren aus Kochsalz und Kalk. Als Nebenprodukt entsteht Salzsäure, die über PVC elegant entsorgt werden kann. Wenn jetzt PVC verboten werden soll, gibt es Probleme, nicht nur beim Glas.

Bevor die metallenen Bestandteile der Glühbirne, Glühfaden, Zuleitungen und Fassung, montiert werden können, braucht man Wissen über Legierungstechnik, Schmelzdiagramme, Eutektika, Bergbau, Erzaufschlußverfahren, Methoden zur Darstellung reiner Metalle.

Die Verbindung zwischen Glaskolben und Gewinde erfordert Kenntnisse der Verbindungstechniken Löten, Schweißen und Kleben.

Das Füllen des Glaskolbens mit Edelgas setzt Vakuumpumpen und Verfahren zur Gewinnung der Edelgase voraus.

Natürlich haben die Elektrizitätslehre und die Wärmelehre bei der Glühbirne ein gewichtiges Wörtchen mitzureden, aber auch Normenausschüsse, Sicherheitstechnik, Transport, Handel usw.

Was wollen wir damit sagen? Nach den Perioden der Datensammlung, Klassifizierung und Spezialisierung haben wir so viele Informationen gewonnen, daß wir sie wieder zusammenführen müssen. Der Übersichtlichkeit zuliebe, vor allem aber, weil die Bewältigung unserer Probleme eine höhere Wirksamkeit verlangt. Selbst der Glühbirnenhersteller ist so sehr Spezialist geworden, daß er selten den für den Überblick notwendigen Abstand nimmt. Es wird höchste Zeit für einen Brückenschlag zwischen allen Disziplinen, für ganzheitliches Denken. Wir brauchen neue Ideen, und die kommen nicht aus Einsicht oder Willensanstrengung, sondern durch das Ausbrechen aus dem scheinbar Selbstverständlichen. Die sogenannten kreativen Methoden der Ideenfindung sind Ausbruchswerkzeuge und wirken deshalb streckenweise unseriös. Aber nicht als Gegner der Logik, sondern als Geburtshelfer für neue logische Entwicklungen, die sich unserem Wertesystem wieder unterwerfen.

Vertragen Sie kurzzeitige Albernheit, geneigte Leserin? Unser Bild ist der Härtetest. Und damit beschließen wir unsere Glühbirnenplauderei.

Tante Hedwig bei der Morgentoilette

2. Definitionen

Dieses Kapitel werden Sie vielleicht langweilig finden. Wenn Sie ein aufkeimendes Gähnbedürfnis spüren sollten, handeln Sie sofort wie jener trinkfeste Bayer, der, nach Durst gefragt, antwortete: „Durst kenn' ich nicht. So weit laß' ich es gar nicht erst kommen." Blättern Sie sich dann zu Kapitel 3 durch. Der systematische Leser wird jedoch wissen wollen, wie wir das eine oder andere in diesem Buch häufig vorkommende Wort verstehen wollen, und mancher ordentliche Mensch würde es uns sogar schwer ankreiden, wenn es ohne Definitionen losginge.

2.1 Intelligenz und Kreativität

Zur Unterscheidung von Intelligenz und Kreativität scheint uns folgende Definition von Gertrud Höhler (1989, S. 9) treffend:

„Unter *Intelligenz* versteht man die Fähigkeit, Aufgaben zu lösen mit Methoden, die erarbeitet sind (in der Regel sogar Tradition haben). Intelligenz ist damit die Erhaltung des Know-how einer Kultur. *Kreativität* ist der Schritt darüber hinaus in Neuland. Kreativität fußt auf intelligenten Erkenntnissen und Verfahrensweisen, aber sie bringt eine Prise bisher nicht Versuchtes, bisher nicht Bekanntes und damit die Erneuerung der Kultur."

Kreativität selbst wird z. B. wie folgt definiert:
Kreativität heißt „Wissens- und Erfahrungselemente aus verschiedenen Bereichen unter Überwindung verfestigter Strukturen und Denkmuster zu neuen Ideen zu verschmelzen." (Geschka/v. Reibnitz 1981, S. 844)

„Kreativität ist die Fähigkeit, vorhandene Information gewinnbringend umzustrukturieren und sie zu vermehren. – Kreativität ist die Fähigkeit zur Evolution." (Binnig, 1990, S. 96)

„Kreativität ist die Fähigkeit von Menschen, Kompositionen, Produkte oder Ideen hervorzubringen, die *in wesentlichen Merkmalen neu* sind und *ihrem Schöpfer* [besser: Hervorbringer (d. Autoren)] *vorher unbekannt* waren. Sie kann in vorstellungshaftem Denken bestehen oder in der Zusammenfügung von Gedanken, wobei das Ergebnis mehr als eine reine Aufsummierung des bereits Bekannten darstellt. Kreativität kann das Bilden neuer Muster und Kombinationen aus Erfahrungswissen einschließen und die Übertragung bekannter Zusammenhänge auf neue Situationen ebenso wie die Entdeckung neuer Beziehungen.

Das kreative Ergebnis muß nützlich und zielgerichtet sein und darf nicht in reiner Phantasie bestehen – obwohl es nicht unbedingt sofort praktisch angewendet zu werden braucht oder perfekt und vollständig sein muß. Es kann jede Form des künstlerischen oder wissenschaftlichen Schaffens betreffen oder prozeßhafter oder methodischer Art sein." (Drevdahl 1956, S. 21)

Dies ist die verbreitetste Definition, der wir uns anschließen wollen. Viel poetischer ist allerdings folgende von Gary Larson, einem Seminarteilnehmer:
Kreativität heißt blind spazierengehen, wo noch niemand gegangen ist, zu stolpern, zu fallen und mit einer duftenden Rose aufzustehen.

2.2 Die fünf Kreativitätsebenen

Kreativität läßt sich nach I. A. Taylor (1959) in fünf Ebenen unterteilen:

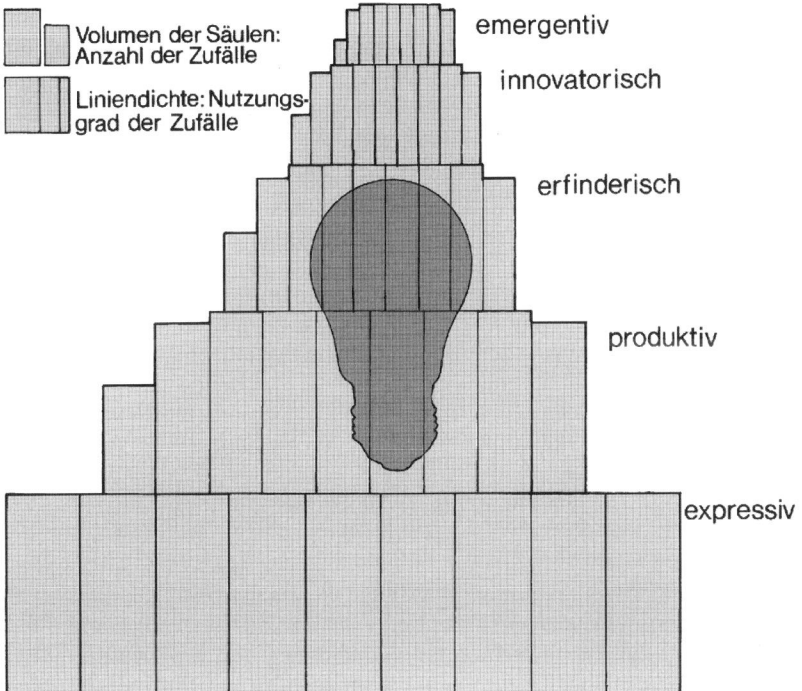

Fünf Kreativitätsebenen nach Taylor

Die unterste ist die *expressive*, gekennzeichnet durch spontanes und freies Tun ohne besondere Fähigkeiten.

Die *produktive* Ebene umfaßt die Gestaltung von Empfindungen und Phantasien mittels erworbener Fähigkeiten und Begabungen. Beispiele dafür sind: ein gemaltes Bild, eine technische Konstruktion. Material und Wissen beschränken die Freiheit dieser Ebene, machen aber auch die Ergebnisse verständlicher. Die meisten Menschen begnügen sich mit dieser Kreativitätsebene.

Die dritte Ebene ist die *erfinderische*. Neue Kombinationen versetzen sowohl den Kombinator als auch die Mitmenschen in Erstaunen und überraschen. Wenn eine Erfindung eine neue Entwicklung einleitet, sind wir schon auf der *innovatorischen* Kreativitätsebene. Zum schöpferischen Kombinieren mußten sich hier noch weitere Fähigkeiten, vor allem aber ein vertieftes Verständnis für Zusammenhänge gesellen.

Die *emergentive* ([lat.]: emporkommend, sich hervortun) Kreativitätsebene steht am höchsten und liefert ungewöhnliche Ergebnisse von ganz wenigen für zunächst ganz wenige. Physiker dieser Ebene waren Einstein, Planck, Heisenberg. Ihre Entdeckungen wurden erst später verstanden, bildeten dann aber die Basis neuer Denkschulen.

Auf welchen Ebenen ist der Zufall dienlich? Auf den unteren Ebenen gibt es viele Zufälle, die zufällig genutzt werden. Auf den höheren Ebenen gibt es immer weniger Zufälle, aber ihr Nutzungsgrad wird immer besser. Jedenfalls gibt es für alle Ebenen viele Beispiele zufälliger bis pseudozufälliger Anregung, wie wir noch oft sehen werden.

2.3 Innovation

Da die Begriffe *Neuheit* oder *kreative Lösung* oder *Erfindung* einerseits und *Innovation* andererseits oft nicht scharf unterschieden werden, wollen wir uns nun auch Definitionen zum Begriff *Innovation* ansehen:

Innovation ist laut Duden 1989 *soziologisch* die „geplante und kontrollierte Veränderung, Neuerung in einem sozialen System durch Anwenden neuer Ideen und Techniken" und *wirtschaftlich* die „Realisierung einer neuartigen, fortschrittlichen Lösung für ein bestimmtes Problem, besonders die Einführung eines neuen Produkts oder die Anwendung eines neuen Verfahrens".

Kreativität ist, Ideen zu haben; *Innovation* ist, etwas daraus zu machen. *Innovation* ist, was nach der Selektion von Erfindungen übrigbleibt. Anwendungstaugliche Erfindung ist also seltener und deshalb teurer als bloße Erfindung. Der Entdecker beutet den Zufall aus, der Innovator die Entdeckung. Der Unterschied zwischen Entdecker/Erfinder und Inno-

vator ist manchmal auch der, daß der eine arm bleibt oder wird, der andere aber reich wird oder bleibt.
Innovation ist die Umwandlung großer Ideen in nützliche Produkte.
Innovation ist ein Transfer von trivial zu bedeutsam, von wertlos zu wertvoll, von alt zu neu und von nichts zu etwas.

2.4 Ambiguitätstoleranz

Dieses Fremdwort ist das Kürzel für „die Fähigkeit, in einer problematischen und unübersichtlichen Situation zu existieren und dennoch unermüdlich an deren Bewältigung zu arbeiten" (Matussek). Viele Menschen ertragen die von einem ungelösten Problem ausgehende Spannung nicht lange. Sie gewöhnen sich nach einem untauglichen Lösungsversuch lieber wieder an das Problem. Sie richten sich mit dem Problem häuslich ein, anstatt es weiter intensiv zu bearbeiten. Was aber, wenn das Problem lebensbedrohend ist und man sich deshalb nicht an es gewöhnen kann? Wahrscheinlich sterben viele Menschen, weil sie zu früh aufgeben.
Kreative können Unbestimmtheit länger ertragen, ohne sich je an sie zu gewöhnen. Paul Matussek weiß hierzu ein fabelhaftes Beispiel:
Zwei Frösche sprangen in einen Eimer Milch. Zuerst tranken sie sich satt, doch dann wollten sie wieder hinaus. Sie strampelten und strampelten, aber sie konnten nicht hoch genug springen. Die Milch stand noch zu hoch im Eimer, als daß sie sich am Boden hätten abstoßen können. Schließlich gab der normale Frosch auf und ertrank. Der zähe aber strampelte mit letzter Kraft bis zum Morgen weiter. Schließlich saß er auf einem Klumpen Butter und hatte sich gerettet.
Frösche sind definitionsgemäß nicht kreativ, und wir sind keine Frösche. Aber dennoch: Wozu brauchen *wir* eigentlich ständig neue Ideen?

2.5 Wozu brauchen wir neue Ideen?

„Jede Lösung eines Problems ist ein neues Problem." (J. W. von Goethe)
„Hauptursachen der Probleme sind die Lösungen." (Eric Savareid, Seminarteilnehmer)
„Probleme hat man heutzutage fest im Griff, deshalb sind sie so schwer zu lösen." (Ron Kritzfeld, Seminarteilnehmer)

Zum Problemerzeugen und -lösen drängen uns die uralten, stammesgeschichtlich erprobten Neigungen Verteidigungsbereitschaft und Expansionsdrang – nach außen wie im Innern. Unser Land, wie auch Europa und die ganze Welt bedürfen eines ständigen Stroms neuer Ideen, wenn Gutes erhalten, Schlechtes verbessert und angerichtete Schäden wieder gut gemacht werden sollen.

Im Wettbewerb der Individuen versuchen wir, von der Selbstbehauptung zur Selbstverwirklichung zu kommen. Erfolg erfreut, besonders der durch Problemlösen verdiente Erfolg.

2.6 Aber was ist eigentlich ein Problem?

Natürlich wissen Sie, was ein Problem ist. Aber können Sie es auch definieren? Wir wollen uns einmal mit ein paar Beispielen an diese Frage heranpirschen.

Max Wertheimer (1964, S. 129) stellte seinen Studenten folgende Aufgabe:

$(274 + 274 + 274 + 274 + 274) : 5 = ?$

Ist das ein Problem? Sie werden schmunzelnd oder kopfschüttelnd verneinen.

Selbst wenn ein Student der Rechenvorschrift gefolgt wäre und erst addiert und dann dividiert hätte, das Wort *Problem* nutzen wir doch lieber für schwierigere Fälle. Ist die folgende Aufgabe schwierig genug?

$(271 + 272 + 273 + 274 + 275) : 5 = ?$

Sie werden murren und fühlen sich weiterhin unterfordert. Wie sieht es mit folgender Reihe aus? Können Sie sie sinnvoll fortsetzen?

M D M D ...

Wenn Sie jetzt auf M getippt haben, liegen Sie nicht falsch. Eine originellere Lösung wäre allerdings **F**. Warum? Montag, Dienstag, Mittwoch, ... War das ein Problem? Eher eine Scherzfrage? Versuchen wir es mit einem weiteren Beispiel:

Ein Händler gibt 25 % Rabatt auf Autoreifen, schlägt allerdings 15 % Mehrwertsteuer auf. Was ist für die Kunden günstiger? Erst der Rabattabzug und dann der Mehrwertsteueraufschlag oder umgekehrt? Oder ist die Reihenfolge gleichgültig? Man könnte meinen, wenn erst einmal ein Viertel fehlt, schmerzt die Mehrwertsteuer nicht mehr so sehr. Diese Meinung ist aber unberechtigt, wie wir jetzt beweisen:

Preis x 0,75 x 1,15 = Preis x 1,15 x 0,75

Wir haben Addition und Subtraktion in Multiplikation überführt (Methode Transformation siehe Kapitel 3) und fühlen uns jetzt auf sicherem Boden: Bei der Multiplikation ist die Reihenfolge der Faktoren beliebig. Wenn Sie das letzte Beispiel als Problem anerkennen, können wir folgende Schlüsse für unsere Problemdefinition ziehen:

1. Ein Problem muß subjektiv einen gewissen Schwierigkeitsgrad aufweisen.

   Das Melken einer Kuh, das Auswechseln einer Sicherung, das Lösen einer Gleichung sind je nach Vorbildung ein Problem oder nicht.

2. Ein Problem beunruhigt oder stört so, daß man es lösen möchte. Der Lösung stehen Hindernisse entgegen.

   ○ Es fehlt eine Information oder eine bessere Technik für den Umgang mit der Information. Oder:

   ○ Die vorhandene Information ist ausreichend. Sie muß aber umstrukturiert werden. Oder:

   ○ Die Verbesserungsfähigkeit einer Situation wird nicht erkannt.

Damit sind wir schon auf verschiedene Problemarten gestoßen, für die es verschiedene Problemlösemethoden gibt. Jetzt wird es aber endlich Zeit, sich auf eine griffige Definition für *Problem* zu einigen. Sie haben die Wahl zwischen:

> Ein *Problem* ist der Unterschied zwischen dem, was man hat, und dem, was man will.
>
> Ein *Problem* ist eine Abweichung zwischen Ist- und Soll-Zustand. Soll ungleich Ist.

und, nach K. Jackson (vgl. Vogelbach 1980):

> „Ein **Problem** ist eine **Zielvorstellung** mit einem **Hindernis**.
> **P = Z + H.**"

Die letzte Definition berücksichtigt die Zeitabhängigkeit von Problemen am besten. Es gibt einen optimalen Zeitpunkt für die Problemlösung, und der ist nicht derjenige, zu dem Zielvorstellung Z und Hindernis H ihre Maxima erreicht haben.

Beispiel: Problem P: Im April versagt Ihre Heizung.
              Zielvorstellung Z: Sie möchten nicht frieren.
              Hindernis H: Die Installateure sind momentan überlastet.

Im Sommer gehen Z und H gegen Null, und damit auch P. Dennoch wäre der Sommer die beste Zeit zur Lösung von P. Im Herbst erreichen Z und H Maximalwerte, und P wird außer wichtig auch noch dringend.

Merken wir uns bisher: Durch Liegenlassen und Aussitzen lösen sich nur wenige Probleme von selbst, und wenn, dann meist nicht besonders vorteilhaft.

„Man sollte sich um die großen Probleme kümmern, wenn sie noch ganz klein sind." (Jadwiga Rutkowska, zitiert in „Blick durch die Wirtschaft").

2.7 Kreislauf der Innovation

Die Innovation ist nur das vorläufige Ende der erfolgreichen Problemlösung. In unserem fortlaufenden Bemühen um die Verbesserung der Gesamtsituation durchlaufen wir immer wieder einen Kreislauf.

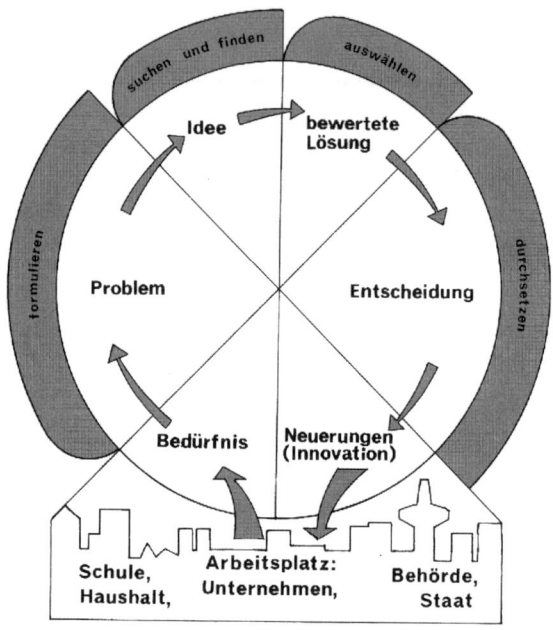

Kreislaufmodell der Innovation

Jede Innovation weckt früher oder später neue Bedürfnisse. Nicht erfüllte Bedürfnisse werden als Problem erkannt. Zur Problemlösung werden Ideen kreiert und bewertet. Unter den besten Lösungsansätzen wird entschieden, welche Idee schließlich als Innovation verwirklicht wird usw.

Nicht zufällig kommen im Kreislauf der Innovation die Begriffe vor, die wir in diesem Kapitel definiert haben. Diese Zusammenfassung in Form eines Ringankers soll für die gehabten Definiermühen entschädigen und zugleich ein Etikett für ein abzuspeicherndes Wissenspäckchen liefern. Doch damit nicht genug: Der Kreislauf der Innovation findet nicht nur auf einer Ebene statt, sondern schraubt sich oft spiralförmig in immer luftigere Qualitätshöhen.

Was im Ziel der Spirale steht, hängt von den erkannten Bedürfnissen der Menschen ab. Es ist immer ein Fortschreiten, aber nicht immer ein Fort-

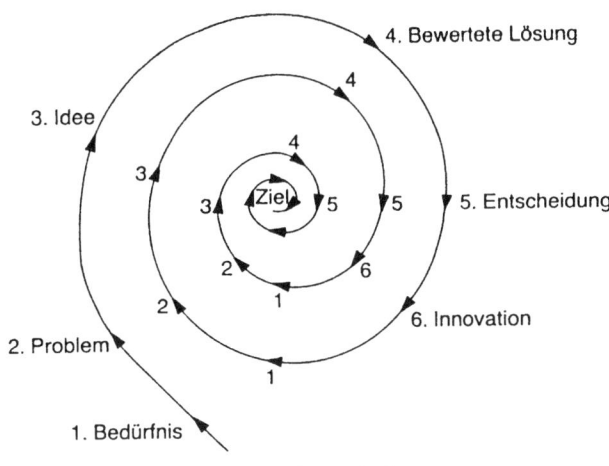

Innovationsspirale

schritt. Jetzt müßten wir eigentlich den Fortschritt definieren, aber wir gestatten uns einmal eine kleine Unterlassung und gewinnen trotzdem eine Einsicht. Wir machen mit der Innovationsspirale große Fortschritte in Richtung auf unser Ziel, Problemlösemethoden kennenzulernen. In der Innovationsspirale steckt nämlich die Methode der Negation und der Negation der Negation:
Vor Gutenberg mußte der Text für jede Druckseite eines Buches in einen Holzblock geschnitzt werden. Die Erfindung der beweglichen Lettern (1. Verneinung) ermöglichte die Massenproduktion von Büchern. Heute wird oft wieder ganzseitig gedruckt, z. B. beim Lichtdruck. Und auch diese zweite Negation bringt wieder eine Verkürzung der Druckzeiten und große Einsparungen.

2.8 Hinweise für den Unterricht

Das „Deduktiv"-Bild (s. S. 18), der Kreislauf der Innovation, könnte in wachen Klassen der Stufen 9/10 direkt eingesetzt werden. Die Schüler werden selbst Beispiele finden. „Pädagogisch wertvoller" ist natürlich der Weg von einem Fall (oder mehreren Fällen) zur Erarbeitung dieses oder eines ähnlichen „Induktiv"-Bildes.

3. Brainstorming

3.1 Hintergrund: Abrufen unbewußten Wissens

„Gehirnsturm" übersetzt man wörtlich und kann sich darunter nicht so recht etwas vorstellen. Das Wort Brainstorming wird öfter gehört als richtig verstanden. Es stammt von Alex F. Osborn, einem amerikanischen Werbefachmann. 1953 erklärte er dieses Verfahren zur Ideenfindung, und danach wurde es weltweit populär. Um es gleich zu sagen: Auch Brainstorming kann aus dem Vakuum keine Ideen hervorzaubern.
Im Gegenteil: Brainstorming ersetzt weder Allgemeinbildung noch Fachwissen. Aber es hilft, unbewußtes Wissen hervorzulocken. Unbewußtes für die Wissens- und Bewußtseinserweiterung zu nutzen, hatte man schon um die Jahrhundertwende versucht, mit Drogen und in spiritistischen oder spirituellen Zirkeln. Osborn störte sich an der schlechten Ausbeute. Deshalb systematisierte er das unsystematische Suchen nach Ideen. Seine Regeln sollten die üblichen Blockaden in Sitzungen vermeiden helfen und die Produktivität erhöhen. Die folgende Geschichte aus 1001 Nacht zeigt uns das erste Wirkungsprinzip des Brainstormings.

3.2 Der Kaufmann von Bagdad

Es war einmal ein Kaufmann in Bagdad. Er wohnte in einer schönen Straße in einem prächtigen Haus. Hinter dem Haus befand sich ein wunderschöner Garten mit einem Brunnen, und neben dem Brunnen wuchs ein schattenspendender Pistazienbaum. Der Kaufmann lag in dessen Schatten und war sehr betrübt. Steinreich war er gewesen, hatte aber vor kurzem in einigen unglücklich verlaufenen Geschäften so hohe Verluste gemacht, daß er nun mittellos war. In seinem Kummer, auch noch Haus und Garten aufgeben zu müssen, schlief er ein. Im Traum riet ihm ein Weiser, nach Kahirah zu pilgern. Folge er dem Rat, würde er einen großen Schatz gewinnen.
Wieder aufgewacht, machte sich der Kaufmann sofort auf den langen Weg nach Kahirah. Er kam zerlumpt und ohne Geld an. Deshalb konnte er auch nicht in einer Herberge übernachten und legte sich in der Moschee zum Schlafen hin. Dort stöberten ihn Polizisten auf, die auf der Suche nach Dieben waren. Er kam ins Gefängnis, wurde durchgeprügelt und am 3. Tage dem Polizeichef vorgeführt. Beim Verhör erzählte er seinen Traum. Daraufhin fing der Polizeichef so zu lachen an, daß man lange seine beiden Reihen weißer Zähne sehen konnte.

„Du Dummkopf", lachte er. „Wer so leichtgläubig ist, verdient Strafe. Denkst du, ich würde ernst nehmen, was ich träume? Da könnte ich ja selber auf die Wanderschaft gehen. Ich träumte von Bagdad, von einem prächtigen Haus in einer schönen Straße. Hinter dem Haus befand sich ein wunderschöner Garten mit einem Brunnen, und neben dem Brunnen wuchs ein schattenspendender Pistazienbaum. Unter dem Pistazienbaum aber war ein großer Schatz vergraben. Meinst du, ich wäre so einfältig wie du, nun die lange Reise nach Bagdad anzutreten? Nein. Lerne aus meinen Worten und verschwinde. Hier hast du noch etwas Wegzehrung."

Zu Hause in Bagdad angekommen, war der Kaufmann wieder reich. Er selbst hatte sich nicht helfen können, aber der ahnungslose Polizeichef löste mit einer Information sein Problem. So geht es nicht nur im Märchen zu, sondern auch beim Brainstorming.

 ## 3.3 Prinzip der Methode

Brainstorming profitiert
○ vom Abrufen unbewußten oder unbeachteten Wissens (wie wir gerade gesehen haben),
○ vom positiven Denken und dem Ausschalten der Kritik,
○ von der heterogenen Gruppe.

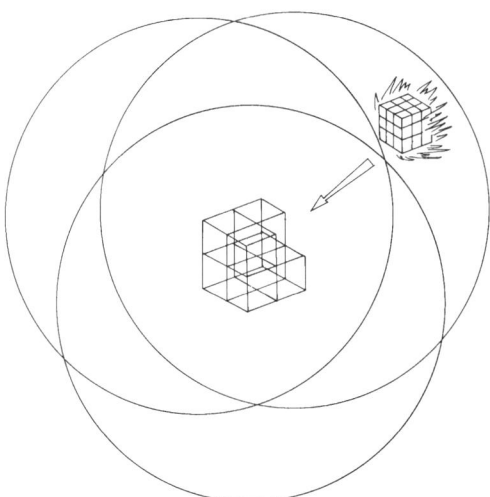

Abrufen unbewußten oder unbeachteten Wissens. Kreative Problemlösung durch Verbindung von scheinbar zusammenhanglosen Elementen

Abrufen unbewußten oder unbeachteten Wissens; Synergie

Das Bild zeigt drei Kreise, die jeweils das Wissen einer Person umschreiben sollen. Überlappungen bedeuten gemeinsames Wissen. Allen drei Personen ist ein Problem in der Schnittmenge aller drei Kreise bewußt, aber nur eine Person ist im Besitz der fehlenden Information. Diese Person ist sich dessen aber nicht bewußt, denn sonst existierte für sie das Problem ja nicht. Gelockerte Atmosphäre und das Ausschalten von Selbstkritik sollen die benötigte Information erkennen lassen und freisetzen. Das Ergebnis nennt man Synergieeffekt.

Synergie ist, wenn eins und eins mehr als zwei ergeben, wenn das Zusammenwirken über die Addition hinausgeht. Dabei spielt es keine Rolle, ob der Besitzer der Information sich plötzlich seines Besitzes bewußt wird oder aber ein Fremder den Wert einer leichthin geäußerten Information erkennt. Vielleicht ist der Vergleich mit dem Flohmarkt hilfreich: Dort treffen sich Leute, die etwas loswerden wollen, und solche, die unbestimmt etwas Interessantes suchen (was ich suche, werde ich erst wissen, wenn ich es gefunden habe).

Positives Denken und Ausschalten der Kritik

Das erwähnte Freisetzen von Information wird durch dieses positive Prinzip des Brainstormings erst möglich. Die strikte Trennung von Ideenfindung (beim Brainstorming) und Ideenbewertung (danach) bewirkt Enthemmung, fördert Ideen und läßt sie länger leben. Das Gehirn darf und soll spontan und schnell Gedankensplitter produzieren, ohne durch Vernunft, Logik und Randbedingungen aller Art gleich wieder zensiert zu werden. Zunächst sollten nur positive Aspekte beachtet werden, wenn wir auf Ideensuche sind.

Ein Forscher ist glücklich über jede kleine Abweichung vom „Normalen", weil er hofft, einem Effekt auf der Spur zu sein. Dagegen muß ein Gütekontrolleur möglichst jeden „Ausreißer" zur Strecke bringen. Soll in der Familienkonferenz über die Anschaffung eines neuen Autos verhandelt werden, so wird z. B. der kaufwillige Vater zunächst die Vorteile des neuen Modells schildern wollen, während die an anderen Dingen stärker interessierte Mutter lieber mit den finanziellen Nachteilen begänne (oder umgekehrt, je nach Emanzipationsgrad).

Die heterogene Gruppe

Meist gilt, daß die Teilnehmer in der Gruppe besser motiviert und stärker konzentriert sind als einzeln. Beim Brainstorming soll die Gruppe in mehrfacher Hinsicht heterogen sein, nämlich

○ weibliche und männliche Teilnehmer sowie
○ Fachleute und gebildete Laien umfassen,

aber nicht hierarchisch ausgerichtet sein.

Wenn Abhängige, also z. B. Schüler oder Angestellte, fürchten müssen, daß sich ihre erfolgreiche Enthemmung beim Brainstorming später in Beurteilungssituationen nachteilig auswirken könnte, ist das vorgenannte Prinzip verletzt, und das Brainstorming mißlingt.

Der Vorteil der gebildeten Laien besteht in der Andersartigkeit ihres Wissens, ihrer Erfahrungen und Standpunkte. Sie sind zwar auf dem Problemgebiet Laien, aber dafür Fachleute auf anderen Gebieten und in anderen Hobbies. Gebildete Laien bringen neue Sichtweisen von anderen Gebieten mit, können vergleichen und knacken die „Betriebsblindheit" auf. Ihre „unqualifizierten" Bemerkungen lassen die Fachleute – schmunzelnd oder verblüfft – wieder die Bäume im Wald erkennen. Durch Konfrontation an Grenzflächen entstehen sehr oft Ideen (was wir später auch bei allen anderen Problemlösetechniken bestätigt finden werden).

3.4 Regeln

Regel 1: Keine Kritik

„Bei einem schöpferischen Kopf, deucht mir, hat der Verstand seine Wachen von den Toren zurückgezogen. Die Ideen stürzen pele-mele herein, und alsdann erst übersieht und mustert er den großen Haufen."
(Schiller an seinen Freund Körner)
Um das Gewicht der Regel „Keine Kritik!" zu verdeutlichen, müssen die *Ideenkiller* besprochen werden. Ideenkiller sind:
 „Das geht doch nicht!"
 „Hört sich gut an, aber ..."
 „Viel zu teuer!"
 „Haben wir alles schon probiert!"

Wir werden in vielen Kapiteln auf dieses Thema zurückkommen. Naturgemäß sind die groben Ideenkiller leichter zu erkennen als die subtilen. Ideenkiller sind ausführlich bei Bugdahl 1990, S. 136 f. und Bugdahl 1991, S. 121 f. beschrieben. Ein Ideenkiller ist übrigens auch die Bemerkung: „Das wurde schon gesagt" oder „Steht schon an der Tafel".
Erstens kann etwas wirklich schon *so gesagt* worden sein oder an der Tafel stehen. Das macht nichts. Die Äußerung zeigt doch nur, daß jemand nicht aufgepaßt hat, weil er nachgedacht hat.
Bei diesem guten Vorhaben sollte er durch die Ungemütlichkeit des Großreinemachens nicht gestört werden. Unser Ziel ist doch, Ideen zu gewinnen, nicht aber Dubletten aufzuspüren.
Zweitens ist etwas vielleicht nur *so ähnlich gesagt* oder aufgeschrieben worden. In diesem Fall ist höchste Wachsamkeit und Findigkeit angeraten. Andere Formulierungen sind eine große Chance, aus dem Gewohnten auszubrechen und Dinge neu zu sehen. Dazu gleich ein Beispiel aus der Chemie, das auch in Kapitel 10.2 stehen könnte.
Nitroglycerin wurde im Technikum unter Verwendung 20%igen Oleums hergestellt. Da Oleum einen hohen Gefrierpunkt besitzt, lagerte man es in einem beheizten Behälter. Nach Vergrößerung der Anlage für Produktionszwecke wurde ein großer beheizter Tank für das Oleum gebaut. Das Oleum fror darin im Winter jedoch ein, was zu einer Reklamation führte. Die Apparatebaufirma schlug einen komplizierteren Tank mit einer wirksameren Heizung vor. Der Produktionsingenieur meinte dagegen, das Problem bestände nicht darin, das Oleum warmzuhalten, sondern es nicht einfrieren zu lassen. „Das ist doch das gleiche", hätte ein Ideenkiller sagen können. Glücklicherweise passierte das nicht, sondern man überlegte, ob dem Oleum nicht etwas zugegeben werden könne, was seinen Gefrierpunkt erniedrigt.

Das Wort „Gefrierpunkterniedrigung" löst bei Chemikern eine Gedankenkette aus. Je reiner ein Stoff ist, um so höher ist sein Gefrierpunkt (Schmelzpunkt). Deshalb verunreinigt man im Winter das Eis mit Salz, um seinen Gefrierpunkt zu erniedrigen, d. h. um es zum Schmelzen zu bringen. Womit sollte man also das Oleum „verschmutzen", um seinen Gefrierpunkt zu erniedrigen? Doch am besten mit einer Substanz, die später nicht störte, mit dem nächsten Reaktionspartner Salpetersäure. Das erwies sich als doppelt günstig: Erstens brauchte man nun für das Oleum keine Heizung mehr, und zweitens sparte man Kühlung bei der anschließenden stark exothermen Nitrierung des Oleums durch Salpetersäure, weil ein Teil des Oleums ja schon umgesetzt und dessen Reaktionswärme vorab als Heizung verbraucht worden war.

Regel 2: Möglichst viele und wilde Ideen

Quantität geht hier vor Qualität, die wir, der Regel 1 folgend, erst später prüfen wollen. Gedanken sollen ungehemmt und frei geäußert werden. Originalität und Humor, sinnlose, verrückte und alberne Beiträge sind erwünscht, denn mit logischem Nachdenken hatten wir es ja schon vor dem Brainstorming erfolglos versucht. Bei Erwachsenen ist die gewünschte Enthemmung manchmal schwer zu erreichen. Bei Schülern kann umgekehrt reine Blödelei ohne Erfahrungshintergrund zu enttäuschenden Ergebnissen führen.

Regel 3: Fortführen von Ideenansätzen

„Ideenklau", „Trittbrettfahren", „Rucksackideen", sonst verpönt, sind hier einmal ausdrücklich zum höheren Zweck eines gemeinsamen Ideensuchens erwünscht. Das hat einen tiefen Sinn. Einerseits ist Kritik an „ähnlichen" Formulierungen ohnehin verboten, wie das Oleum-Beispiel gerade zeigen sollte, andererseits sind wir alle sehr gute Optimierer. Es gibt wenig Grundsatzerfindungen. Ist aber einmal eine geboren, so wird sie schnell verbessert. Beispiele: Nähmaschine, Fotoapparat, Chip und gedruckte Schaltung, Kopierer usw. Auf Brainstorming-Sitzungen angewandt heißt das: Eine Anfangsidee kann ruhig schwach sein, wenn sie nur zum Verbessern anregt.

3.5 Vorbereitung, Ablauf und Auswertung des Brainstormings

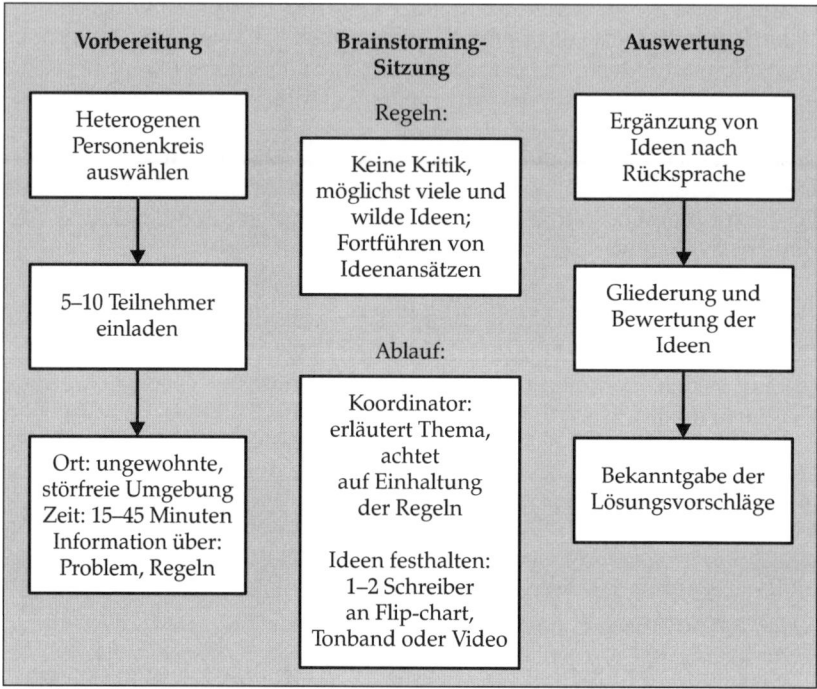

Schema der Brainstorming-Sitzung

Vorbereitung

Als Ort für das Brainstorming muß eine störfreie Umgebung gewählt werden. Klassenzimmer sind gut geeignet. Man kann aber auch in eine ungewohnte Umgebung ausweichen – schon um zu symbolisieren, daß nun auch ungewohnt gedacht werden soll.
Am Ort müssen sein: Flip-chart mit Filzstiften und/oder Tafel mit Kreide und/oder Tonband- bzw. Videoaufnahmegerät. Für die Darstellung des Problems kann ein Tageslicht-Projektor mit Folien nützlich sein. Die Teilnehmer sitzen am besten in U-Form, so daß sie die anderen und das Flip-chart oder die Tafel gut sehen können.
Die Gruppenstärke liegt möglichst zwischen 5 und 10 Teilnehmern. Weniger bieten zu geringe Synergien, mehr behindern die Enthemmung und erleichtern ein Verstecken in der Masse. Klassen teilt man am besten in

mehrere Gruppen in getrennten Räumen auf. Diese Räume können notfalls auch Pausenräume, Keller, Bibliothek sein. Die Gruppen werden sich wie Sportteams besonders anstrengen, wenn ein Ergebnisvergleich der Gruppen von vornherein feststeht.

Zur Vorbereitung gehören auch die Erläuterung der Regeln und die Bekanntgabe des Themas. So können sich die Teilnehmer schon gedanklich auf das Ereignis Brainstorming einstellen. Wenn sie ein paar Ideen mitbringen, um nicht „mit leeren Händen" zu erscheinen – um so besser.

Ablauf

Bevor es losgehen kann, müssen noch Rollen verteilt werden. Die Rolle des *Aufgabenstellers* steht schon vorher fest. Der Aufgabensteller, der selbstverständlich am Brainstorming teilnimmt, bringt das zu lösende Problem mit. Er kennt es am besten, ihn stört es am meisten, er möchte es gelöst wissen. Der Aufgabensteller kann ein Lehrer sein. Der Lehrer kann aber auch das Problem eines Schülers oder einer Schülergruppe zum Anlaß für das Brainstorming nehmen und wird dann klugerweise nicht selbst das Problem vortragen.

Der *Moderator* achtet auf die Einhaltung der Regeln. Man kann ihn mit einem Gummihammer ausstatten, damit er durch Hochheben dieses symbolischen Werkzeugs deutlich Ideenkiller kenntlich machen kann. Moderator sollte eine starke Persönlichkeit sein, die notfalls eigene Ideen eine Weile zurückhält, um dann den ins Stocken geratenen Ideenfluß wieder anzukurbeln.

Der *Protokollant* muß *alle* Ideen möglichst sichtbar festhalten. Damit das Notieren der Ideen nicht zum langsamsten, also geschwindigkeitsbestimmenden Schritt wird, wählt man besser gleich zwei Schreiber. Als Schreiber melden sich gerne Teilnehmer, die fürchten, einfallslos zu sein, denn sie kommen kaum dazu, eigene Ideen zu entwickeln. Diese Schwierigkeit läßt sich umgehen, wenn mittels Tonband oder Videokamera protokolliert wird. Hierbei wirkt sich nachteilig aus, daß die Enthemmung schwerer fällt und daß die Ergebnisse nicht sichtbar an der Tafel stehen.

Das Brainstorming dauert 15 bis 30 Minuten. Besser ist ein Abbruch, solange der Ideenfluß noch sprudelt, als sein Tröpfeln oder trauriges Versiegen abzuwarten. Hier wird der Lehrer auf beginnende Unlust und Frustration seismographisch reagieren müssen, sonst wird das ganze Verfahren negativ besetzt und abgelehnt.

Auswertung

Um eine möglichst reiche Ernte einzufahren, empfiehlt sich eine Nachlese. Die Teilnehmer werden am nächsten Tag gefragt, was ihnen nachträglich noch eingefallen ist. Noch besser ist es, direkt nach dem Brainstorming

Zettel mit dieser Frage zu verteilen, damit die Teilnehmer das Problem nicht gleich wieder verdrängen, sondern „am Ball" bleiben, weil sie am nächsten Tag noch etwas nachliefern sollen. Brainstorming liefert sehr selten direkt verwertbare Ergebnisse. Die gesammelten Ideen oder vagen Ideensätze werden nun in der Gruppe geordnet, gegliedert, noch einmal – auch mit Dritten – diskutiert und schließlich bewertet. Aus offensichtlich falschen oder lächerlichen Vorschlägen ist der brauchbare Kern herauszuschälen. Je nach Problem *können* die Bewerter – mit Ausnahme des Aufgabenstellers, der natürlich dabei sein muß – ganz andere Personen sein. Die Bewertung sollte zu drei Listen führen:
1. Ideen von unmittelbarer Nutzbarkeit,
2. Bereiche, die noch weiter durchdacht werden sollten,
3. Neue Möglichkeiten zur Lösung des Problems.
Schließlich erfolgt die Bekanntgabe der Lösungsvorschläge. Hierbei ist das Brainstorming-Team als Urheber natürlich gebührend und motivierend herauszustellen.

 ## 3.6 Praktisches Beispiel

Wir haben ein gemeinsames Ziel: Wir wollen Methoden zum kreativen Problemlösen kennenlernen, also etwas finden. Nutzen wir doch einfach die Findemethode Brainstorming zum Suchen solcher Methoden. Da wir besser konkret als abstrakt denken können, bedienen wir uns aber eines Kniffs. Wir tun so, als ob wir nicht die Schlüssel zum Problemlösen, sondern einen verlorenen Hausschlüssel suchen.
Wir erhalten folgende Lösungsvorschläge:
- Mutter oder Nachbarin fragen,
- zum Fundbüro gehen,
- Ersatzschlüssel von Nachbarn, aus der Garage holen,
- überlegen, wann und wo Schlüssel zuletzt benutzt wurde,
- Dietrich, Haarnadel, Scheckkarte zum Öffnen einsetzen,
- nochmals in allen Taschen nachsehen,
- Schlüsseldienst anrufen,
- klingeln (vielleicht ist jemand da),
- pfeifen (Schlüssel hat Anhänger mit Akustiksensor),
- im Garten zelten,
- wegfahren,
- zum Freund/zur Freundin ziehen,
- auswandern,
- Tunnel bohren,
- Hubschrauber mit Magnet über die Gegend fliegen lassen,
- Hubschrauber hebt Haus an,
- mit Fallschirm von oben ins Haus,
- mit Kanonenkugel wie Baron von Münchhausen,
- Haus in die Luft sprengen,
- mit Zeitmaschine,

- ○ nach dem Hund pfeifen und den Hund suchen lassen,
- ○ auf den Schlüssel pfeifen, d. h. aufgeben,
- ○ erst einmal Tee trinken,
- ○ als elektromagnetische Welle,
- ○ Vergrößerungspille einstecken, Verkleinerungspille einnehmen, dann durchs Schlüsselloch.

Auswertung dieser Brainstorming-Sitzung

Beim Sortieren der vorgeordneten Ideen können wir folgende Klassifizierung vornehmen:

Näherungsmethoden: nachdenken, suchen, fragen, Information einholen, …
Ausweichen: Dietrich, Ersatzschlüssel, …
Verfremdungsmethoden: Spürhund, Hubschrauber, Explosion, Verkleinern, …
Motivation: erst einmal Tee trinken, …
Information: fragen, Fundbüro, …

Daraus können wir folgenden Kernsatz ableiten:
Probleme löst man durch motivierte Modifikation von Information.

3.7 Motivierte Modifikation von Information

Zu den Grundvoraussetzungen gesellt sich nun als eine ganz bedeutende Einflußgröße die Motivation. Wir wollen ihr wegen ihrer Wichtigkeit das ganze Kapitel 4 einräumen. Hier setzen wir einfach voraus, daß die Grundvoraussetzungen erfüllt sind und die Motivation „stimmt". Wie können wir die Information modifizieren?
Einerseits durch konzentrierte Annäherung, andererseits durch scheinbar spielerische Verfremdung. Sehen wir uns zunächst die *Näherungsverfahren* an. Das sind Verfahren, die wir gut beherrschen und die wir lernen und lehren. *Logik und Nachdenken* könnten im Unterricht zwar noch wirksamer vermittelt werden, aber durch das Gewebe von Stoff (Fakten und ihre allmähliche Verknüpfung) stellt sich doch ein Wissensgerippe ein, in dem sich viel aufhängen läßt, in dem Platz für Neues bleibt und in dem Interaktion möglich ist. Die meisten Schüler hören so lange „Denke doch einmal nach, dann kommst du auch drauf!", ohne zu wissen, wie man das macht, bis sie schließlich eines Tages feststellen, daß sie nun logisch denken können. *Induktion* (das „Hineinführen"), der Schluß vom Einzelnen, Besonderen auf das Allgemeine, Gesetzmäßige, läßt uns durch Beobachtung und Vergleich Gesetze finden. Die *Deduktion,* das Gegenteil der Induktion, das „Ableiten" des Besonderen und Einzelnen vom Allgemeinen, läßt uns einen Einzelfall

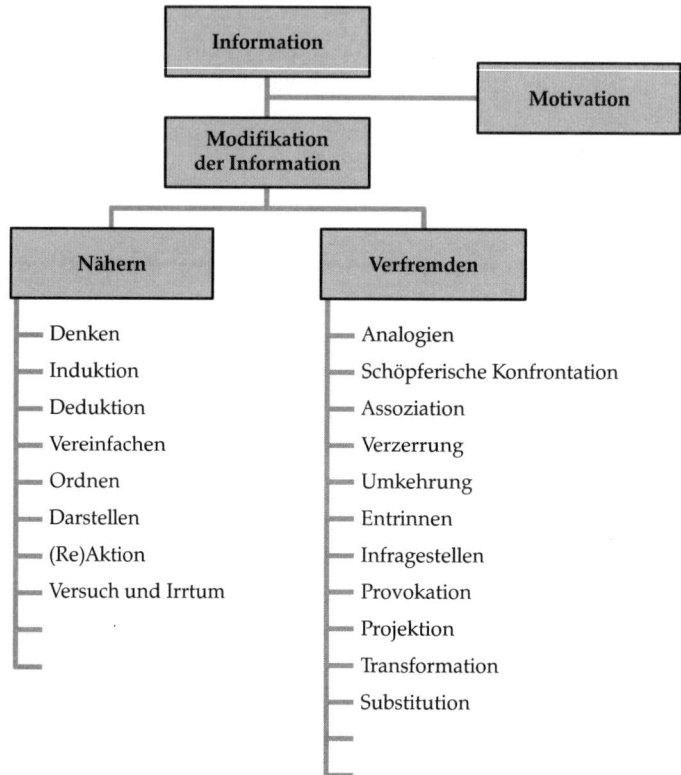

Problemlösen durch motivierte Modifikation von Information

erkennen, weil er einem allgemein gültigen Gesetz gehorcht, das wir schon
kennen. Induktion und Deduktion helfen zu vereinfachen und zu ordnen.
Vereinfachen kann aber auch heißen: Überflüssiges entfernen, auf den Kern
einer Sache kommen, sich auf Notwendiges oder Wesentliches beschränken.
Ein Beispiel bietet die Fresnel-Linse. Die Brechkraft einer Linse hängt außer
vom Brechungsindex des Materials von ihrer Krümmung ab. Wenn man den
Krümmungsradius der Linse beibehält, aber dem Linsenkörper stufenweise
Material entnimmt, hat man eine Fresnel-Linse, die nicht viel schlechter als
die entsprechende volle Linse, aber sehr viel billiger und auch leichter ist.
Schlechter ist sie, weil durch die Wegnahme von Material kein exakter
Brennpunkt, sondern eine Serie von Brennpunkten entsteht. Billiger wird
sie, weil die Fresnel-Linse im Spritzguß aus Kunststoff hergestellt werden
kann. Für viele Anwendungen wie z. B. als Sucherlinse in Spiegelreflexka-
meras, als Sammellinse in Tageslichtprojektoren oder als Zerstreuungslinse

mit Panoramaeffekt für Wohnmobile ist die Qualität der Fresnel-Linsen völlig ausreichend und ihr geringes Gewicht der eigentliche Grund für die Anwendung.

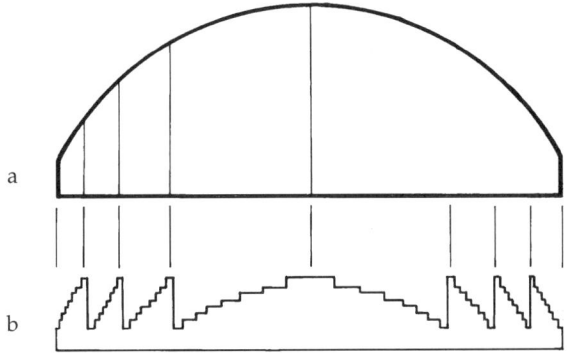

Die Fresnel-Linse (b) als Vereinfachung der Glaslinse (a)

Vereinfachen als Näherungsverfahren kann also durchaus zu kreativen Lösungen führen. Das zeigt auch das Beispiel der z. Z. leider stillgelegten Malbergbahn in Bad Ems, die seit 1887 auf den 350 m hohen Malberg und wieder herunter fuhr. Die Bahn hat keinen Motorantrieb. Sie besteht nur aus zwei Passagierkabinen, die auf Schienen laufen und mit einem Seil verbunden sind. Eine Kabine steht im Tal, die andere auf der Bergstation. Zum Start

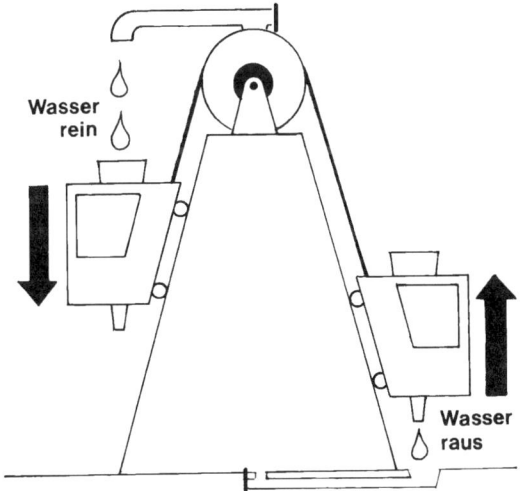

Das Prinzip der Malbergbahn – „steilste Bergbahn Europas"

wird die obere Kabine so weit mit Wasser gefüllt, bis sie schwerer als die im Tal ist. Darauf gleitet die Kabine von der Bergstation hinab und zieht die untere Kabine an sich vorbei auf den Berg.

Ordnen macht den Blick frei, indem es Wirrwarr in Schachteln mit Etiketten unterbringt. Manches Problem ist schon gelöst, sobald das geeignete Zuordnungskriterium gefunden wird. Viele Entscheidungsprobleme lassen sich mit einer Rangfolge lösen.

Darstellen, besonders grafisches Darstellen, also Verbildlichen, bedient sich gleichermaßen der Ordnung als Erkennungshilfe. Machen wir uns einmal klar, daß der Kalender eine grafische Darstellung der Zeit ist, die Noten eine grafische Darstellung der Musik sind. So wie es in der Mathematik grafische Lösungen gibt, kann das Darstellen auch auf anderen Wissensgebieten zu Problemlösungen führen.

Das Paar *Aktion/Reaktion* ist einerseits der Oberbegriff für jegliches Handeln und führt uns vor Augen, daß die bisher aufgeführten Verfahren ebenso wie die noch zu nennenden hierarchisch nicht sauber zu trennen sind und eine bloße Aufzählung bedeuten. Andererseits sind Aktion und Reaktion im engeren Sinne empirische Näherungsverfahren. Eine Aktion schafft neue Tatsachen, und neue Tatsachen erzeugen eine Reaktion. Aktion und Reaktion sind wie Wenn-Dann-Beziehungen. Wenn ich dies tue, dann passiert das. Wenn einer unbedacht aus Neugier handelt, dann kann er eine Überraschung erleben. Wenn man in einer teilweise unbekannten Umgebung bedacht handelt, stellt man damit Fragen, die mit der Reaktion beantwortet werden. Fällt die Antwort wie erwartet oder sogar besser aus, ermuntert sie uns zu weiterreichenden Aktionen, Fragen, Versuchen in der gleichen Richtung. Haben wir uns in unserer Erwartung geirrt, ist die Antwort also ungünstig oder ungünstiger als eine frühere, dann gehen wir in dieser Richtung nicht weiter, sondern bis zum letzten Erfolg zurück und versuchen es von dort in einer anderen Richtung. So findet man auch aus einem Irrgarten heraus. Aber dieses Verhalten – *trial and error* – ist allgemein üblich. Durch Versuch und Irrtum werden wir erwachsen und zu bizarren Persönlichkeiten. Wofür man uns lobt, das wiederholen wir gerne und immer besser. Was uns Mißerfolg einbrachte, das meiden wir. Zu Konflikten kommt es auch, wenn jemand etwas sehr gut konnte (und deshalb andere Fähigkeiten verkümmern ließ), es aber allmählich immer weniger gut macht. So etwas trifft Lehrer eher als Schüler. Bei trial and error helfen die vier Regeln, die ich zuerst bei Mr. Mahoney (im Geschäftsbericht der Firma Monsanto) las:

1. Versuche das, was du gut kannst, noch besser zu machen.
2. Gib auf, was du nicht so gut kannst.
3. Versuche immer wieder etwas Neues!
4. Befolge die obigen Ratschläge gleichzeitig!

Die Näherungsaktionen verlangen „ehrliche Arbeit", ja Schweiß. Dafür gelten sie als seriös. Schließlich gehören sie ja zum kulturellen Erbe und können Referenzen vorweisen. Anders die Verfremdungsaktionen, die nach Abenteuer „riechen", vielleicht auch Überraschungen bereithalten, zumindest aber Entspannung verheißen. Tatsächlich zielen diese Aktionen auf Entspannung und Entkrampfung, ja sogar auf Spielverhalten. Sie sind nicht erholsam, aber sie können so wirken, wenn unsere Hauptaktionen Näherungen sind. Sie sind auch nicht neu. Neu ist nur der bewußte Einsatz auch dieser Mittel zum Problemlösen. Sehen wir uns einige *Verfremdungsverfahren* einmal näher an.

Analogien und Assoziationen tragen oft zu neuen Ideen bei. Grundsätzlich Neues zu finden, fällt uns schwer, aber Vorhandenes können wir leicht abwandeln oder übertragen. Auch das uns völlig Neue ist uns in seinen Grundelementen immer bekannt. Wir nehmen lediglich Informationen auf und modifizieren sie. Die Natur bietet uns einen unerschöpflichen Vorrat an Informationen und Beispielen: Die ersten Flugapparate waren den Vogelflügen abgeschaut. Dachziegel liegen wie Fischschuppen übereinander. Man muß nur fragen: Wie macht das …? oder Was ist so ähnlich wie …? Zerlegen wir einen Gegenstand in seine Bestandteile (nach Form, Funktion, Größe usw.) und tauschen dann einen Bestandteil gegen einen anderen aus *(Substitution)*, so daß das Kriterium einer Mindestähnlichkeit der Wirkung gewahrt bleibt – schon haben wir etwas Neues gefunden, vielleicht sogar erfunden. Bei den Analogieschlüssen ist uns Wissen nützlich – und Gedächtnis, also Wissen um dieses Wissen. Hierauf kommen wir in Kapitel 4.4 zurück.

Auf Analogien werden wir im Kapitel 6 unter Reizwortmethode und im Kapitel 7 unter Bionik und Synektik noch ausführlicher zu sprechen kommen.

Schöpferische Konfrontation soll bedeuten, daß beim Zusammenkommen von scheinbar nicht zusammengehörigen, nicht zueinander passenden, ja unverträglichen Dingen plötzlich klar wird, daß es doch eine Verbindung gibt. Dieser Verfremdungstechnik werden wir in Kapitel 6 unter Reizwortmethode, in Kapitel 7 unter Semantische Intuition und in Kapitel 8 beim Morphologischen Kasten wiederbegegnen. Ein Beispiel wollen wir uns wegen seiner prinzipiellen Bedeutung aber schon jetzt vor Augen führen.

In der linken Hälfte des Bildes (s. S. 34) sehen wir einen Kreis, der eine Kugel darstellen soll, und ein Quadrat, das für einen Würfel steht. Kugel und Würfel symbolisieren isolierte Detaileinsichten, die sich scheinbar nicht miteinander verbinden lassen. Schließlich hat die Kontaktfläche einer Kugel nur die Größe eines Punktes. Diese Einsicht hat übrigens zur Erfindung des Kugelschreibers geführt (siehe Kapitel 10.2), hilft hier aber nicht weiter. Eine verbindende Konfrontation erreicht man durch eine Vergrößerung der Kon-

**Isolierte
Detaileinsichten**

**Neue
Perspektiven**

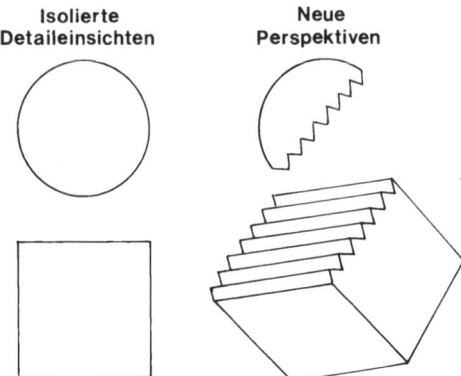

Konfrontation und Verbindung von scheinbar unverträglichen Dingen durch „Aufrauhen", Profilierung, gemeinsame Muster

taktfläche, durch Aufrauhen, durch Profilierung, durch gemeinsame Muster. Vielleicht mußten die V-Profile gar nicht erst erzeugt werden. Möglicherweise waren sie schon da und wurden hinter den glatten Fassaden nur nicht vermutet. Sie sehen, wir kommen hier auf das Thema Konfliktlösen (siehe Kapitel 9). Wenn es gelingt, unverträglich erscheinende Dinge zu verbinden, hat man immer ein Problem gelöst.

Eine einfachere Art der Verbindung ist die *Kombination*. Die Kombizange ist als Beispiel trivial, zeigt aber, daß die praktischen Auswirkungen von Kombinationen nicht zu verachten sind. Ein jüngeres Beispiel – der VR6-Motor – bestätigt das nur. Der neue Sechszylindermotor für den VW Golf ist nicht so lang wie ein Reihenmotor (R6) und nicht so breit wie der V6-Motor. Die Zylinder sind gegeneinander versetzt und schließen nur noch einen Winkel von 15 Grad ein. Damit kann nun auch ein relativ kleines Auto mit einem Motor ausgestattet werden, der bisher der Oberklasse vorbehalten war. Die Erfindung bedingt hochwertige Werkstoffe,wäre aber schon viel früher möglich gewesen.

Verzerrung wollen wir hier als Oberbegriff für Größenveränderungen sehen, also für *Verkleinern, Vergrößern, Verlängern, Verkürzen, Verdicken, Verdünnen* usw. Durch Vergrößerung und Verkleinerung gelang es Jonathan Swift, ungestraft Gesellschaftskritik zu üben. „Gulliver bei den Zwergen" und „Gulliver bei den Riesen" sind nicht als Kinderbücher geschrieben worden, sondern um Zusammenhänge und Mißstände am englischen Königshof bloßzulegen. Verkleinern und Vergrößern sind nicht nur Techniken der Satire und der Karikatur, sondern *die* Problemlösetechniken, wenn es brenzlig werden kann. Sie schützen den Urheber und decken dennoch – durch ungewohnte Perspektive – deutlich Mängel auf. In der Chemie ist das

Technikum als Problemlösestation beliebt. Das Vergrößern von Laborversuchen (upscaling) und das Verkleinern von Produktionsversuchen (downscaling) erlauben praxisnahe Versuche unter verringertem Risiko.

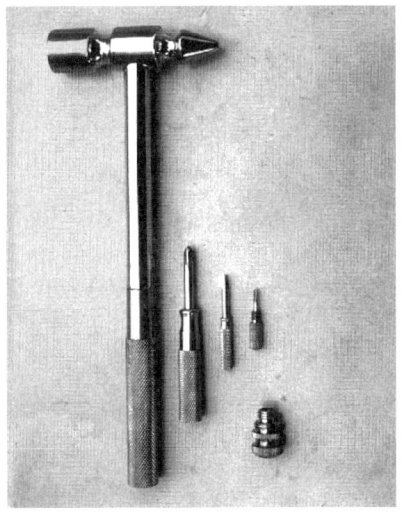

Das Bild zeigt ein Beispiel für Verkleinern (Matrjuschka-Prinzip: die Puppe in der Puppe) und Kombinieren. Mit diesem Hammer kann man auch auf Ideenkiller hinweisen.

Der Auktions- und Schraubhammer. Prinzip: Kombinieren und Verkleinern

Umkehren ist ein uraltes Erfinderprinzip. Durch Umkehrung entstand aus dem ptolemäischen Weltbild das kopernikanische, aus der Wassermühle der Schaufelraddampfer, aus dem Ventilator der Staubsauger. Selbst die Umkehrung kann man umkehren: Aus dem Beugungsbild des Beugungsbildes eines Objekts wird wieder das Objekt selbst (Ernst Abbé), oder allgemein: Aus der Negation der Negation entsteht eine neue Position. In Kapitel 6 Entrinnen müssen wir auf das Umkehrprinzip zurückkommen. Vorab zwei einfache Beispiele, sozusagen aus dem Leben gegriffen. Herkömmliche Gabel-Schraubenschlüssel passen nicht immer genau, besonders dann, wenn englische und deutsche Maße aufeinandertreffen. Benutzt man sie trotzdem, runden die Muttern ab. Je runder aber die Mutter, um so weniger passen die Schraubenschlüssel usw. Aus diesem Teufelskreis führt der Metrinch-Schlüssel heraus, der schon in seinem Namen auf die Zentimeter-inch-Problematik verweist. Nach dem Umkehrprinzip wirkt ein Metrinch-Schlüssel mit seinem Wellenprofil nicht auf die Kanten, sondern auf die Flanken der Muttern und Schrauben. So findet er auf einer viel größeren Fläche an einer Stelle einen festen Halt und kann selbst schwergängige Verbindungen schonend lösen (s. S. 36). Der einfache Kühltemperaturwächter ist ein pfiffiges Beispiel für das Umkehrprinzip. Bekanntlich kann es gefährlich sein, Tiefgekühltes zu verzeh-

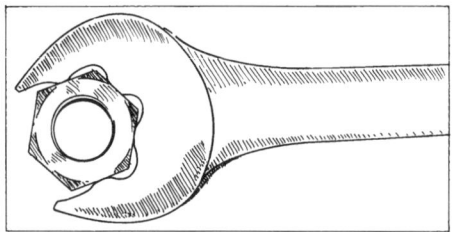

Das „Schraubwunder"

ren, das durch Ausfall der Kühlung schon einmal aufgetaut war. Verdorbenes und unverdorbenes Kühlgut lassen sich aber nicht leicht unterscheiden. Deshalb der Wächter. Er besteht aus einer Kunststoffflasche (seltenes Wort mit drei f hintereinander. Wer findet andere Beispiele?), die halb mit Wasser gefüllt ist und die man zum Einfrieren senkrecht in die Truhe stellt. Danach legt man die Flasche waagerecht in die Truhe. Wenn aus dem stehenden Eisblock in der Flasche ein liegender geworden sein sollte, wissen wir, was passiert ist.

Das *Entrinnen* und die Möglichkeiten des Entrinnens durch *Infragestellen* und *Provokation* heben wir uns für das Kapitel 6 auf. Das Infragestellen des Bestehenden ist die Triebfeder des Fortschritts, das völlige Infragestellen allerdings der Tod. Heinrich Kleist hat diese Verfremdungsaktion zur Minimierung seiner Befindlichkeit (= Selbstmord) benutzt, obwohl er sonst doch eher zu verbissenen Näherungen (z. B. an die Gerechtigkeit) neigte. Vom Schüler Kleist ist aber auch überliefert, daß er die *Projektion* als Methode zur Lösung seiner Mathematikaufgaben erfolgreich einsetzte. Wenn ihm eine Rechenaufgabe nicht gleich lösbar erschien, erzählte er sie seiner Großmutter, die in Mathematik nicht auf der Höhe der Zeit war. Dennoch war dieses Vorgehen meist erfolgreich, denn der Zwang, die Information auf eine einfachere Bildungsebene zu projizieren, einfach zu formulieren und sich höflich mit den wohlgemeinten, meist untauglichen, aber zu eigenen Denkbewegungen anregenden Vorschlägen der Großmutter auseinanderzusetzen, half.

Auch bei dem folgenden Witz – hoffentlich ist er nicht schon zu angejahrt – spielt Projektion eine Rolle:

Ein Mann geht zum Psychiater und klagt: „Herr Doktor, seit Wochen kann ich nicht ruhig schlafen und bin wie gerädert. Ich träume nämlich jede Nacht, daß ich einen LKW von Basel nach Hamburg steuere. Können Sie mir helfen?" – „Ich denke schon, guter Mann. Lassen Sie uns die Sache ruhig angehen. Sie fahren ab sofort erst einmal von Basel nach Freiburg, und den Rest übernehme ich." Auf dem Nachhauseweg trifft der Patient einen alten Freund. Es stellt sich heraus, daß der auch schlecht schläft: „Ich werde jede Nacht im Traum von neun Amazonen verfolgt und renne um mein Leben."

Der Freund erhält die Empfehlung, doch auch einmal den Psychiater auf-
zusuchen. – Nach drei Wochen treffen sich die Freunde wieder. „Na, hat dir
der Psychiater geholfen?" – „Teils, teils. Die Amazonen bin ich zwar los, aber
ich fahre jetzt jede Nacht einen Laster von Freiburg nach Hamburg."
Verzerrende *Reflexion* betreibt, wer sein Problem z. B. ins Portugiesische,
vom Portugiesischen ins Chinesische, vom Chinesischen ins Ungarische
und vom Ungarischen wieder ins Deutsche übersetzen läßt. Er wird sein
Problem kaum noch wiedererkennen, aber vielleicht ist er über ungewohnte
Formulierungen der Lösung nähergekommen.
Der ungarische Schriftsteller Karinthy Frigyes hat diese Methode *absichtlich*
benutzt, um humorvolle Gedichte zu erzeugen. So wird die deutsche „Flur"
als „der Flur" zum Korridor, der ungarisch „folyosó" heißt. Folysó kann aber
auch Flußsalz bedeuten, und so nehmen die Mißverständnisse ihren fröh-
lichen Verlauf.
Unabsichtlich humorvoll hat die „Stadtliche Unfallschutzkommission von
Veszprém" die Änderung der Verkehrsregeln ab 1. 3. 1993 bekanntgemacht.
„Wir hoffen, daß Ihr Aufenthalt in Ungarn sehr höfflich wäre. Darum bieten
wir Sie, beachten Sie … unter anderem:
5. Wenn die Verkehr ein Soldat richtet, sollen Sie es in Aufmerksam machen.
6. Man soll die Vorfahrt geben für die Kraftwagen, die ihre Unterschei-
   dungszeichen benutzen.
7. Man soll auf der Kletterstreifen fahren, wenn man auf dem bevölkerten
   Gebiet langsamer als 40 … fahren."

Diese aufmerksamen Winke für Urlauber stammen anscheinend aus einem
Computer, der zunächst ins Englische und dann ins Deutsche übersetzte.
Der englische Text auf der anderen Seite des Blattes läßt nämlich viel klarer
erkennen, daß verkehrsregelnde Soldaten Verkehrspolizisten äquivalent
sind, daß Fahrzeuge, die Lichtsignale und Sirene (distinctive sound) betäti-
gen, Vorfahrt haben und daß langsame Fahrzeuge die Kriechspur benutzen
müssen. Im Ungarischen gibt es für kriechen und klettern ein gemeinsames
Verb (mászni). So wurde aus dem Seitenstreifen der Kletterstreifen.
Die *Transformation* ist eine wichtige Problemlöseaktion. Mit Transformato-
ren können wir elektrische Spannungen herunter- oder heraufsetzen, um
elektrischen Strom gefahrloser zu nutzen oder verlustärmer zu transportie-
ren. Aber auch das Rechnen mit Logarithmen beinhaltet Transformationen.
Logarithmen sind „vorgekochte Zahlen", so wie manche Tiefkühlkost vor-
gekochtes Essen ist. Bei beiden spart man Zeit, weil Vorarbeit geleistet
wurde. Mit Logarithmen spart man bekanntlich eine Rechenebene: Addition von Logarithmen bedeutet Multiplikation, Multiplikation bewirkt Po-
tenzieren. Der gute alte Rechenschieber funktionierte so. In Großbritannien
gab es eine bemerkenswerte Variante, die vom europäischen Kontinent

unbemerkt blieb. Vielleicht weil sie einem Seemannsfernrohr ähnelt. Die logarithmische Skala war spiralförmig auf dem Rohr aufgetragen. So erreichte man auf kleinstem Raum leicht effektive Rechenlängen von 10 m.

Rechenschieber mit spiralförmiger Skala

Zu praktischen Problemlösungen durch Verfremdungsaktionen „könnte ich Ihnen noch 1 000 Beispiele bringen, wenn ich nur welche wüßte" (Nationalkomiker Otto). Keine Angst, in den anderen Kapiteln folgen noch viele, aber hier brechen wir erst einmal ab, weil Sie ja nun das Prinzip kennen und auch alleine weiterkämen.

 ## 3.8 Lernziel: Nie wieder ideenlos

Dieses Kapitel hat möglicherweise Ihr Leben verändert. Sie haben eingesehen, daß Ihre Furcht, nicht besonders einfallsreich zu sein, völlig unbegründet ist. Ab sofort können Sie beliebig viele Ideen erzeugen, denn Sie besitzen ein mitwachsendes Instrumentarium, einen unendlich großen Werkzeugkasten dazu. Denken, sammeln, ordnen Sie, reagieren Sie auf Information, verfremden, abstrahieren, assoziieren, verzerren, kombinieren Sie, und schon haben Sie wieder Neues und neue Aktionen gefunden!

Zur Unterstützung – als Knoten im Taschentuch – hier nur noch eine Checkliste.

Die ursprüngliche Checkliste von Alex Osborn, dem Erfinder des Brainstormings, und Beispiele hierzu finden Sie in Kapitel 11 Methodenübersichten.

Der Ehrlichkeit zuliebe müssen wir zugeben, daß ab sofort zwar die Quantität der Ideen garantiert ist, aber nicht die Qualität. Das ist eine grundsätzliche Schwäche der „kreativen" Methoden, berührt das Kreativitätsdilemma und leitet direkt über zur pädagogischen Anwendung.

1. Gulliver	Optik umkehren. Vorhandenes auf den Kopf stellen
2. Los!	Problem auf eine neue Ebene verlagern, Flucht nach vorn
3. Nichts wie weg!	Raus aus dem System; warum eigentlich nicht?
4. Domino	Angefangene Gedanken weiterdenken, an Vorhandenes anbauen
5. Schritt für Schritt	Große Sprünge vermeiden, dafür mit kleinen Schritten vorankommen
6. Wirksamer Zusatz	Einbau eines Katalysators, der neue Reaktionen ermöglicht
7. Duo	Kombination von 2 Vorschlägen, die auf den ersten Blick nichts miteinander zu tun haben, Zwangsverknüpfung
8. Netzwerk	Mehrere verschiedene Teile zu einem neuen Ganzen verbinden
9. Atom	Das Problem zerlegen und die Teile danach einzeln behandeln
10. Analogie	Wie machen es andere? Wo gibt es ähnliches?
11. Hier und heute	Gegenwärtige Trends aufspüren und verfolgen, modernisieren
12. Weniger	Überflüssiges weglassen, sich auf Notwendiges oder Wesentliches beschränken

Anregung der Ideenproduktion beim Quickstorming nach Morawa 1988, S. 1

 ## 3.9 Hinweise für den Unterricht

Von „kreativen" Methoden erwartet man kreative, originelle, einmalige, spritzige, frappierend elegante Lösungen. Sind die Lösungen so, dann sind sie gewöhnlich nicht sofort praktikabel. Sind die Lösungen jedoch einfach und praktisch, ist man wieder enttäuscht. „Das hätten wir aber auch anders und leichter oder direkter gefunden", ist ein typischer Kommentar. Der Kommentar ist unberechtigt. *Erstens* sind Einsichten zeitunsymmetrisch, wie wir im Kapitel Entrinnen noch besprechen werden. Das heißt, Vorher und Nachher machen einen riesigen Unterschied aus. Der Aha-Effekt ist auf der Autobahn der Routinelogik nicht unbedingt zu erzielen. Manchmal bringt ihn ein Umweg (eine Verfremdung) über schlecht befestigte Wege.

Zweitens muß die Lösung am Ende praktisch und logisch sein, denn wir können sie nur innerhalb unseres vernünftigen Wertesystems bewerten. Für die Einführung des Brainstormings spielt das Kreativitätsdilemma eine wichtige Rolle. Brainstorming scheint leicht zu sein, wird deshalb gerne einmal ausprobiert, funktioniert nicht und führt dann zu pauschaler Ablehnung aller Kreativitätstechniken. Wenn Sie das als Multiplikator nicht erleben wollen, bereiten Sie sich bitte besonders gut vor und beherzigen folgende Ratschläge:

1. Brainstorming-Regeln einhalten,
2. Thema auswählen, das interessiert, aber nicht zu stark polarisiert (keine Parteienbildung, einzelne Teilnehmer sollen nicht zu stark dominieren, keine kontroversen Dispute),
3. nicht vom Ziel abweichen,
4. Moderator sorgfältig auswählen und vorbereiten; notfalls selbst moderieren.

Wenn Sie selbst moderieren, besteht die Gefahr, daß Ihre nun verdoppelte Autorität (notengebender Lehrer und „Spielleiter") manche Schüler daran hindert, ein Brillantfeuerwerk zu starten.

Der ideale Moderator sollte über folgende Eigenschaften verfügen (s. Schlicksupp 1983, S. 42):

○ fachliches Einfühlungsvermögen in die behandelte Problematik,
○ Beherrschung der Problemlösemethode(n),
○ Gespür für Gefühle und Stimmungen der Teilnehmer,
○ diplomatisches Geschick und Konzilianz,
○ Fähigkeit, eine lockere, integrative Atmosphäre zu schaffen,
○ geistige Beweglichkeit und Kreativität.

Schwierig ist beim Brainstorming die Trennung zwischen Blödelei und kreativer Öffnung. Manch extrovertierter Schüler und besonders der Klassenclown zeigen hübsche Beispiele für Enthemmung, aber wenig Substanz in den Ideen. Der Moderator und gute Akteure aus der Gruppe sollten diese Schüler dazu bringen, sich bei aller Lockerheit auch intellektuell zu öffnen. Es gibt einfallsreiche Vielredner und ebenso ideenreiche Schweiger, das Gegenteil von beidem und alle Übergänge. Deshalb ist sicher auch eine kritische und zugleich schonende Analyse des Gruppenprozesses mit Blickrichtung auf soziales Lernen wichtig. Hyperproduktive Schüler sollen nicht nur bestärkt, introvertierte Schüler nicht noch verschlossener werden.

Wählen Sie zur Einführung relativ erfolgreiche Themen wie

○ Benennungen, Namensgebungen,
○ neue Anwendungen für bekannte Produkte,
○ Alternativensammlung,
○ neue Verpackung

und vor allem „echte" Probleme, d. h. solche, die die Schüler direkt angehen wie:

○ Funktion der Klassenkasse,
○ Gestaltung von Ausflügen, Festen,
○ wie können wir X helfen?

Während bloße Routine bei der Behandlung dieser Probleme kontraproduktiv sein kann, schafft ein gelungenes Brainstorming ein positives Klima für den Lernerfolg in den Sachfächern und bei der Persönlichkeitsbildung. Die größten Enttäuschungen beim Brainstorming entstehen durch das Kreativitätsdilemma. Dem kann nur durch eine sorgsame Ernte und Nachlese begegnet werden. Erwarten Sie nicht unbedingt direkt verwertbare Ideen aus der Sitzung. Verwenden Sie für die Auswertung (Ernte und Nachlese) mindestens das Fünffache an Zeit. Der größte Nutzen ergibt sich meist aus Anregungen zum Weiterentwickeln oder Abwandeln:

○ So geht es nicht ganz, aber mit *** wäre das machbar.
○ Wenn wir *** und ** kombinieren, gäbe das eine schöne Lösung.
○ Die Idee * muß man nur vom Kopf auf die Füße stellen.

Weisen Sie auf Ideenkiller hin, sobald Sie ihnen begegnen. Pflegen Sie einen kooperativen Stil. Lassen Sie mitdenken. Gewähren Sie das Recht auf Irrtum – mit der Pflicht auf nachträgliche Einsicht. Die Evolution hat uns Menschen mit einem überragenden Denk- und Vorstellungsvermögen ausgestattet. Der Preis, den wir dafür zahlen, ist unsere Fähigkeit zur Angst. Denn ohne Erkenntnisfähigkeit hätten wir höchstens eine dumpfe Furcht. Angst ist ein Produkt des Wissens, meist aber nur des Halbwissens. Unentbehrlich als eine Warnerin vor Gefahr, lähmt sie unser Handeln, macht sie uns auch unfähig, Risiken zu ertragen und durchzustehen. Die Schule sollte versuchen zu vermitteln, wie jeder individuelle Schüler seine Grenzlinie finden kann, wo er sich fürchten sollte und wo er besser mutig wäre. Dies ist ein wesentlicher Teil der Persönlichkeitsbildung.

Der Querschnitt unserer Bevölkerung zeigt etwa folgendes Bild:

5 %	Innovatoren
10 %	Frühe Anwender (Probierelite)
35 %	Frühe Mehrheit (diese Gruppe entscheidet darüber, ob eine Innovation „greift")
35 %	Späte Mehrheit
15 %	Zauderer.

Wirken Sie mit aller Kraft und bestem eigenem Vorbild darauf hin, daß Ihre Schüler zu den ersten 15 % zählen möchten.

4. Motivation

4.1 Hintergrund: Primäre und sekundäre Motivation

„Lust und Liebe sind die Fittiche zu großen Taten." (Goethe, Iphigenie) Lehrern etwas über Motivation zu sagen, heißt Eulen nach Athen zu tragen. Wer, wenn nicht sie, weiß um die Bedeutung der Faktoren Gerechtigkeit, Sinngebung, Wahrheitsliebe, Vertrauen, Zivilcourage für das Lernverhalten und die Persönlichkeitsbildung der Schüler. Wie man die besten Erfolge erzielt, darüber gehen die Meinungen sicher nicht nur bei Freud und Adler auseinander. Eine wichtige Grundfrage ist z. B., ob man Schüler für natürlicherweise faul hält oder nicht. Wir glauben, daß Schüler von Natur aus nicht faul sind. Was manchmal so aussieht, ist Beharrung und Sicherheitsstreben. Wenn es lohnt, wenn sich eine höhere Sicherheit (materiell, gesundheitlich, im Glauben oder Wissen) gewinnen läßt, suchen Menschen sogar das Risiko. Dies ist unser Typ, und diesem wollen wir den Mund wässerig machen. Wenn es gelingt, gewinnt er die Fähigkeit der Selbstmotivation. Motivation ist Anreiz zum Handeln, die unspezifische innere Begründung für eine folgende Aktion, nicht die Aktion selbst. Aber: Gute Motivation ist halbe Aktion. Wie bekannt die Bedeutung der Motivation ist, belegen Sprichwörter wie:

○ Ein voller Bauch studiert nicht gern.
○ Hunger ist der beste Koch.
○ Aller guten Dinge sind drei. Aber wenn zwei guter Dinge sind, sind sie auch bald zu dritt.

Die Psychologen unterscheiden zwischen *Primär- und Sekundärmotivation.* Schüler, die lernen, weil es sich so gehört – und Lehrer, die lehren, weil sie dafür bezahlt werden –, sind sekundär motiviert. Das ist schon mal nicht schlecht. Jedenfalls besser, als es sich hier lesen mag, und bei uns steht es mit der Sekundärmotivation sogar sehr viel besser als in vielen anderen Ländern. Am besten ist jedoch die Primärmotivation. Wer *primär* motiviert ist, agiert selbstbestimmt, vollbringt Höchstleistungen, befriedigt dabei eigene Bedürfnisse und erlebt höchste Erfüllung. Verliebte und Menschen, die ihrem Hobby nachgehen, sind z. B. primär motiviert (s. a. Bugdahl 1991, S. 36 f.). Zu primärer Motivation können auch Zweifel, Unzufriedenheit, Ärger, Wut, Abenteuerlust, Neugier, Geltungsbedürfnis, Ehrgeiz usw. führen. Problemlösen darf durchaus eine negativ klingende Triebfeder besitzen, denn ein Problem ist ja ein unerwünschter Zustand. Positiver Antrieb ist allerdings schöner.

„Wer schaffen will, muß fröhlich sein", meinte Theodor Fontane. Wer die Eigenmotivation nicht als „workaholic" übertreibt, aber in seiner glaubhaften Begeisterung seine Umgebung ansteckt, *muß* erfolgreich und glücklich sein. Erfolg motiviert besonders stark. Also wird der motivierwillige Lehrer versuchen, seinen Schülern zu Erfolgen zu verhelfen. Seine Gegner sind dabei Fingerübungen, Etüden, Grammatik, Vokabeln, … kurz, die Sprichwörter „Aller Anfang ist schwer" und „Es ist noch kein Meister vom Himmel gefallen" (Letzteres antwortete Hansdietrich Genscher übrigens auf die Frage eines Journalisten, ob er bei seinen vielen Flugreisen denn keine Angst habe). Die Kunst, den Schülern über die knochenharten, erfolgsarmen Anfangsgründe hinwegzuhelfen, besteht z. B. darin, daß der Lehrer seine Vision des fernen Unterrichtsziels in „verdauliche" und begehrenswerte, im besten Falle sogar individuelle Untervisionen aufteilt, Zwischenerfolge feiern läßt. Spielerische Elemente und Humor helfen dabei.

4.2 Lernziel: Denksport wärmt. Ohne Gedächtnis keine Ideen

Spielen ist kein alberner Zeitvertreib. *Spiele* in ihren unterschiedlichen Schwierigkeitsstufen und in ihrer Vielfalt
○ machen Spaß, motivieren,
○ verlangen Aktivität im Handeln,
○ spiegeln das Leben wider (Gedächtnis, Strategie, Logik, Kommunikation, Problemlösen, Entscheiden sind notwendig),
○ üben soziale Prozesse (neue Rollen werden ausprobiert),
○ vergrößern die Lebenserfahrung und entwickeln die Persönlichkeit.

Kreative Leistungen entstehen nicht von allein und auch nicht allein spielerisch. Es müssen
○ ein Problemdruck herrschen,
○ Problemlösetechniken bewußt oder unbewußt bekannt sein und so
○ Lösungsalternativen, also Ideen gefunden werden können.

Beim Ideenfinden helfen sowohl spielerisches Denken als auch ein gutes Gedächtnis. Das Gedächtnis brauchen wir als Daten- und Erfahrungsspeicher, das spielerische Denken zum Vergleichen, Kombinieren und Modifizieren.
Im Kapitel „Kreativität und Zufall" werden wir noch einmal sehen, daß viele, wenn nicht sogar alle großen Entdeckungen und Erfindungen nach vorangegangener Anstrengung spielerisch, im Zustand der Muße erfolgten. Es liegt also nahe, zu spielen und das Gedächtnis zu trainieren – und dies um so mehr, als es die Schüler zugleich motiviert.

4.3 Arten von Aufwärm- und Lockerungsübungen

Wenn wir Spiele aufzählen sollten, fielen uns viele Arten ein, z. B.:

○ Mathematische Spiele: Zahlenrätsel, Zahlenmuster, Zaubertricks, Magische Quadrate, Domino und Würfel,
○ Rätsel aus der Physik,
○ Optische Täuschungen,
○ Denksportaufgaben: scherzhafte, mit verdeckter Information, durch Matrizen lösbare,
○ Labyrinthe und Irrgärten,
○ Sprachspiele: Vorsilben, Reime, Pointen zu Bildern finden, Buchstabensalat, Gleichnisse, Sprichwörter kombinieren, Kryptogramme und Palindrome (s. Kap. 10.1),
○ Gedulds- und Glücksspiele (die wir allerdings am wenigsten schätzen).

Besser teilen wir die Spiele für unsere Zwecke danach ein, was sie vorzugsweise üben (vgl. Mairovitz 1989):
1. Verarbeitung von Informationen (Deduktive Logik)
2. Erkennen von Regeln (Induktive Logik)
3. Planung und Strategie
4. Gedächtnis (hierzu gleich mehr unter Punkt 4.4)
5. Kreatives Denken (z. B. Phantasie, unterschwellige Annahmen, Erkennen von Analogien)
6. Psychomotorische Aktivität
7. Visuelles Denken
8. Kommunikation
9. Problemlösen und Entscheiden

Die Gedächtnisspiele eignen sich u. a. zum Vorher-Nachher-Vergleich beim Einführen des Gedächtnistrainings. Mit den Spielen zur Förderung des kreativen Denkens üben wir am besten Flüssigkeit, Beweglichkeit und Originalität des Denkens. Die Anregungen der nächsten Seiten zeigen, welche Arten von Spielen geeignet sind. Sie werden die Beispiele und die Aufgaben durch bessere aus Ihrem Repertoire ersetzen.

1. Flüssigkeit

1.1 Ideenflüssigkeit
Eigenschaften kombinieren: z. B. weiß und eßbar (Baiser, eßbare Verpackung, Schnee, Reis …) (s. a. Kirst 1971, S. 18)

1.2 Assoziationsflüssigkeit
Willkürliche Verknüpfungen mit Leben erfüllen: z. B. Bett – Mehrzweck – oval (s. a. Kirst 1971, S. 33)

1.3 Ausdrucksflüssigkeit
Aus Anfangsbuchstaben von Vornamen einen Satz bilden: z. B. aus D F H K K M S S S S.
Durch ferne Heirat kann kein Mensch selbst sein Schicksal schmieden.
Der fröhliche Herren-Klub kann meist so schön schräg singen.
Die faule Hummel kann kaum mit sich selbst Schach spielen.
(Kreative Seminarteilnehmer 16. 4. 93 Jena)

2. Beweglichkeit

2.1 Spontanbeweglichkeit
Wie läßt sich ein Leitz-Ordner noch verwenden?
Z. B. als Zapfanlage in Finnland, Geigenkasten in Ungarn, Kastagnetten in Spanien, Picknick-Korb mit abgehefteten Käsescheiben in Holland, Klappbeichtstuhl in Irland, Wäscheständer in Italien, Schirmständer in England, Geheimkamera in Rumänien, Umkleidekabine zum Sockenwechseln in Deutschland (nach Titanic 1992, S. 36–39). S. a. Phantasiemaschinen (Kirst 1971, S. 100).

2.2 Anpassungsbeweglichkeit
Was wäre, wenn eine Pille pro Tag das Essen ersetzte?
Z. B. zu viel Freizeit, soziale Probleme wegen Langeweile, Familien fallen auseinander, Familienfeiern weniger attraktiv, Zahnbildung rudimentär, Besteckfabriken gehen ein, Apotheken blühen, Grundstückspreise fallen, Landwirtschaft existiert nur als Umweltschutz, Sonntagsfahrverbot für LKW unnötig.

3. Originalität des Denkens

3.1 Synthetische Originalität
Ausgefallene Überschriften (zu gegebener Kurzgeschichte, zu Foto, Karikatur).
Doppeldeutige Silben- oder Kreuzworträtsel

Z. B. Handlungen = manuelle Atmungsorgane; Talente = Wasservogel aus einem Gebirgseinschnitt; Fetisch = eisernes Möbelstück; Telegrafenmast = Fernernährung eines Adligen
Wie könnte man Honig noch nennen?
Piktogramme erfinden für Sauna, Frisör, Schule, Bibliothek.
S. a. Namensspiele, Nonsensapparate (Kirst 1971, S. 56, 108)

3.2 Analytische Originalität
Geschichte zu gegebener Überschrift finden.
Angefangene Geschichte zu Ende spinnen.
Fremdwörter falsch erklären
Z. B. Calvados = Betriebssystem für Apple Computer; Pygmalion = Zwerglöwe; Mezzogiorno = Halbtagskraft; Salmonellen = Lachsersatz; Pas-de-deux = Einzelzimmer mit Damenbesuchsverbot (von Claus Sprick: Aus dem Wörterbuch der gebildeten Jugend (Der Rabe)).
Muster deuten (Wolken, neue Sternbilder, verlaufene Tintenkleckse, Bleigießen)
S. a. Doppelgänger, Roboter (Kirst 1971, S. 58, 94)

Spiele zum Üben des kreativen Denkens

1. Ein Mann besucht seinen Freund, der 300 km entfernt wohnt. Er fährt mit 100 km/h und ist also in 3 Stunden da. Der Rückweg dauert wegen Staus 10 Stunden. Welche Durchschnittsgeschwindigkeit ergibt sich für die gesamte Reise? 30 oder 50 oder 65 oder 100 km/h?

16. Eine Frau kauft zwei alte Schmuckdosen und verkauft sie für je 600 DM weiter. Bei einer verdient sie 20 %, bei der anderen hat sie 20 % Verlust. Hat ihr das Geschäft insgesamt Gewinn, Verlust oder keins von beiden gebracht?

3. Finden Sie ein Wort, das das rechte Wort in einem Sinn und das linke Wort in einem anderen Sinn ersetzen kann?
hart - - - - - - - - - Feier

20. Ein Flugzeug stürzt mitten über dem Atlantik ab. Wo werden nach internationalem Recht die Überlebenden begraben?

5. Ein Mann kaufte in einem Kaufhaus eine Kette für 75 DM. Er bezahlte mit einem 100-DM-Schein. Kurz darauf kam er zurück und kaufte ein Schnappschloß, bezahlte mit einem 20-DM-Schein und erhielt

5 DM zurück. Später stellte sich heraus, daß sowohl der 100-DM-Schein als auch der Zwanziger falsch waren. Wenn man Gewinnspanne, allgemeine Kosten und Einstandspreis der Waren außer acht läßt: Wieviel Geld hat das Kaufhaus verloren?

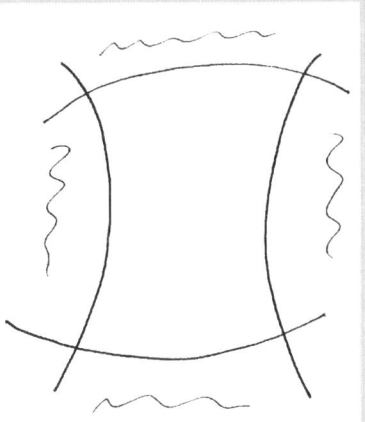

24. Bitte deuten Sie nebenstehende Abbildung.

7. Spät abends kamen 11 Gäste in einem Gasthof an. Der Wirt hatte nur 10 Betten, wußte sich aber zu helfen:
In das 1. Bett legte er vorläufig 2 Gäste. Der 3. Gast kam in das 2. Bett, der 4. Gast in das 3. Bett usw., so daß der 10. Gast in das 9. Bett kam. Nun war noch ein Bett frei. Dieses wurde dem 11. Gast gegeben, der vorläufig mit in das 1. Bett gebracht worden war. Dadurch hatte jeder Gast sein eigenes Bett. Oder?

28. Drei Stammgäste zahlen in ihrem Restaurant ihre Zeche von je 10 DM. Als der Kellner dem Wirt das Geld bringt, sagt dieser: „Ich will heute großzügig zu unseren Gästen sein. Bitte bringen Sie ihnen 5 DM zurück." Der Kellner bringt den Gästen das Geld, und die Gäste geben dem Kellner davon 2 DM als Trinkgeld, damit die Aufteilung problemlos funktioniert. Die Gäste haben nun also nicht 10 DM, sondern 9 DM bezahlt, d. h. zusammen 27 DM, und der Kellner hat 2 DM. Aber wo ist die eine Mark?

9. Wer kann auf kürzestem Wege KALT über WARM zu HEIß oder WARE zu GELD machen? In der Kette der 4-Buchstabenwörter darf jeweils immer nur ein Buchstabe verändert werden.

? Welche Nummer hätte diese Frage, wenn die vorangehenden Nummern logisch fortgesetzt werden?

Kleiner Test zur Beweglichkeit und Originalität des Denkens
Quellen: Salny 1985, Jens Heese (24 J.); Glauco Ganni (50 J.)

Auflösungen:
1. 600 km : 13 h = 46,15 km/h.

16.

	Verkauf	Einkauf
a b	600 DM = 120 % 600 DM = 80 %	100 % = 500 DM 100 % = 750 DM
gesamt	1200 DM	1250 DM

3. FEST; **20.** Überlebende?; **5.** 120 DM; **24.** Dirndl, Fenster, Luftmatratze auf Wasser usw.; **7.** 11 war schon als 2 gezählt worden; **28.** Die Frage ist falsch; bleiben Sie konsequent in einer Rechnung; **9.** KALT-HALT-HART-WART-WARM-HARM-HALM-HELM-HEIM-HEIß; WARE-WARM-FARM-FARN-GARN-GERN-GERD-GELD oder WARE-WART-WERT-GERT-GERD; **?** 32.

4.4 Gedächtnistraining

„Wenn man kein Gedächtnis hat, kann man nicht vergleichen, und nur, wer vergleicht, kann seine Gedanken vervollständigen." (Marcel Proust)
Die meisten Schüler werden dankbar sein, wenn Sie ihnen helfen, ihr Gedächtnis zu trainieren. Aber bevor Sie sich für einzelne Übungen entscheiden, lokalisieren Sie besser erst, was geübt werden soll.
Fragen Sie sich und die Schüler nach den Ursachen für folgende Schwierigkeiten:
1. Etwas nicht verstehen können,
2. Etwas nicht behalten können,
3. Sich an etwas nicht mehr erinnern können,
4. Sich kurzfristig an etwas nicht erinnern können (Blackout),
5. Sich nicht richtig konzentrieren können.

Was würden Sie tun, um etwas zu behalten und sich richtig erinnern zu können, wenn Sie dafür eine hohe Belohnung erhielten?

Grundtechniken zur Steigerung der Gedächtnisleistung

Grundtechniken zur Steigerung der Gedächtnisleistung sind – in der Reihenfolge der voranstehenden Fragen:
1. Um richtig verstehen zu lernen:
   Rückfragen stellen (Könnten Sie das noch einmal an einem Beispiel erklären?),
   aufgenommene Informationen reflektieren (Sie meinen also …),
   Strukturskizze anfertigen,

Inhalt mit eigenen Worten wiedergeben, Beispiele anführen, Querverbindungen ziehen.

2. Um sich etwas einzuprägen:
etwas Besonderes, Positives in die Information legen,
Zeit aufwenden zum Rückfragen, Überdenken, Wiederholen, Vereinfachen und Zusammenfassen, möglichst frisch, notfalls später.
Dies schrittweise, von Pausen unterbrochen tun.

3./4. Dem Gedächtnis auf die Sprünge helfen:
Neues mit Bekanntem gedanklich und vor allem bildhaft verknüpfen,
sich Anwendungssituationen für die neue Information vorstellen, Nützlichkeit klarmachen,
mnemotechnische Auslöser benutzen, Stichwörter notieren,
die neue Information wiederholt abrufen, in Gesprächen verwenden.

5. Konzentrieren:
Tagesprogramm notieren, Prioritäten setzen, zu erledigende Aufgaben abschließen,
individuelle Leistungskurve erfahren und berücksichtigen, für Reizabwechslung sorgen,
sich durch Entspannung (auch Entspannungsübungen) neue Energie zuführen.

6. Was tun, um zu gewinnen?
Maßnahmen zu den Punkten 1 bis 5 und zusätzlich *interessiert sein und bleiben,*
Fragen stellen, z. B.: Was kann ich wofür gut gebrauchen?
sich eigene Ziele setzen,
Angst abbauen, positiv denken, sich selbst motivieren.

Praktische Übungen

Zu allen sechs Punkten gibt es in der Literatur Übungen. Wir wollen hier nur zwei herausgreifen, die wir in einem Seminar von G. Possin kennengelernt haben.
Die *1. Übung* hat globalen Charakter, indem sie die Punkte 1 bis 6 gut speicherbar zusammenfaßt. Die Übung besteht darin, sich die Stichwörter (Kopf – Bild – … – Trimmpfad – Computer) durch Verknüpfen (z. B. Der **Kopf** ist auf einem **Bild,** das ein **Papagei** bekleckert. Er will sich über die **Treppe** entfernen, aber das geht nicht, wegen der **Kette** usw.) einzuprägen. Mit den Stichwörtern assoziieren wir dann die zugehörigen Regeln; z. B. steht „Papagei" für: „Information wiederholen, mit eigenen Worten zusammenfassen."

Übung 1: Die Mnemo-Kettenmethode

Kopf	Der Weg zu einem besseren Gedächtnis
Bild	Information möglichst bildhaft aufnehmen
Papagei	Information wiederholen, mit eigenen Worten zusammenfassen
Treppe	Information schrittweise aufnehmen, Pausen machen
Kette	Neue Information mit vorhandener verknüpfen
Zielscheibe	Eigene Ziele klarmachen, auf Wesentliches konzentrieren
Medaille	Motivation verstärken, sich für Behalten belohnen
Esel	Eselsbrücken, Reime machen, etwas Besonderes in die Information hineinlegen
Auslöser	Festlegen, durch welchen Reiz die Erinnerung ausgelöst werden soll
Wörter- buch	Wurde die Information richtig verstanden?
Lenkrad	Informationsaufnahme möglichst selbst und aktiv steuern
Trimmpfad	Behalten und Konzentrieren trainieren
Computer	Negative, unterbewußt ablaufende Programme möglichst positivieren

Übung 2: Den Kalender in 5 Minuten auswendig lernen

Diese Übung macht den Schülern Spaß, weil sie trotz geringer Anstrengung garantiert erfolgreich ist und einen Konversationswert außerhalb der Schule besitzt. Innerhalb von fünf Minuten finden Ihre Schüler gemeinsam Eselsbrücken für die 12 Zahlen, die für die Monate stehen sollen. Die Schüler werden wetteifern, originellere als im Beispiel zu finden. Für andere Jahre können Sie selbst – am besten empirisch – die Kodierungszahlen finden oder finden lassen.

Kalender 1995
1. Definition der Wochentage:

So = 0,	Mo = 1,	Di = 2,	Mi = 3,
Do = 4,	Fr = 5,	Sa = 6 oder -1	

2. Kodierung für die Monate:

Monat	Kodierung	Eselsbrücke
Januar	-1	wieder ein Jahr weg
Februar	2	Februar ist 2. Monat; 2 ist 2
März	2	3 ist auch 2! Wenn 2 guter Dinge sind …
April	5	April ist einziger Monat mit 5 Buchstaben
Mai	0	0 wie schön ist der Mai
Juni	3	Juni ist meist „dry"
Juli	5	Juli soll am liebsten 5 x so lang sein
August	1	August fängt mit A an, dem 1. Buchstaben
September	4	Denken Sie sich selbst etwas aus!
Oktober	6	6 Tage Herbstferien
November	2	11. Monat (2 Einsen)
Dezember	4	4. Advent ist im Dezember

3. Ermittlung des Wochentages:

1: Tag (1 bis 31) + Kodierung aus obiger Tabelle = Zwischenergebnis
2: Zwischenergebnis geteilt durch 7 =
3: Ergebnis + ganzzahliger Rest
4: Rest gibt Wochentag an.

Beispiel: Auf welchen Wochentag wird der 24. 12. 1995 fallen?

Tag (24) + Kodierung für Dezember (4) = 28.

$$28 : 7 = 4 + \text{Rest } 0$$
$$0 = \text{Sonntag}$$

 ## 4.5 Hinweise für den Unterricht

Ich habe ein sehr gutes Gedächtnis und kann mir drei Dinge besonders gut merken: 1. Zahlen, 2. Namen und 3. (Pause). Das habe ich vergessen.

Bei den Gedächtnisübungen sollten Sie darauf achten, daß keiner mitschreibt, und daß auch nichts an der Tafel steht – so wertvoll das Visualisieren sonst (und natürlich zum Einprägen) auch ist. Hier kommt es zunächst darauf an, Vertrauen in das Gedächtnis zu gewinnen und mit dem lähmenden Vorurteil: „Ich habe ein schlechtes Gedächtnis" aufzuräumen. Es gibt Beispiele dafür, daß jemand ein langes Gedicht, das er in seiner Jugend einmal auswendig gekonnt, fast vergessen hatte. Ein auf den Erfolg vertrauender Auftrag an das Gedächtnis: „Ich hätte das Gedicht morgen abend 18 Uhr gerne wieder vollständig parat" genügte. Selbst heimliche Zweifel sind äußerst schädlich und werden vom Gedächtnis nicht nur beleidigt registriert, sondern auch mit Nichtleistung bestraft. Wer ohne Wecker zu einer ungewohnten Zeit aufwachen möchte, wird das ohne weiteres schaffen – beim ersten Versuch vielleicht um den Preis eines sehr unruhigen Schlafes. Mißtrauen in der Form, zur Sicherheit auch einen Wecker zu stellen, entläßt das Gedächtnis aus der Verantwortung. Wenn der Wecker nicht klingeln sollte, wird man vermutlich nicht nur durchschlafen, sondern auch viel später als gewohnt aufwachen.

Falls Sie die Kalenderübung nur in *einer* Klasse machen und dies auch dazusagen, werden Sie Ihre Schar zusammenschweißen und selbst eingebunden werden. Schließlich sind Sie jetzt eine Art Geheimbund mit einem exklusiven Wissen, über das Außenstehende nur staunen können. Bei jeder Terminabstimmung üben Sie und nennen vorlaut den entsprechenden Wochentag, bevor die anderen im Kalender nachsehen konnten.

5. Brainwriting

5.1 Hintergrund: Schriftliches Brainstorming

Brainwriting heißt schriftliches Brainstorming und bezweckt wie dieses die gegenseitige Anregung der Teilnehmer zur Ideenproduktion. Da die Ideen hier nicht laut hervorsprudeln, müssen sie in schriftlicher Form zirkulieren. Dazu gibt es verschiedene Möglichkeiten. Die bekannteste ist die Methode 635 von Bernd Rohrbach. Die Methode heißt so, weil
○ 6 Teilnehmer jeweils
○ 3 Ideen im Zeitraum von je
○ 5 Minuten aufschreiben.

Jeder Teilnehmer bekommt folgendes Formblatt oder bereitet sich ein ähnliches Formular selbst vor.

Problem:		Datum:	
Ideen / Lösungsvorschläge			
1	2	3	Signum

Formblatt für Brainwriting/635

Schnelle Rechner haben sofort erfaßt, daß diese Methode in 30 Minuten 108 Ideen liefern kann, weil ja 6 Teilnehmer in 6 x 5 Minuten jeweils 6 x 3 = 18 Ideen produzieren sollen. Diese vorsichtige Zielformulierung braucht Sie nicht zu beunruhigen. Die hohe Zeitausbeute wird meist erreicht, besonders dann, wenn Sie die 5 Minuten pro Runde flexibel verteilen. Im 1. Durchgang haben alle Teilnehmer spontan Ideen und brauchen höchstens 3 Minuten. Die aufgesparten Minuten aus den ersten Runden kann man gut in der 5. und 6. Runde gebrauchen, wenn die Ideen schon spärlicher fließen.

5.2 Lernziel: Von 0 auf 100 (Ideen) in 30 Minuten

Mit Brainwriting lernen Sie eine einfache, effektive und fast garantiert erfolgreiche Methodengruppe kennen. Brainwriting ist viel einfacher und viel erfolgssicherer als Brainstorming. Wir werden die Methode 635 so besprechen, daß Sie sie sofort anwenden können. Über andere Brainwriting-Methoden erhalten Sie einen Überblick.

5.3 Prinzip der Methode

Methode 635

Das Prinzip des Brainwritings ist die gegenseitige Assoziation in einem Rotationsrhythmus. Bei der Methode 635 wird dieses Prinzip durch folgenden Ablauf verwirklicht:

1. Genaue Definition und Analyse des Problems
2. Verteilen der Formblätter, Ausfüllen der Kopfzeile
3. Start. Jeder Teilnehmer trägt in die obere Zeile des Formblatts 3 Ideen ein und schreibt sein Signum in das letzte Feld der Zeile.
4. Nach spätestens 5 Minuten werden die Formblätter im Kreis weitergereicht, so daß jeder Teilnehmer ein Blatt mit 3 fremden Ideen vor sich hat. Er schreibt nun in die 2. Zeile 3 weitere andere Ideen, die entweder ganz neu, oder aber Abwandlungen oder Ergänzungen zu vorangegangenen Ideen sind.
5. Nach weiteren 5 Minuten werden die Blätter wieder weitergereicht, und zwar in der gleichen Richtung wie beim vorigen Mal. Die nächste Zeile wird ausgefüllt, usw.
6. Die 635-Sitzung ist beendet, wenn alle Teilnehmer auch die 6. Zeile eines Blattes, das sie in früheren Runden noch nicht gesehen hatten, ausgefüllt haben.
7. Die Auswertung erfolgt wie beim Brainstorming, durch Klassifizieren der Ideen in direkt nützliche, interessante, erneut zu prüfende und abzulehnende. Natürlich können Sie auch abstimmen lassen oder das Punktklebeverfahren (jeder Teilnehmer erhält z. B. 5 Klebepunkte, die er bei den Ideen anbringt, die ihm am besten gefallen) verwenden.

Die Methode hat folgende Vorteile:
Die Teilnehmer genieren sich, leere Felder auf ihren Formblättern zu hinterlassen. Sie stehen unter Zeit- und Leistungsdruck. So kommt die hohe Ideenausbeute von 108 Ideen in 30 Minuten zustande. Wie beim Brainstorming ist keine Kritik zugelassen, aber hier muß auf die Einhaltung der Regel nicht so sorgsam geachtet werden: Es gibt keine Möglichkeit für Dominante

oder hierarchisch Höherstehende, andere zu blockieren oder von anderen blockiert zu werden. Die sachlichen Qualitäten redeschwacher Teilnehmer kommen zum Vorschein, was wiederum einen Motivationseffekt hat. Spätestens wenn der Strom der eigenen Ideen zu versiegen droht, beschäftigen sich die Teilnehmer mit anderen Standpunkten. Das erzieht zu tolerantem Verhalten. Insgesamt wird ein kooperativer Stil gepflegt und der Gruppenkontakt verbessert. Deshalb eignet sich die Methode 635 auch besonders in spannungsgeladenen „kritischen" Gruppen.

Besonders hervorzuheben ist, daß die Ideen und ihre Urheber schriftlich fixiert werden. Bei ganz großen Ideen kann das sogar patentrechtliche Folgen haben. Stehen solche Ideen aber nicht schon in der 1. Zeile, sollte man sie gerechterweise als Gemeinschaftsideen behandeln.

In der 1. Zeile können auf den einzelnen Formblättern Mehrfachnennungen naheliegender Ideen vorkommen. Das ist verständlich und sogar nützlich. Die Spontanansätze sind entweder direkt realisierbare Problemlösungen oder – wie in den meisten Fällen – ziemlich wertlos. Die Niederschrift ist jedoch aus hygienischen Gründen wertvoll. Danach ist der Kopf frei für originellere Gedanken. In der 4. bis 5. Zeile finden sich deshalb meist die interessantesten Ideen. In der 6. Zeile können sich schon wilder Übermut, Albernheit, gedanklicher Terrorismus, Verzweiflung breitmachen. Diese Vorschläge sind vor der Beurteilung vielleicht noch einmal aufzubereiten, z. B. im Brainstorming. 635 eignet sich sehr gut zur Ideensammlung für Benennungen, neue Anwendungsmöglichkeiten für Altbekanntes, Argumente, Anforderungsprofile, Organisationsprobleme und Entscheidungsvorbereitung. Die Ideentiefe hängt allein von der Qualifikation der Teilnehmer ab. Brainwriting kann wie Brainstorming kein Wissen ersetzen, sondern nur hervorholen. Deshalb könnten Astrophysiker mit 635 vielleicht auf galaktische Ideen kommen, aber durchschnittlich Gebildete hätten größere Erfolge beim Thema „Neue Verpackung für Milch".

Übersicht über andere Brainwriting-Methoden

CNB = Collective Notebook
Sie geben Ideenhefte, in denen das Problem genau beschrieben ist, mit der Aufforderung aus, täglich und spontan alle Einfälle zum Thema einzutragen. Sie bewirken also eine Art Solo-Brainstorming mit Leistungsdruck. Nach 3 Wochen sammeln Sie die Hefte zwecks Auswertung wieder ein.

Ideen-Delphi
1. Die Teilnehmer suchen einzeln Lösungsansätze zum Problem.
2. Sie erhalten die Lösungsansätze der anderen Teilnehmer zur Anregung für weitere Ideen.

3. Die Teilnehmer (und auch andere Experten) erhalten die Auswertungen beider Runden und entscheiden sich für die besten Realisierungsmöglichkeiten.

Ideen-Delphi läßt sich auch bei räumlicher Trennung der Teilnehmer durchführen. Man spart Zeit und Reisekosten. Die Methode eignet sich für ein gemeinsames Problemlösen mehrerer Schulen, z. B. in Fragen der Schulpolitik oder für eine überregionale Ideensammlung zwischen Partnerstädten, z. B. zur Vorbereitung eines Treffens.

Brainwriting-Pool
Diese Methode hat Helmut Schlicksupp (1989) erfunden. Schon vor der Sitzung liegen auf dem Tisch ein oder zwei Blätter mit drei oder vier möglichen Lösungen. Die Teilnehmer notieren ihre Ideen auf einem Blatt Papier. Wenn ihnen nichts mehr einfällt, tauschen sie ihr Blatt gegen das auf dem Tisch liegende aus und lassen sich zu weiteren Ideen anregen. Dies kann man mehrmals wiederholen.

Kärtchenbefragung
Die Teilnehmer notieren *anonym* alle Lösungsansätze oder Kritik einzeln auf DIN-A7-Kärtchen. Der Koordinator sammelt die Kärtchen ein und ordnet sie grob nach verschiedenen Gesichtspunkten. Anschließend diskutieren die Teilnehmer über die Ideen und treffen eine feinere Einteilung.
Diese Methode eignet sich wegen der anfänglichen Anonymität besonders für „heikle" Themen oder für Kritik „nach oben". Ein einzelner braucht sich nicht zu exponieren. Sind die Vorschläge erst einmal genannt, kann man sie öffentlich relativ unbefangen besprechen.

Idea-Engineering
1. Wie ist das Problem entstanden? Ursachen werden analysiert und auf Kärtchen geschrieben.
2. Die Ursachen werden in Fragen umformuliert.
3. Die Fragen werden durch Lösungsideen (evtl. Brainstorming, 635) beantwortet.
4. Die Lösungsideen werden von den Teilnehmern (oder Experten) bewertet.

Galerie-Methode
Diese Methode hat F. Hellfritz (1978) aus Erfahrungen mit anderen Problemlöseverfahren entwickelt. Sie umfaßt einen Zyklus von vier Phasen, der mehrfach durchlaufen werden kann.
1. Ideenfindung: Die Teilnehmer schreiben oder skizzieren ihre Ideen auf DIN-A1-Bögen und hängen die Bögen wie Bilder an die Wand.

2. Assoziationsphase: Die Teilnehmer besichtigen die „Galerie" der Bögen und lassen sich zu neuen oder abgewandelten Ideen anregen.
3. Ideenbildungsphase: wie 1.
4. Auswertungsphase: Beim Auswerten der Ideen ist Kritik erlaubt.

Eine ausführliche Anleitung anhand des Problems: Was kann ich beim Lehren/Lernen verkehrt oder richtig machen? findet sich bei Beelich (1984, S. 215).

 ## 5.4 Praktische Beispiele zur Methode 635

Die Methode 635 braucht nicht viel Übung. Anhand der folgenden zwei Beispiele können Sie den Verlauf einer 635-Sitzung gut verfolgen, auch wenn jeweils nur eines von 6 ausgefüllten Formularen wiedergegeben ist.

Beispiel 1:

Problem: Neue Türöffner			
1	2	3	Sign.
Scheckkarte	Drehbare Zahlenscheiben (Tresorprinzip)	Druckknopf in Kniehöhe (gut, wenn beide Hände voll)	A
Spracherkennung + Codewort	Münzeinwurf	Ellenbogenschalter	B
Melodie pfeifen (wöchentlicher Wechsel)	Geruchsdetektor (monatlich neues Parfüm)	mit Rücken öffnen	C
Fußschalter wie bei Mülleimer	Sensor spricht auf Fußabdruck an (Leitfähigkeit)	Sender in Ring, Detektor in Tür	D
Benutzen des Fußabtreters bewirkt Türversenken	mehrfacher elastischer Stoß (z. B. 3x Tennisball werfen)	Augenabstand oder -aufschlag ist gespeichert	E
Streichholz zünden (Infrarot)	Dynamit	Schlaraffen-Tür ist eßbar	F

Beispiel 2:

Problem: Wie kriegen wir die Kinder vom Fernsehen weg? (Erwachsene)			
1	2	3	Sign.
gemeinsame Freizeit-gestaltung. Moderator: wie, was?	radfahren, rollschuh-laufen, rodeln, schwimmen	TV weg, Instrumente kaufen, Hausmusik, family band	A
Brettspiele, wandern	neue eigene Spiele er-finden	in Sportverein anmelden	B
TV-Programm gemein-sam besprechen, aus-werten	TV-Vor- und Nachteile diskutieren	Ergebnisse der Hobbys präsentieren lassen	C
Zeitgutscheine für TV vergeben (z. B. 1 h/Tag)	nicht genutzte Bons werden in Bücherbons umgetauscht	vorlesen und lesen ge-meinsam, freie Wahl	D
TV-Bons gegen Dienstleistungen im Haushalt	nur fremdsprachige Sendungen sehen lassen	Tier schenken mit Pflegeverpflichtung	E
gemeinsam Kasperletheater bau-en, darin TV spielen	TV-Zwang bis zum Überdruß	Aquarium anstelle TV	F

Weitere geeignete Themen wären z. B.:
Pausengestaltung,
Ersatz für Prüfungen in der Schule,
Preisauszeichnung im Supermarkt verbessern,
Verkürzung der Wartezeiten bei Ärzten,
Neue Bezeichnung für Teelöffel,
Neues Gerät, das Teelöffel ersetzen kann,
Wozu kann man Bleistifte noch verwenden?
Neuartiges Geld anstelle der jetzigen Scheine und Münzen,
Beheizen von Häusern,
Urbarmachen der Wüste.

5.5 Hinweise für den Unterricht

Wichtig für den Erfolg der Sitzung sind das Problem, das Suchfeld und der Anfang. Besser als jedes fiktive Problem ist auch hier ein echtes. Wagen Sie es, auch evidente Probleme des Umgangs miteinander zu lösen. Das ist nicht leicht, aber im Erfolgsfall, weil selbst erarbeitet, überzeugender als Lehrerappelle. Vielleicht läßt sich das Problem auch verfremden und so während der Suchphase zunächst verbergen. Gehen Sie während der 1. Runde von Teilnehmer zu Teilnehmer und achten Sie darauf, daß 1. das Thema beachtet wird und 2. konkrete spezielle Vorschläge in das Formular eingetragen werden. Wenn die Ideen weit am Thema vorbeigehen, war die Problemdefinition nicht eindeutig. Die gefundene Abweichung aufgreifend, kann man die Teilnehmer fragen, ob sie lieber in dieser Richtung nach Ideen suchen oder das Suchfeld so erweitern wollen, daß die Abweichung keine mehr ist. Vor einem zu breiten Suchfeld und einem zu leichten Thema (z. B. „Geschenke unter 50 DM") ist allerdings zu warnen. Die Teilnehmer zählen bis zum Formularende mühelos auf und werden nicht kreativ. Ein zu anspruchsvolles Problem macht auch keine Werbung für die Methode. Den Teilnehmern fällt schon nach der 2. Runde nichts mehr ein, und sie werden lustlos. So gut die Methode auch ist, mit 635 werden wir die großen Weltprobleme wahrscheinlich nicht auf Anhieb lösen.

Auf möglichst konkrete Vorschläge müssen Sie aus zwei Gründen achten. Erstens verschenken die Teilnehmer mit einer allgemeinen Idee ganze Bündel von konkreten Vorschlägen, die sie über mehrere Runden retten könnten (Beispiel 1: Versenkbare Tür ist zu allgemein. Wie versenkbar? Nach unten, seitlich, in mehreren Teilen? Wodurch ausgelöst?). Zweitens regen Gemeinplätze mit einer zu geringen Eindringtiefe nicht zum Weiterdenken an, worauf wir bei der Methode VB in Kapitel 6 noch einmal zurückkommen werden.

Mit Brainwriting können Sie Demokratie üben. Laute Diskussionen, die sonst viel Zeit verbrauchen und teigig, ohne Ergebnis, aber mit Mißstimmungen enden, können Sie mit dieser Methode zugleich aufwerten und abkürzen. Sei es ein Streit um die Teilnahme an einer Demonstration gegen Xenophobie, um die Organisation eines Kurses oder das Ziel einer Wanderwoche, Sie erhalten viel mehr und viel konstruktivere und originellere Vorschläge – und auch von den Schüchternen und den Schweigern, deren gute Ideen sonst niemand erfährt.

Die Methode 635 läßt sich durchaus auch mit 5 oder 7 Teilnehmern anwenden. Sie nennen die Methode dann einfach 535 oder 735. Noch kleinere oder größere Gruppen sind allerdings nicht so erfolgreich: Bei weniger als 4 Runden kann es vorkommen, daß die Teilnehmer noch aus dem vollen schöpfen, anstatt schöpferisch zu werden. Bei mehr als 7 Runden droht die Gefahr des „Ausblutens" und der Frustration. Bilden Sie besser mehrere Gruppen, die miteinander wetteifern werden, auch wenn sie getrennt tagen. Lassen Sie nach den 635-Sitzungen jeweils einen Sprecher der Gruppen die *originellsten* Ideen vortragen. Der Sprecher bezieht seine Nennungen von den Teilnehmern. Es hat sich bewährt, daß jeder Teilnehmer auf dem Formular, das zuletzt vor ihm liegt, die drei originellsten Ideen heraussucht und dem

Gruppensprecher nennt. Es ist keine Schande, sondern normal, wenn ein Teilnehmer seine eigenen Ideen originell findet. Allerdings sollte er versuchen, möglichst objektiv zu sein. Hier haben wir übrigens einen stillen Ansatzpunkt für Selbstkritik, für das Ertragenlernen von Kritik und das Erwerben von Ambiguitätstoleranz (s. Kapitel 2.4).

Sie fragen absichtlich nach den originellsten und nicht nach den brauchbarsten Ideen. Natürlich ist das Ziel eine praktische Problemlösung. Aber bevor wir uns mit der erstbesten brauchbaren Idee zufriedengeben, wollen wir doch erst einmal ausloten, ob es nicht durch Abwandeln des Absurden etwas nicht nur Brauchbares, sondern sogar Hervorragendes gibt. „Drum prüfe, wer sich ewig bindet, ob sich nicht noch was Bess'res findet", meinte schon Wilhelm Busch, wenn auch in einem anderen Zusammenhang.

6. Entrinnen

„Unser Kopf ist rund, damit das Denken die Richtung wechseln kann."
Francis Picabia (1879–1953)

„Der Geist nützt sich durch Verstehen ab."
Henry de Montherlant (1896–1972)

 ## 6.1 Hintergrund: Problemlösen = sich vom Problem lösen

Unser leistungsfähiger Verstand nimmt ständig Informationen auf und bildet Muster aus ihnen – mit einer inneren Struktur und mit Etiketten zum Wiederfinden. Die Muster setzen sich fest, wenn sie öfter angewendet werden. Sie lassen sich ergänzen und kombinieren. (Übrigens erklärt das auch unseren Erfolg beim Verbessern und Optimieren.) Zum schnellen Wiederfinden des ganzen Inhalts benötigen wir nur wenige Stichwörter – ganz wie im Katalog einer Bibliothek oder bei einer Datenbank. Aber das Umstrukturieren des Inhalts eines Musters ist fast unmöglich, wieder analog zur Datenbank. Bei einer Datenbank hilft man sich, indem man den Inhalt auslädt, die Struktur neu definiert und dann den Inhalt weiter einlädt (das erklärt die Seltenheit von Grundsatzerfindungen).
Warum wollen wir umstrukturieren?
Weil die Informationen in der Reihenfolge ihres Eintreffens das Muster gebildet und dann weiter komplettiert haben, ist das Muster zeitzufällig und die Anordnung der Informationen nur eine von vielen möglichen Anordnungen. Es ist sehr wahrscheinlich, daß es viel bessere Anordnungen gibt – je nach Ziel und Problem. Wir nutzen vorhandene Informationen nicht optimal, wenn wir sie nicht immer wieder umstrukturieren.
Wem das zu theoretisch war, der denke an das Spiel Tangram. Wenn die Aufgabe lautet: „Bilde aus den nacheinander gelieferten Stücken eine möglichst einfache Figur", dann ist es nicht gleichgültig, wie wir anfangen.
Der Spieler, der wie in Teil a des Bildes (s. S. 62) anfängt, hat Schwierigkeiten, das letzte Stück unterzubringen. In Teil b wird zwar auch eine Umstrukturierung nötig, aber nur eine geringfügige, die leichter fällt.
Das Umstrukturieren ermöglicht die Aufnahme und den Einbau neuen Wissens und damit neue Einsichten.
Dies ist auch schon eine wichtige Einsicht. Noch wichtiger ist jedoch die Lehre, die wir daraus ziehen können: Um neue Muster zu gewinnen, müssen wir die alten verlassen.

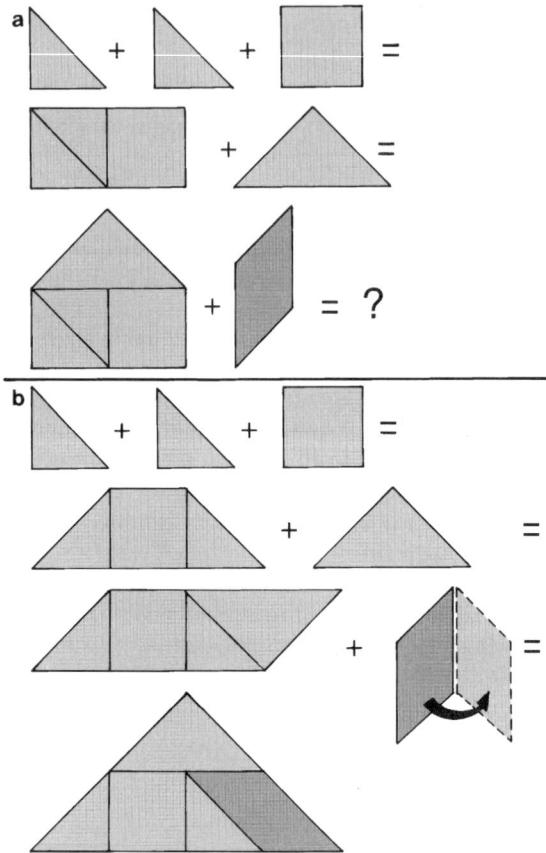

Legen einer einfachen Figur aus Tangram-Stücken

„Ein Problem zu lösen heißt: sich vom Problem zu lösen."
(J. W. von Goethe)

Eine Möglichkeit, zu neuen Einsichten zu kommen, besteht natürlich darin, wieder bei Null anzufangen. Mehrwissen durch Unwissen? Ja, da stoßen wir wieder auf das Umkehrprinzip. Unwissen bietet eine hohe Chance, auf einem *neuen* Weg ins Ziel zu gelangen. Unwissen ist unschuldig, unbefangen, vorurteilsfrei, unvorbelastet, aber in reiner Form selten.

„Unwissen ist eine zarte Blume, die bei der leisesten Berührung mit Wissen zerbricht."
(G. B. Shaw)

Wir können Unwissen also nur simulieren, indem wir zeitweise die eigene Kennerschaft auflösen („Jetzt stellen wir uns ganz blöd" aus der „Feuerzangenbowle"). Wohlgemerkt: Erfahrung und Routine sind sehr wertvoll. Sie führen auf einem Wege zum Ziel, der einmal als der beste galt. Das kann sich geändert oder sogar nie gestimmt haben. Für den ersten Fall erzählt Primo Levi in seinem Roman „Das Periodensystem" (S. 149 f.) ein schönes Beispiel aus der Lackindustrie: Er hatte in einem Rezeptbuch aus dem Jahre 1942 den Hinweis gefunden, daß man dem Leinöl kurz vor dem Ende des Erhitzens zwei Zwiebelscheiben beigeben solle. Er fragte die Kollegen nach dem Sinn dieser Maßnahme, aber keiner kannte ihn. Man bestätigte Levi nur, daß es schon immer und noch immer so gemacht würde. Schließlich suchte er einen siebzigjährigen Pensionär auf, der 50 Jahre in der Lackentwicklung beschäftigt gewesen war, und der konnte das Rätsel lösen. Der Forscher erinnerte sich, daß es in seiner Jugend noch keine Thermometer gab und daß die Temperatur des Ansatzes über die Rauchentwicklung, durch Hineinspucken oder am besten durch Eintauchen eines Stockes mit einer Zwiebelscheibe beurteilt werden konnte. Färbte sich die Zwiebelscheibe braun, war die Temperatur erreicht.

Tradition ist manchmal Routine minus Geist. Wenn wir Information besser nutzen wollen, wenn wir neue Einsichten suchen, müssen wir von der Autobahn der Routine abfahren, ausbrechen, entrinnen. Das Entrinnen kann zum Aha-Effekt führen. Von einem neuen Standpunkt aus sehen wir das Ziel plötzlich in einem anderen Zusammenhang. Im Besitz der neuen Einsicht können wir eventuell sogar wieder ein altes Wegstück Routine benutzen und auf diesem bequem und schnell ins Ziel kommen.

Beim Witzerzählen passiert genau das gleiche. Wir folgen gebannt der Logik einer falschen Spur und erkennen bei der Pointe schlagartig, daß es noch eine andere Betrachtungsmöglichkeit gab. Kennen Sie den mit der Fahrkartenkontrolle?

In einem vollen Zugabteil sitzen einige ältere Damen und ein Student. Der Schaffner kommt herein und sagt: „Die Fahrausweise, bitte." Der Student springt auf und beginnt zu suchen, in seinen Taschen, im Rucksack, in der Jacke und wieder im Rucksack. Die anderen Passagiere sind längst kontrolliert worden und sehen nun wohlwollend dem Suchenden zu. Der Schaffner sagt schließlich lachend: „Na, sollen wir Ihnen helfen? Sie haben die Fahrkarte doch im Mund!" Der Student nimmt erleichtert die Fahrkarte aus dem Mund und zeigt sie vor. Der Schaffner wirft nur einen flüchtigen Blick darauf und wünscht gute Weiterfahrt. Die Damen schmunzeln weiter vor sich hin. Schließlich wendet sich eine an den Studenten: „So jung und schon so zerstreut wie ein Professor. Das war Ihnen jetzt aber sicher ein bißchen peinlich, nicht wahr?" – „Nein, durchaus nicht. Ich brauchte die Zeit, um das Datum abzubeißen."

6.2 Lernziel: Neue Einsichten durch Ausbruch

Problemlösen erfolgt fast immer in drei Stationen:

1. Zuerst nähern wir uns angestrengt dem Problem durch Definition, Analyse, Informationssammlung und Konzentration auf die Suche nach Lösungen.
2. Wenn keine Lösungen gefunden werden konnten, entfernen wir uns vom Problem. Der Suchraum wird erweitert, und wir setzen Zusatzinformationen, andere Ideenfindetechniken, Heurismen ein.
3. Wir nähern uns dem Problem von einer neuen Warte aus, hoffentlich mit dem Entdeckerschrei „Heureka".

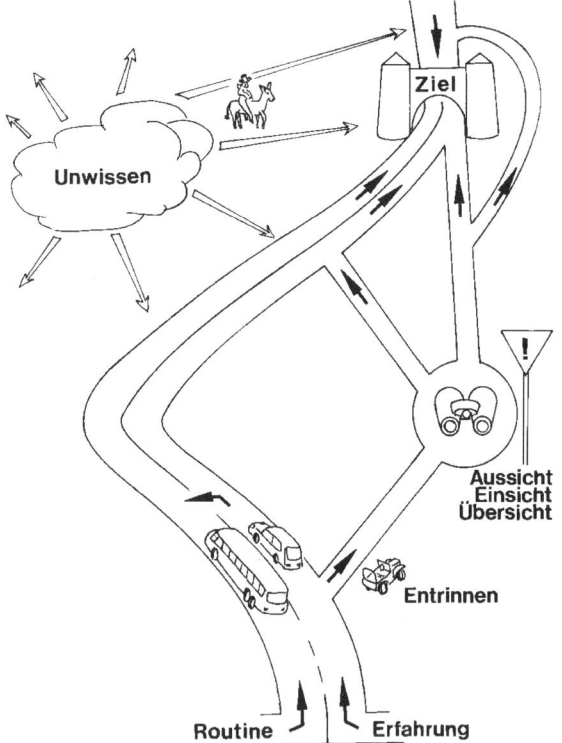

Gewinnen neuer Einsichten durch Entrinnen

Wie gelingt uns das Entrinnen in Stufe zwei? Zweifellos können wir mit gutem Willen und einiger Anstrengung ein *einsichtiges Neuanordnen der Information* erreichen. Wesentlich effektiver sind die Verfremdungsverfahren:

○ Infragestellen des Selbstverständlichen,
○ Provokation,
○ Analogiesuche,
○ Umkehren und Negation,
○ Verdoppeln,
○ Reizworttechnik,
○ Wunschkonzept,
○ Verbesserungsanfälliger Bereich.

Infragestellen des Selbstverständlichen

Eine „dumme Frage" kann das erste Anzeichen einer völlig neuen Entwicklung sein. Dumm zu fragen ist leichter gesagt als getan. Aus praktischen und vernünftigen Gründen sind wir uns nämlich gar nicht dessen bewußt, was wir alles für selbstverständlich halten. Wir halten auch manche Einschränkung für selbstverständlich und fügen uns unnötigerweise nichtexistenten Ver- und Geboten.

Beispiel 1: Pflanzen Sie vier Bäume so, daß jeder zu jedem im gleichen Abstand steht!
Das geht nicht? Doch, es geht. Wer hat denn gesagt, daß das Gartengelände eben sein muß? Wir müssen nur die Bäume in der Form eines Tetraeders pflanzen, z. B. einen auf dem Hügel und drei in der Ebene. So weit sind wir gekommen:
Die Struktur von Methan können wir sofort als Tetraeder beschreiben, aber mit Bäumen in einer Hügellandschaft haben wir unsere Schwierigkeiten (selbst dann, wenn wir von der Toscana schwärmen). Das gilt erst recht für große Mengen von Bäumen, die, wie der Volksmund weiß, das Erkennen des Waldes erschweren.

Beispiel 2: Verbinden Sie die neun Punkte, die in der nebenstehenden Abbildung eingezeichnet sind, durch vier Geraden, ohne den Stift abzusetzen und ohne die Punkte mehrfach zu passieren.
Wenn Sie es nicht herausbekommen haben, dann deshalb, weil Sie nicht über das Gebiet hinausgehen wollten.

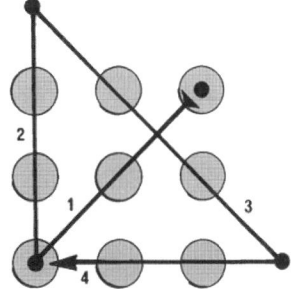

Beispiel 3: Teilen Sie einen Kuchen mit nur drei Schnitten in acht Stücke.
Lösung: Man darf trockene Kuchen auch waagerecht schneiden.

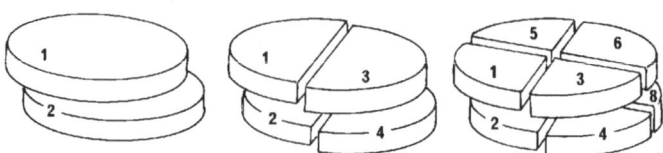

Lösung der Aufgabe: Teilen Sie einen Kuchen mit drei Schnitten in acht Teile

Beispiel 4: Es ist schwierig, neue Arzneimittel zu entwickeln. Doch zu der prinzipiellen Schwierigkeit kommt die Tatsache, daß es kaum noch „weiße Flecken" gibt. Die traditionellen Forschungsgebiete sind durch einen Urwald von Patenten und Veröffentlichungen überwuchert. Ist hier etwas Selbstverständliches versteckt? Ja, die gängigen Pharmaka sind organische Verbindungen auf der Basis von Kohlenstoff. Stellen wir doch den Kohlenstoff in Frage und ersetzen ihn teilweise durch das gleichfalls „vierwertige" Silizium oder durch den Nachbarn im Periodischen System der Elemente, das Bor! Für Laien mag das nur ein interessanter Versuch sein, für Chemiker ist der Wechsel zu einem anderen Element ein riesiger Schritt.

Die amerikanische Firma Boron Biologicals Inc. hat ihn getan, mit interessanten Erfolgen.

Glycin (NH_2-CH_2-$COOH$) ist die einfachste α-Aminosäure. Ersetzt man das α-C-Atom durch B, erhält man das Bor-Analoge von Glycin NH_2-BH-$COOH$. Eigentlich hatte man sich von diesem Bor-Analogen bei der Krebsbehandlung eine höhere Neutroneneinfangdichte erhofft und damit einen Kandidaten für die Neutroneneinfang-Therapie. Diese Hoffnung trog, aber dafür zeigte die Verbindung eine Antitumor-Aktivität. Die Verbindung p-Boronoplienylalanin ist sogar hochwirksam bei der Bekämpfung von Haut-, Gehirn- und Augenkrebs. Laut „Blick durch die Wirtschaft" vom 15. 7. 93 darf sie jetzt am Menschen erprobt werden.

Daneben fand man noch viele andere Bor-Analoga mit entzündungshemmender, antiarthritischer, analgetischer Wirkung. Der Methylester des Bor-Analogen des Betains CH_3-NH-BH-$COOH$ erwies sich bei der Senkung des Cholesterin-Spiegels angeblich wirksamer als die bekannten C-Arzneimittel Clofibrate oder Lovastatin.

Das Infragestellen des Selbstverständlichen hat nicht nur ein neues Forschungsfeld geöffnet, sondern sogar einen Weg vorgezeichnet. Man wird sicherlich versuchen, Analoga der interessantesten Wirkstoffe herzustellen und sie dann auf ihre Eignung prüfen.

Die vier Beispiele auf verschiedenen Ebenen sollten zeigen, daß das Erkennen des Selbstverständlichen die eigentliche Schwierigkeit bedeutet. Frisch erfüllte Wünsche sind die Basis für neue. Frisch im Amt Beförderte halten ihre neue Würde ebenso schnell für selbstverständlich wie frisch mit der

Bahn Beförderte den neuen Standort. Wir erinnern uns noch an die vorige Selbstverständlichkeit, aber kaum noch an die vorvorige und erst recht nicht an noch ältere oder fertig übernommene Selbstverständlichkeiten. Daran sind übrigens zum Teil die allerbesten Lehrer schuld. Begeisternde Lehrer sind so überzeugend, daß die Schüler viele Meinungen ungeprüft übernehmen und sie erst später fundieren oder verwerfen. Ich erinnere mich gerne daran, einige von unserem verehrten Kunstgeschichtelehrer geerbte Selbstverständlichkeiten unreflektiert bis ins 40. Lebensjahr hinübergerettet zu haben. Was lernen wir daraus? „Schlechte" Lehrer sind gut für die Entwicklung des kritischen Denkens und stoßen kreative Prozesse an.

Provokation

Provokation ist auch ein Infragestellen des Selbstverständlichen, geht aber durch „freche", z. B. unwahre, unlogische, unmögliche, sichtlich falsche oder verletzende Behauptungen noch einen Schritt weiter. Die Provokation dient als Lösemittel gegenüber starren Strukturen. Bekanntlich hat Bert Brecht mit Hilfe provozierender Schilder „Glotzt nicht so blöd!" das Publikum vom kulinarischen Theater lösen wollen. Er hat die Provokation als Verfremdungsverfahren bewußt genutzt. Man kann den Begriff Lösemittel auch ruhig chemisch-physikalisch sehen: Die Molekülordnung im Festkörper wird durch das Lösemittel zerstört. Das Lösemittel trennt. Es ist ein Umstrukturierungswerkzeug oder eine Neuanordnungsvorrichtung. Durch Provokation wollen wir
○ alte Muster in Frage stellen und auflösen (Befreiung) und/oder
○ neue Muster schaffen (Duldung durch aufgeschobenes Urteil).

> „Me-ti sagte: Unsere Erfahrungen verwandeln sich meist sehr rasch in Urteile. Diese Urteile merken wir uns, aber wir meinen, es seien die Erfahrungen. Natürlich sind Urteile nicht so zuverlässig wie Erfahrungen. Es ist eine bestimmte Technik nötig, die Erfahrungen frisch zu erhalten, so daß man immerzu aus ihnen neue Urteile schöpfen kann."
> Bert Brecht, Me-ti. Buch der Wendungen (Ed. Uwe Johnson 1965), S. 42.

Alte Muster in Frage stellen
Diskussionen von verhärteten Standpunkten aus können leicht zu emotionalen Überreaktionen führen. Wenn dabei jemand weit über das Ziel hinausschießt, kann diese Provokation zur Lockerung der Starre, zum Lächeln, Lachen, zur Meinungsänderung führen.
Provokation, richtig eingesetzt, kündigt eine Beurlaubung des logischen Denkens an. Edward de Bono (1971) hat das Kunstwort PO vorgeschlagen, um die positive Seite der Provokation von Mißverständnissen freizuhalten und die Ausbeute zu erhöhen. Mit PO kündigen wir eine Provokation an

und mildern sie zugleich, indem wir die Provokation zugeben. Wir sagen damit: Dies ist keine Perversion und kein Angriff, sondern nur der Versuch, alte Muster zu zerreißen. Eine leidenschaftliche Verteidigung ist also nicht notwendig.

Alte Muster sind Klischees. Je nützlicher sie sind, um so eher werden sie zum Klischee – und je klischeehafter die Muster sind, um so nützlicher werden sie. Ihre Anwendung spart Zeit, Denken und Geld. Erfolgreiche Klischees vermitteln jedoch auch die Illusion absoluter Gültigkeit. Die Provokation ficht diese falsche Gewißheit an. Mit ihrer Arroganz – Provokation ist anmaßend – macht sie auf die stille Arroganz der Klischees aufmerksam.

Beispiel: PO Wasser bleibt im Eimer, wenn man ihn umkippt!
Wir geben zu 10 l Wasser in einem Eimer eine Schaufel Superadsorber, z. B. vernetztes Natriumpolyacrylat, und rühren um. Nach wenigen Minuten können wir den Eimer umkippen, ohne daß Wasser ausfließt. Die (stark vereinfachte) Erklärung hat wieder mit Lösemitteln zu tun. Der Superadsorber möchte sich im Wasser lösen, kann aber nicht, weil er ein riesiges Netzwerk darstellt. Also holt er sich das Wasser zu sich und quillt so lange auf, bis kein freies Wasser mehr übrig ist.

Neue Muster schaffen
Durch das Auflösen alter Muster wird Information freigesetzt. Bleiben wir beim obigen Beispiel: Geben wir in den Eimer mit dem im Netz (altes Muster) gefangenen Wasser (Information) ein wenig Säure oder Lauge, geht das Netzwerk kaputt, und das Wasser kann ausfließen. Durch Verbundnetze, Klischees, Klassifikationen und Etiketten sind unendlich viele Informationen gefangen. Die Provokation kann sie befreien. Das verlangt nur anfängliche Toleranz. Wir müssen die inkorrekt erscheinende Provokation und ihre Denkfolgen zunächst dulden und unser negatives Urteil aufschieben. Unrichtige Gedanken sollten wir nicht zu früh verwerfen, denn sie können zu richtigen führen. Denken wir nicht, um Recht zu behalten, sondern um Wirkungen zu erzielen! Die Geschichte der Wissenschaft wimmelt von Beispielen, daß etwas unmöglich erschien und dann später ausgezeichnet funktionierte.

„Es ist nie ganz richtig, etwas für falsch zu halten." (Heinz Pohl, zitiert nach „Blick durch die Wirtschaft")

Beispiel: PO! Autoräder sind eckig.

Autos haben eckige Räder

Wie die Abbildung zeigt, könnten Autos mit solchen Rädern auf Treppen oder unebenem Gelände fahren.

Der Rasierer soll so klein sein wie ein Streichholzbrief. Prinzip: Verkleinern, Analogie, Provokation

Dieser Reiserasierer könnte mit Hilfe der Provokation entstanden sein.

Analogien

„Analog" ist nicht etwa das Präteritum von „Anna lügt" (Pardon!), sondern bedeutet „entsprechend, ähnlich, gleichartig". Mit Analogien entrinnen wir nicht grundsätzlich (wie beim Infragestellen) oder trotzig (wie bei der Provokation), sondern sanft. Wir wollen nur in Gang kommen. Analogien erzeugen Bewegung, erst wenig, dann immer mehr. Durch Analogie wird der Schneeball zur Lawine. Da Analogien definitionsgemäß nicht identisch, sondern nur ähnlich sind, entsteht diese Verschiebung. Zunächst ist es mehr eine Formverschiebung, die aber bald zu einer Inhaltsverschiebung führt. Kinder kennen das aus dem Spiel „Stille Post", bei dem eine Nachricht flüsternd weitergegeben wird und am Ende kaum noch wiederzuerkennen ist. Wenn wir uns die Analogie mit der Armee gestatten, hier ein Beispiel für größere Kinder:

Der Oberst sagt zum Adjutanten: „Morgen früh, 9.00 Uhr, ist eine Sonnenfinsternis. Etwas, was nicht alle Tage passiert. Die Männer sollen im Drillich auf dem Kasernenhof stehen und sich das seltene Schauspiel ansehen. Ich werde es ihnen erklären. Falls es regnet, werden wir nichts sehen, dann sollen sie in die Sporthalle gehen."

Adjutant zum Hauptmann: „Befehl vom Oberst. Morgen früh um 9.00 Uhr ist eine Sonnenfinsternis. Wenn es regnet, dann findet sie im Drillich in der Sporthalle statt. Etwas, was nicht alle Tage passiert. Der Oberst wird das erklären, weil das Schauspiel selten ist."

Hauptmann zum Leutnant: „Schauspiel vom Oberst. Morgen früh um 9.00 Uhr im Drillich wegen der Sonnenfinsternis in der Sporthalle. Der Oberst wird erklären, warum es regnet. Sehr selten sowas."

Leutnant zum Feldwebel: „Seltener Schauspielbefehl. Morgen um 9.00 Uhr wird der Oberst im Drillich die Sonne verfinstern, wie es alle Tage passiert, wenn es ein schöner Tag ist. Wenn es regnet: Kasernenhof."

Feldwebel zum Unteroffizier: „Morgen um 9.00 Uhr Verfinsterung des Oberst im Drillich wegen der Sonne. Wenn es in der Sporthalle regnet, was nicht alle Tage passiert, antreten auf dem Kasernenhof. Sollten Schauspieler dabei sein, sollen sie sich selten machen."

Gespräch unter den Soldaten: „Hast du schon gehört, wenn es morgen regnet …" – „Ja, ich weiß, der Oberst will unseren Drillich in der Sonne verfinstern. Das tollste Ding: Wenn die Sonne keinen Hof hat, will er ihr einen machen. Schauspieler sollen Selter bekommen. Typisch. Dann will er erklären, warum er aus rein sportlichen Gründen die Kaserne nicht mehr sehen kann. Schade, daß das nicht alle Tage passiert."

Beim Problemlösen dienen uns Analogien zur Erzeugung von Bewegung um der Bewegung willen. Wir wollen nichts beweisen, sondern lassen uns mittragen, egal wohin die Reise geht. Aber wir passen ganz genau auf, was passiert. In der Bildfolge unten ist so eine Reise dargestellt. Wir beginnen mit einer Tür an einer Schräge. Durch Kippen entsteht eine Falltür, unter der wir uns folgerichtig eine Treppe vorstellen. Wenn die Treppe bewegliche Stufen hat (wie in der Überraschungsbude auf dem Jahrmarkt), könnte sie auch flach sein wie eine Tastatur.

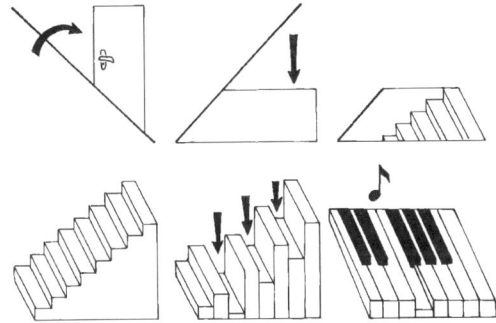

Transformation durch Analogien als Bewegungshilfe

Aus der Teekanne einen Elefanten machen

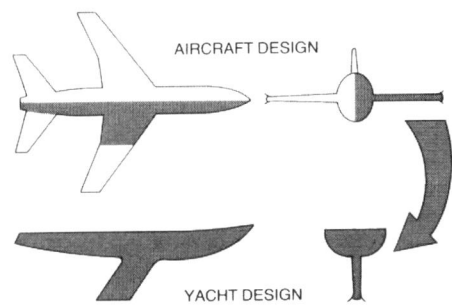

Analogie zwischen Flugzeug- und Yacht-Design

Wie die Abbildungen zeigen, können Analogien zu einer Transformation führen. Dieses Vorgehen benutzen wir ja auch in der Mathematik, z. B. bei „eingekleideten Aufgaben". Anstelle langer Wörter für Personen oder Werte vergeben wir Symbole wie a, b, c, x und y, sowie x_1, x_2 oder x_n, stellen Beziehungen her, formen diese durch Kunstgriffe um und verwandeln am Ende die Symbole wieder in die Umgangssprache. Analog können wir auch als Alternative zu digital betrachten, wenn es um Rechner oder die Anzeige von Werten geht.

Die Digitalanzeige hat sich bewährt, wenn es um exakte Einzelwerte geht; die Analoganzeige ist für das Verfolgen einer kontinuierlichen Bewegung unübertroffen. Der Prestigewert (snob value) der ersten Uhren mit Flüssig-kristall-Anzeige war höher als ihr Nutzwert, wie folgender ungarischer Witz beschreibt:

Ein Polizist steht an der Kreuzung und sieht immer wieder stolz auf seine neue Digitaluhr. Ein Passant bemerkt das und fragt: „Ach bitte, können Sie mir wohl sagen, wie spät es ist?" – „Sehr gerne. Es ist jetzt genau 11 geteilt durch 24. Aber ausrechnen müssen Sie es selbst."

Auch die Firma Citroen ließ sich von der Begeisterung für die Digitalanzeige anstecken. Der Geschwindigkeitsmesser rollte unruhig den durch eine Lupe vergrößerten Zahlenstrahl hin und her, so daß der Fahrer gleichfalls unruhig wurde. Um die Geschwindigkeit ablesen zu können, war man fast versucht anzuhalten. Viel nützlicher für den Fahrer ist eine Mittelung über Einzelwerte oder eine Trendanzeige, die sich mit einem Blick erfassen läßt.

Auch bei den Armbanduhren ist man weitgehend wieder zur Analoganzeige zurückgekehrt. Es ist für die Kinder zwar schwer, das Ablesen zu lernen. Aber einmal gelernt, ist diese Anzeige viel schneller, meist hinreichend genau und notfalls ohne Brille lesbar. Die Zeit entrinnt, sagt eine Redewendung. Analogien helfen beim Entrinnen.

Wie wir der Analogiebildung ein wenig nachhelfen können, sehen wir bei Random Entry oder Reizworttechnik (s. S. 77).

Umkehren und Negation

Das Umkehrprinzip ist ein bewährtes Erfinderprinzip. Unter Punkt 2.7 haben wir bereits Gutenbergs Erfindung der beweglichen Lettern als Umkehrung des Ganzseitendrucks, in Kapitel 3 den Kühltemperaturwächter und den Metrinch-Schraubenschlüssel als Beispiele erwähnt. Bekannte Umkehrpaare sind:

○ ptolemäisches und kopernikanisches Weltbild,
○ Ventilator und Staubsauger,
○ Wassermühle und Schaufelraddampfer,
○ Elektromotor und Dynamo.

Können Sie sich einen Personenaufzug vorstellen, der umgekehrt wie ein üblicher funktioniert? Der übliche Lift wird über Stahlseile hochgezogen. Die Umkehrung wäre, von unten zu drücken. So etwas gibt es auch: Die Aufzugskabine steht auf einer Säule und wird hydraulisch bewegt wie ein Wagenheber in der Autowerkstatt. Der japanische Textilhersteller Tenjin hat sich nicht damit zufriedengegeben, daß diese Umkehrung bereits angewendet wird. Das ist übrigens sehr weise, denn es gibt immer etwas zu verbessern. Tenjin dachte an die zunehmende Menge älterer gehbehinderter Menschen in ihren eigenen Häusern und hat sich Folgendes ausgedacht (Japaninfo Nr. 3 vom 1. 3. 93, S. 14):

Beispiel 1: Druckluftaufzug „Aviator" für zwei Stockwerke
Die Kabine steht auf einem dicken Schlauch, der faltbar wie ein Balg ist. Wenn der Benutzer nach oben will, steigt er ein und drückt auf einen Knopf. Daraufhin füllt sich der Schlauch mit Luft und hebt die Kabine langsam hoch. Beim Hinunterfahren wird die Luft langsam abgelassen. Das zulässige Höchstgewicht beträgt 130 kg. Der Aufzug ist leicht zu installieren und natürlich viel billiger als ein üblicher. Um bei der Luft zu bleiben: Der Wind eignet sich als alternative Energiequelle. Das Aufwindkraftwerk funktioniert, wie ein Modellversuch bewiesen hat. Die Umkehrung, das Abwindkraftwerk, beschäftigt seit kurzem israelische Wissenschaftler (FAZ vom 22. 6. 93, S. T8).

Beispiel 2: Rückspulen des Films im Fotoapparat
Komfort kann man auch übertreiben. Daß der Film nach Belichtung in den meisten Fotoapparaten von einem Motor zurückgespult wird, ist nicht nur unnötig (es geht manuell leicht und schnell), sondern auch Batterieverschwendung (diese Anwendung verbraucht die meiste Energie) und Geräuschbelästigung (besonders bei einer leisen Passage in der Oper). Aber wenn man schon den Motor einbauen will, dann läßt sich über das Umkehrprinzip doch noch ein Nutzen herausholen. Die Fotoapparate der Firma Fuji spulen den ganzen Film nicht nach, sondern vor der Belichtung durch. Mit jeder Aufnahme wird dann der Film um eine Bildbreite in die Spule zurückbefördert. Das hat zwei Vorteile: Erstens gibt es nur beim Filmeinlegen Geräusch, und dies erfolgt zu einem Zeitpunkt, der nicht überraschend kommt. Zweitens sind alle Aufnahmen geschützt in der Spule. Bei ungewolltem Öffnen des Fotoapparats geht nur unbelichteter Film verloren.

Beispiel 3: Der Teekocher in Marokko
Bei großen Festen ist es üblich, eine Truppe zu engagieren, die für den Tee zuständig ist. Während der Wasserkocher eine einfache Aufgabe erfüllt, übt der Teekocher eine verantwortungsvolle Tätigkeit aus, für die er besonders

belohnt, aber auch bestraft werden kann. Der Teekocher bringt besten grünen chinesischen Tee mit, garantiert den korrekten Ablauf der Zeremonie (1. Wasser ins Teeglas, 2. Zucker dazu, 3. frische Pfefferminze, 4. Teeextrakt, 5. alles auf einem runden Tablett anbieten) und erzählt Witze. Einem solchen Teekocher passierte es bei einer Feier mit 50 Gästen, den Zucker vergessen zu haben. Da dies als eine nicht mehr gutzumachende Verfehlung bedeutet, erwartete der Teekocher eine schwere Strafe, sobald auch nur der erste Gast gekostet hätte. Um die Strafe abzuwenden, trat er die Flucht nach vorn an. Er sagte: „Ich habe möglicherweise in meinem Eifer einen Fehler gemacht. Es kann sein, daß in einem einzigen Glas der Zucker fehlt, aber ich weiß nicht, in welchem. Deshalb schlage ich vor, daraus ein Spiel zu machen. Wer den ungesüßten Tee bekommen hat, melde sich und soll uns dann alle zum Hammelbraten einladen. Seid ihr einverstanden?"

Alle sind einverstanden, alle trinken ungesüßten Tee, keiner meldet sich. Beim Abendessen erzählt der Teekocher die ganze Geschichte. Alles lacht, es gibt keine Strafe, und der Teekocher hat seinen Ruf als Unterhalter gefestigt.

Das Umkehren findet auch bei manchen optischen Effekten statt, besonders bei den Kippfiguren. Sehr bekannt sind inzwischen die Kippfiguren „Junge Frau – Hexe" oder „Kaninchen – Ente". Sie dienten Psychologen für Tests oder zur Erklärung der Tatsache, daß z. B. Historiker auf der Grundlage identischen Materials zu gegensätzlichen Schlüssen kommen können. In den 30er Jahren waren „upside downs" – umkehrbare comic strips –, z. B. die von Gustave Verbeek, sehr beliebt. Wir wollen uns hier mit zwei Beispielen für Kippfiguren begnügen, einem Muster, das schon in antiken Bodenfliesen vorkommt, und einer angeschnittenen Torte.

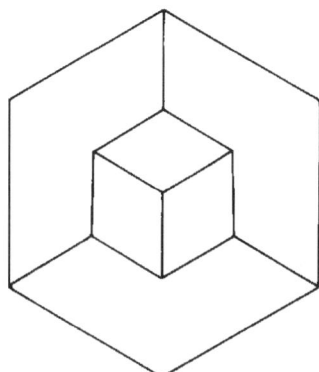

Ein Würfel, dem eine Ecke fehlt? Dem ein kleiner Würfel aufgesetzt ist? Oder eine Schachtel in einer Zimmerecke?

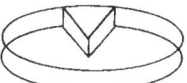 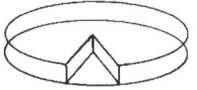

Wo ist das Tortenstück geblieben?

Diese Bilder zeigen ganz verschiedene Arten des Kippens. Das Fliesenmuster kippt von alleine um. Wenn wir es ganz entspannt und ohne irgendeine Erwartung betrachten, wird aus dem flachen Muster ein Körper, der sich etwa alle drei Sekunden umwandelt. Diese Umstrukturierung hängt mit seiner Mehrdeutigkeit und mit unserem unterbewußten Bemühen um Eindeutigkeit und Einfachheit zusammen. Das fehlende Tortenstück wirft ein Licht auf unsere bodenständigen Sehgewohnheiten, also auf eine Selbstverständlichkeit. Wenn wir das Bild über Kopf betrachten, ändert sich für uns der Bildinhalt. Mit diesen Beispielen konnten wir die Bedeutung der Umkehrung als Erfinderprinzip nur andeuten. Weitere Anwendungen finden Sie bei Bugdahl 1991 und in Kapitel 10.2.

Verdoppeln

Ein Beispiel für erfolgreiches Verdoppeln ist vielleicht das Tandem. Aber nur, was die Last- und Kraftaufbringung angeht. Die Fahrfreude ist getrübt, wenn z. B. die Sozia immer nur einen breiten Rücken sieht oder wenn der Vordermann argwöhnt, er arbeite ganz alleine. Diesen Nachteilen ist abzuhelfen, wenn wir der Verdoppelung auch noch das Infragestellen des Selbstverständlichen beimischen. Die Abbildung zeigt ein Tandem, auf dem man nicht hintereinander, sondern nebeneinander sitzt.

Betrachten wir das Verdoppeln einmal etwas allgemeiner. Glauben Sie, daß eine Information mehr wert ist, wenn wir sie zweifach besitzen? Wenn Sie schnell antworten sollen, werden Sie wahrscheinlich „Nein" sagen. Es genügt vollkommen, etwas einmal zu wissen. Nach kurzem Nachdenken fällt Ihnen vielleicht ein, daß Mehrfachnennungen

Erfinden durch Verdoppeln und Infragestellen

bei Befragungen die statistische Sicherheit der Aussage verbessern, daß eine Sicherungskopie viel wert ist, wenn das Computerprogramm abgestürzt ist. Das meinen wir aber nicht. Wir denken an die Überlagerung von Gittern oder Rastern. So etwas kommt vor, wenn sich eine Gardine im Gegenlicht bewegt und sich dabei der Stoff überlagert. Wir beobachten ein Muster, das sich viel stärker bewegt als die Gardine. Wenn wir mit dem Auto neben einer Brücke fahren und sich dabei die beiden Geländer gegeneinander zu verschieben scheinen, beobachten wir den gleichen Effekt. Schließlich kennen wir den Moiré(Seidenglanz)-Effekt auch vom Fernsehen, wenn sich die Krawatte des Ansagers und das Streifenmuster des Bildes unvorteilhaft überlagern. Legen Sie doch einfach zwei Kämme übereinander und verändern den Überlagerungswinkel. Dabei können Sie erkennen, daß die Größe des Überlagerungsmusters vom Winkel abhängt. Die Moiré-Muster sind grafische Darstellungen mathematischer Sachverhalte und lassen sich daher nicht nur ästhetisch nutzen. Wenn wir zwei identische Linienraster übereinanderlegen, also die gleiche Information doppelt verwenden, gewinnen wir eine Zusatzinformation:

1. Durch Messung des Abstands zwischen den schwarzen Balken können wir den Überlagerungswinkel der Linienraster bestimmen. So lassen sich sehr genau kleine Winkel einstellen.
2. Da die Moiré-Muster bei kleinen Winkeln sehr empfindlich reagieren, können wir a) kleinste Bewegungen oder b) geringste Abweichungen von der Planlage feststellen.
3. Wenn wir zwei gleiche Halbtonraster, die mit bloßem Auge nicht erkennbar sind, leicht verschoben aufeinanderlegen, können wir ihre Struktur gut erkennen.
4. In Umkehrung von 3) ist die Paßgenauigkeit gerasterter Farbauszüge perfekt, wenn das Muster verschwindet.
5. Die Entstehung oder starke Veränderung der Moiré-Muster bei Bewegung (auch der des Betrachters) kann z. B. in der Werbung zu Animationen, zur Vortäuschung von Bewegung dienen. Logarithmische Spiralen ergeben Moiré-Muster, die ein Pulsieren zeigen.
6. Mit Moiré-Mustern können wir differenzieren, integrieren und logarithmieren (s. a. Kapitel 10.2).
7. Moiré-Muster vergrößern und können also in optischen Meßgeräten die Empfindlichkeit erhöhen.

Hier schließt sich der Kreis. Während für die ausführliche Erklärung der Anwendungen 1 bis 6 auf Bugdahl 1991, S. 145 f. verwiesen werden muß, gibt es für die 7. Anwendung Beispiele, die jeder kennt. Der Nonius (das ist das ovale Ablesefenster für die Zehntelmillimeter) an Schiebelehre und Mikrometerschraube beschert uns durch Überlagerung zweier Skalen eine um eine Zehnerpotenz höhere Ablesegenauigkeit.

Das wußten Sie natürlich schon vorher. Aber jetzt können wir aus diesem Vorwissen den Schluß ziehen: Wenn man eine Information zweifach einsetzt, kann man eine neue Information hinzugewinnen.

Random Entry/Reizworttechnik, Warenhausmethode

Das Gemeinsame dieser Methoden sind Zufallswörter, die als Reflexionswand und zur Zwangsverknüpfung dienen. Es sind also suchfelderweiternde Maßnahmen.

Bei der Warenhausmethode streifen wir wirklich oder gedanklich durch ein Kaufhaus und bleiben bei einem Gegenstand stehen. Dann versuchen wir, Beziehungen zwischen diesem Gegenstand und unserem Problem herzustellen. – Die Reizworttechnik benutzt ein Lexikon und zwei Zufallszahlen. Die erste Zahl bestimmt die Seite, die im Lexikon aufzuschlagen ist, die zweite Zahl das zu verwendende Wort. Das so gefundene Zufallswort *muß* verwendet werden, auch wenn es noch so unpassend erscheint. Es soll ja gar nicht passen, denn wir wollen doch entrinnen. Entrinnen ist zwar etwas gegen die vorhandene Ordnung Gerichtetes, aber in sich durchaus nichts Undiszipliniertes.

Im Gegenteil. Denken wir einmal an das Entrinnen aus einem Gefängnis. Ein Ausbruch verlangt genaue Planung und disziplinierte Ausführung. Analog müssen wir bei der Reizworttechnik ernsthaft heraus wollen und gewissenhaft Beziehungen zum Hoffnungsträger Reizwort knüpfen. Wenn die Reizworttechnik als albernes Spiel empfunden wird, ist die Brauchbarkeit der Methode gefährdet.

Praktische Übung: Fahrradbremse
Wir stellen uns dem Problem: Wie kann die Sicherheit der Radfahrer verbessert werden? Natürlich gibt es sofort Lösungsvorschläge, die wir in „schon verwirklicht" und „teilweise verwirklicht" einteilen. Unter diesen Spontanlösungen (s. a. Brainstorming, Synektik) ist wahrscheinlich keine ganz neue Idee. Deshalb suchen wir in einer Tabelle zwei Zufallszahlen für die Reizworttechnik. 1770 und 5 führen im Duden-Lexikon zu dem Begriff „Photographische Apparate". Wir lassen den Begriff „Fotoapparat" auf uns einwirken, schnuppern von allen Seiten daran herum und fangen „Witterung" ein. Dann fragen wir uns: „Was kann man einem Fotoapparat zum Schutz von Radfahrern abgucken? Welche Bestandteile, welche Funktionen, welche Formen lassen sich assoziativ verwenden?"
Diese Übung haben wir mit Studenten der FH Darmstadt im Mai 1990 gemacht. Die gefundenen Assoziationen sind bei Bugdahl 1991, S. 104 f. nachzulesen. Hier wollen wir nur die eine nennen, die zu der interessanten Idee führte: Manche Fotoapparate haben einen Rolloverschluß mit Schlitz.

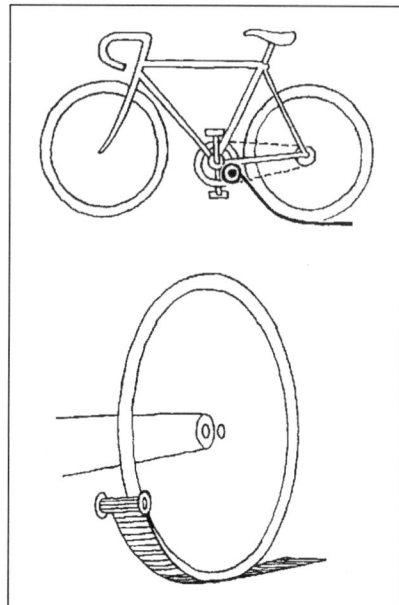

Notbremsmatte für Fahrrad

Das Fahrrad könnte hinter dem Tretlager einen auf einer Rolle aufgewickelten Gurt besitzen. Für die Notbremsung wird der Gurt freigegeben und rollt unter das Hinterrad. Das Hinterrad bleibt zwangsläufig stehen. Es ist so, als ob man sich beim Laufen auf die eigenen Hosenbeine tritt. Die Abbildung zeigt die Notbremsmatte für das Fahrrad.

Wir waren recht stolz auf unsere Erfindung und wollten sie in die Praxis umsetzen. Dann brachte die FAZ am 5. 6. 90 einen für uns ernüchternden Bericht „Matten stoppen auch schwerste Lastzüge", der auch das folgende Bild zeigte. Robert Kershaw war in Australien schon 1982 auf diese Idee gekommen, wenn auch nicht beim Fahrrad.

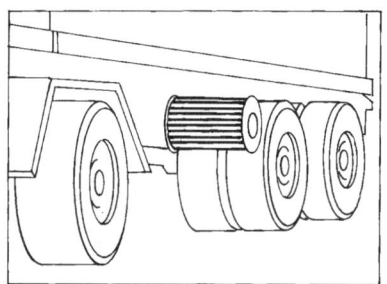
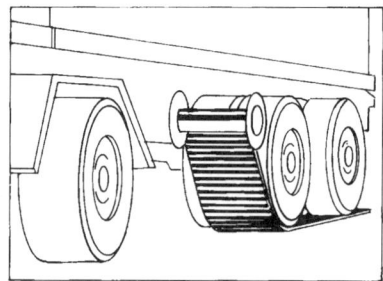

Vor dem Hinterrad sitzt die Matte auf einer Rolle. Beim Versagen der Bremsen wird die Matte freigegeben. Sie fällt vor das Hinterrad, dieses rollt darauf und stoppt ohne Zutun des Fahrers.

Das sagt natürlich nichts gegen die Reizwortmethode, sondern zeigt nur: Manche Ideen liegen in der Luft, und „Wer zu spät kommt, den bestraft das Leben" (Michail Gorbatschow).
Außerdem ist die Geschichte damit noch nicht beendet. Am 13. 12. 1990 berichtete der „Blick durch die Wirtschaft" über die ONSPOT-Gleitschutz-

ketten von Mannesmann-Kienzle. In diesem Fall wird nicht eine Matte längs der Reifen eingesetzt, sondern Ketten quer zu den Reifen (Umkehrprinzip). Dabei geht es auch nicht um Notbremsung, sondern um während der Fahrt zu- und abschaltbare Schneeketten.

Abschließend wollen wir uns die Wirksamkeit der Zwangsverknüpfung noch an einem sehr einfachen Beispiel ansehen: Unter Windows (eine Computer Software) gibt es einen Zeichensatz Wingdings, der anstelle der Buchstaben Symbole enthält. Wenn wir die Symbole Kreis und Licht ver-' knüpfen, können wir z. B. zu folgenden Lösungen kommen: Schneeflocke, Stern, Bombe, Sonne, Filmspule, Blume, Mond, Türkische Flagge.

Symbol-Verknüpfungen

CAC = Computer Aided Creativity

Im Zeitalter von Computer Aided Design (CAD), Computer Aided Manu-facturing (CAM) und vielen anderen CA* (*ist der Platzhalter) darf natürlich auch CAC: Computer Aided Creativity nicht fehlen. Ihre erste Reaktion darauf ist vielleicht der Ideenkiller: „Das geht aber wirklich zu weit. Das einzige, was ein Computer nun wirklich nicht beherrscht, ist Kreativität!" Richtig, Computer sind a priori nicht kreativ, aber Computer-Programme können die menschliche Kreativität anregen und trainieren helfen. Das sollte uns doch gerade nach dem vorangegangenen Abschnitt „Reizwort-methode" nicht wundern. Warum soll uns ein PC-Programm nicht Reizwor-te und ein paar methodische Anleitungen liefern können?

Die Software IDEGEN++ kann es, und zwar sehr gut. Wir hatten das Vergnügen, es zu testen, und teilen gerne unsere Erfahrungen mit.

IDEGEN++ stammt von der finnischen Firma CAC-Research. Es kostete im Jahr 1994 920 DM incl. MWSt. und kann in der Bundesrepublik z. B. bei Technische und wissenschaftliche Software Reinhold Ellmer, Postfach 1247, 58207 Schwerte bezogen werden. Das Programm läuft unter WINDOWS und ist sehr leicht zu installieren und zu bedienen. Es hat auf der CEBIT

1993 in Hannover einen Preis bekommen. IDEGEN ist aus IDEen GENerie-ren zusammengesetzt. Das Wort „idegen" bedeutet im Ungarischen „fremd". Wegen der Verwandtschaft innerhalb der finn-ugrischen Sprachen könnte „idegen" im Finnischen die gleiche Bedeutung haben. Dann hätten wir mit IDEGEN ein intelligentes Acronym, das auf die Ideenerzeugung durch Verfremdungsverfahren hinweist.

IDEGEN++ erfüllt zwei Funktionen:

○ Es dient zur Lösung spezifischer Probleme mit systematischer Führung durch die dafür notwendigen Denkprozesse.

○ Es dient zum Erlernen und Einüben von kreativen Problemlösungspro-zessen.

Das Programm versucht nicht, das Problem zu verstehen, sondern leitet nur an. Alte Hasen können ihren eigenen Fragenkatalog zur Erzeugung von Ideen eingeben, Osborns Checkliste oder Morawas Quickstorming-Katalog (s. Kapitel 3 und 11). Anfänger und nicht nur diese können sich auch in einer gesteuerten Runde führen lassen. Wir waren natürlich neugierig auf die fremde Führung und haben sie in Anspruch genommen. Das Vorgehen umfaßt

○ Anregung der Ideenproduktion durch Reizwörter oder -bilder (Erzeu-gung der Datei *.IDE),

○ Beurteilung der Ideen (Datei *.URT) und

○ Ausgabe der bewerteten Problemlösungsvorschläge (Datei *.AUS).

Der große Vorrat an Reizworten und -bildern liefert Reflexionswände zum Denken oder direkt Findetechniken:

Doch sehen wir uns lieber an einem praktischen Beispiel an, wie IDEGEN++ funktioniert.

Als *Problem* wählten wir: Wie kann das Image der chemischen Industrie verbessert werden?

In der Phase Ideensuche stellt IDEGEN++ Reizwörter vor und bittet dazu um Ideen, um eine möglichst hochfliegende und eine praxisnähere. Mit dem Reizwort oder -bild „Porträt" können wir z. B. *wahres Gesicht, Konzentration auf Wesentliches, Paßbild, kluger Oberbau* assoziieren, mit dem Reizwort „Ste-thoskop" *genau hinhören, auf Feinheiten achten, Diagnose stellen, analysieren, leise Töne beachten, Konsultation durch Fachleute* usw. Diese Assoziationen sollten wie beim Brainstorming eine Lawine von Ideen lostreten.

Beispiel: Versuchen wir es mit unserem Problem: Imageverbesserung der chemischen Industrie.

Reizwort	Zwischen-assoziation	Abgeleitete Idee
Esperanto	gemeinsame Sprache finden	Waschmittelhersteller laden Hausfrauen und -männer zum gemeinsamen kostenlosen Waschtag ein. Die Besucher werden beraten und verraten eigene Rezepte zur Fleckentfernung. Sie lernen, daß eine individuelle Zusammensetzung ihres Waschmittels je nach Wasserhärte, Art der Kleidung und Verschmutzung billiger, schonender und umweltfreundlicher sein kann.
Fall-schirm	Nothilfe, Auffangeffekt, Schweben über dem Stau	– Chemische Firma lindert Wohnungsnot und baut architektonisch vorbildliche Wohnparks für Mitarbeiter auf Firmengelände. Folgen: Kurze Wege, keine Verkehrsprobleme, mehr Freizeit, Identifikation mit Firma, Schutz und Verteidigung der Umgebung aus ureigenstem Interesse. – Mitarbeiter gründen Bauhilfeverein auf Gegenseitigkeit und zusammen mit der Pensionskasse eine eigene Bausparkasse. – Kindergarten am Arbeitsplatz
Dinosaurier an der Leine	Gezügelte Gefahr	– Chemische Industrie wendet Überschwemmung ab mit Superabsorber (Prinzip Babywindel). – Gesunkenes Schiff wird mit Polymerschaum gehoben.
Oper	Feier, Fest, Glanz	– Chemikerball findet jährlich an einem anderen Chemiestandort statt. Wird beliebter als der Sportler- oder Presseball. Außer Chemikern sind fachfremde Prominente und Meinungsbildner geladen. Quiz: Wein, Bier, Destillate, Käse als biochemische Produkte. – Seifenoper mit eingebauter Belehrung im Vormittagsfernsehen: zarte Aufklärung allgemein, massive Belehrung mit frappanten Fakten, wenn die Zuschauer damit als „conversation piece" bei der Weitergabe brillieren können.
Rechen-maschine	Sparen	– Abdampf und erwärmtes Kühlwasser heizen Hallenbad, Gewächshaus für Kantine, Fischteich mit Karpfenzucht. – Hobbygärtnern werden einfache Testmethoden für Böden vermittelt. Sie lernen, was ihr Boden und ihre Pflanzen evtl. brauchen und was schadet. – Produktionen so kombinieren, daß Abfälle und Nebenprodukte im Kreis gefahren werden können. – Produktionsstandorte künftig so wählen, daß Transportwege kurz. Zusatzvorteil: kaum Transportunfälle.

Fernsehen	TV weit sehen, in die Zukunft sehen	– Flachbildschirme der Zukunft werden durch Indium-Zinn-Oxid-Schichten möglich. Unterhaltungselektronik und Chemie werben gemeinsam für großen, flachen TV-Schirm als Wandbild, der als Bildschirmschoner ein Gemälde oder ein Aquarium mit bewegten Fischen oder Wolkenbilder usw. zeigt. – Film drehen: „Wie würde die Erde ohne Chemieprodukte aussehen?" – Schornsteine werden dekorativ gestaltet, so daß sie von weitem zu sehen sind. – Chemiefreundliche Bilderbücher für Vorschulkinder
Mikroskop	Schönheit liegt im Kleinen Vergrößern	– Chemische Industrie baut keine riesigen Fabrikstädte mehr, sondern unauffällige Kleinanlagen. – Chemische Industrie nutzt Möglichkeiten der Miniaturisierung bei gleichzeitiger Leistungssteigerung (Elektronik, Katalyse). – Kleine Chemieanlagen schwimmen als Hausboot von Kunde zu Kunde. – Beipackzettel lesbarer gestalten: größere Schrift, verständlich für Laien, attraktiv durch Aufrufe zu Ideenwettbewerben. Preisverleihung im großen Rahmen. – Chemische Industrie unterhält eigene Drogeriekette mit verantwortlicher Fachberatung.
Teil oder Teil vom Menschen	Chemie und Natur sind keine Gegensätze	– Aufklärungskampagne über natürliche Gifte und chemische Wirkstoffe. – Aspirin ist Acetylsalicylsäure ist Weidenrindenextrakt. – Relativierung von Risiken wie Autofahren, Rauchen, Risiken durch Schadstoffbeimengungen. – Chemiker müssen deutlicher zeigen, daß sie normale Menschen sind, die auch gerne, lange, gesund und wohl leben wie alle anderen.
Tintenfisch	Reaktion bei Gefahr, viele Arme, Tinte	– Sensorpflanzen bei Chemieanlagen setzen, Reaktion erklären, bei Anwohnern, Grünen und Mitarbeitern in Pflege geben. – Chemische Industrie muß Tinte spritzen, d. h. publizieren, sachlich und sympathisch dementieren, wenn zu Unrecht angegriffen, wenn Grenzwerte gefordert werden, die unvernünftig sind, nicht gemessen werden können usw. – Chemiker müssen in Schulen gehen, in Beiräte, in Kommunalpolitik, Leserbriefe schreiben.

Panzer	Schutz	– Kindersichere Verschlüsse und Pharmaka – Pflanzenschutz – Brandschutz
	Kluge Hilfe	– Moderne Kerzen tropfen nicht und verlöschen von selbst. Erklärung: Ein Teilfaden des Dochts ist gespannt. Bei Entspannung unter der Flamme neigt sich der Docht in die heiße Randzone und verbrennt. Das letzte Ende des Dochts ist feuerfest imprägniert.
An Zap- fen knab- berndes Eichhörn- chen	Ernährung	usw.
Sinfonie	usw.	
Zirkus		
Wasser- mühle		
Armee		
usw.		

Nach dieser abgebrochenen Ideensuche sagt IDEGEN++, wie lange sie gedauert hat, und kritisiert sehr direkt, wenn der Benutzer zu schnell aufgehört oder einzelne Reizwörter übersprungen hat.

Nun folgt die Beurteilungsphase. Das Programm bietet Standardfragen, läßt aber auch eigene Beurteilungsfragen zu. Die Standardfragen sind durchaus sinnvoll und helfen, das übliche Brainstorming-Manko der uneffektiven Ernte zu beseitigen. Auch hier kritisiert das Programm, wenn der Benutzer sich nicht die rechte Mühe gibt.

Die Fragen im Menüpunkt Bewertung sind:

○ Wie gut wird das Problem mit der neuen Idee gelöst?

○ Welche positiven Nebeneffekte hat die Idee?

○ Welche weiteren Probleme müssen gelöst werden, damit die Idee praktisch umgesetzt werden kann?

○ Quantitative Beurteilung. Kennzeichnen Sie praktische, machbare Ideen mit + bis +++, großartige, aber schwer umsetzbare Ideen dagegen mit * bis ***.

Nach der Bewertung ordnet IDEGEN++ die Ideen. Es entsteht die Datei *.AUS, die ausgedruckt werden kann.

Ob für die Gruppenarbeit oder die einsame Ideensammlung, ob für die Familienkonferenz, die Schule oder den Beruf. Uns hat IDEGEN++ angenehm überrascht. Wir beurteilen es mit +++.

Wunschkonzept/Verbesserungsanfälliger Bereich (VB)

Was wir uns dringlich, zielstrebig und ausdauernd wünschen, das läßt sich oft auch verwirklichen. Die Motivation läßt uns am Ball bleiben. Unter Wunschkonzept wollen wir die Vorstufe dazu verstehen, also das Stadium, in dem wir uns einer diffusen Unzufriedenheit bewußt werden und gewissermaßen seufzend irgendeine Zustandsverbesserung erhoffen. Wenn wir es beim Seufzen belassen, richten wir uns ungemütlich ein oder leben sogar gefährlich wie der resignierende Frosch in der Milchkanne (siehe 2.4 Ambiguitätstoleranz). Wenn wir aber das unbestimmte Bedürfnis, eine Situation (oder ein Produkt) zu verbessern, genauer orten und dann eingrenzen, stecken wir ein Suchfeld ab, machen wir einen Bereich sichtbar, der für Verbesserungen wie geschaffen ist. Mit dem „Verbesserungsanfälligen Bereich" (VB) (oder der Idea Sensitive Area (ISA) nach de Bono) haben wir aus einem latenten Problem ein sichtbares gemacht, das wir nun nur noch lösen müssen. Als Eselsbrücke: Wissen Sie, wie man Zebras fängt? Das ist so ähnlich. Sie treiben die Zebras zunächst durch eine sehr eng gepflanzte Plantage von Gummibäumen. Dabei werden die schwarzen Streifen der Zebras abradiert. Und dann ist es einfach: Sie fangen die Zebras nun wie weiße Pferde.

Lösungen sichtbarer Probleme sind nicht immer leicht zu finden – deshalb liefert dieses Buch ja auch eine Menge Ratschläge –, aber es gibt eine Grundgewißheit: den Handlungsbedarf. Wenn es brennt, muß gelöscht werden. Ein Leck muß gestopft werden. Wenn das Feuer gelöscht oder das Leck gestopft ist, ist das Problem gelöst und damit verschwunden. „Gut getan ist dieses nun, Julchen kann was ʾanderes tun", wie es bei Wilhelm Busch heißt. Der Zusammenhang zwischen Problemfinden und Problemlösen ist in dem Schaubild auf der folgenden Seite dargestellt.

Problemfinden ist manchmal noch schwieriger als Problemlösen. Wie finden wir ein unsichtbares Problem? Indem wir einen verbesserungsanfälligen Bereich (VB) abstecken (s. dazu die Abb. S. 86). VB ist keine (fehlende) Idee, sondern ein Gebiet, in dem Ideen zu finden sein werden.

Wie funktioniert die Methode VB? VB ist leichter erklärt als getan.

a. Zuerst stecken wir den VB ab. Selbst wenn dieser Bereich eigentlich kein Problembereich war, wird er nun durch Benennung dazu. (Ernennungen und Beförderungen (ver)schaffen Bedeutung.)

b. Nun folgt die kreative Bemühung: Wir schießen Wunschvorstellungen in den VB. Dieses Wunschdenken nennen wir absichtlich kreativ, denn

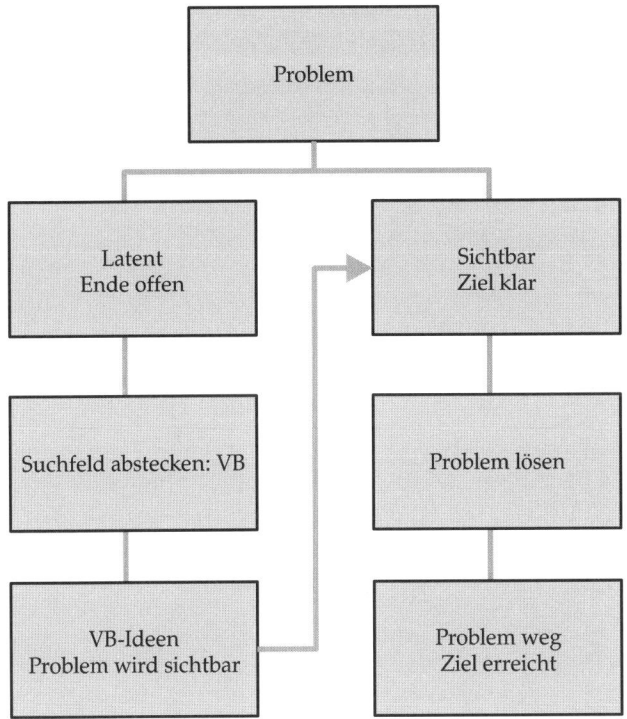

Problemfinden kommt vor Problemlösen

allein dadurch wird es kreativer. So wie wir uns für eine Feier u. a. durch Umziehen vorbereiten, versetzen wir uns hier in die Erwartung, als Antwort gleich viele gute Ideen zu haben.

c. Das Einschießen der Wunschvorstellungen muß in der richtigen Eindringtiefe erfolgen.

Zu spezielle Vorschläge sind schon Lösungen und regen das Denken nicht an. Zu allgemeine Konzepte stellen auch keinen Denkanreiz dar, der Denker fühlt sich dabei nicht angesprochen und bleibt untätig. Konzepte in der richtigen mittleren Penetrationstiefe aber lassen das Eis schmelzen. Die Ideen sprudeln nur so heraus, als ob sie aufgestaut gewesen wären.

In Ihrem Bekanntenkreis finden Sie leicht Beispiele: Manche Leute regen uns nicht an, weil sie für alles eine Lösung haben oder Binsenweisheiten zum besten geben. Interessant finden wir die Menschen, die uns selbst interessanter werden lassen. Mit solchen Menschen erzielen wechselseitig gegebene Stichworte (in der richtigen Eindringtiefe) reichlich wertvoll empfundenen Gesprächsstoff.

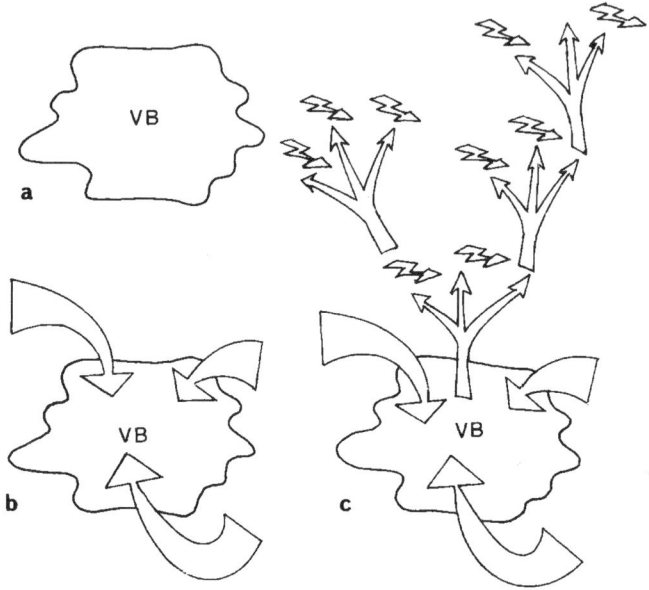

Methode Verbesserungsanfälliger Bereich (VB)
a. VB innerhalb eines größeren allgemeinen Gebiets definieren
b. Kreatives Anstechen in mittlerer Tiefe
c. Ideen sprießen

Warum VB? Haben wir nicht schon genügend Probleme, müssen wir auch noch zusätzliche finden? Die Antwort lautet: ja. Erinnern wir uns an das Zitat von Jadwiga Rutkowska aus Kapitel 2.6: „Wir sollten uns mit den großen Problemen beschäftigen, solange sie noch ganz klein sind."
Aus der Beobachtung unserer Umgebung könnten wir manchmal folgern: Wer keine Sorgen hat, der macht sich welche. Oder: Die Summe des Ärgers pro Person ist konstant. Oder: Exogener Ärger + endogener Ärger = 100 %. Die „überempfindlichen" Mitbürger könnten eigentlich glücklich sein, daß sie keine größeren Probleme haben. Seit Neandertal machen sich Menschen Sorgen, wenn sie gerade keine ernsteren Probleme haben, d. h. sie nutzen ruhigere Zeiten zur Optimierung. Die Sammler- und Jäger-Gruppe, die dann verbesserungsanfällige Bereiche aufspürte, also VB zum Problemfinden und -lösen einsetzte, hatte einen Vorteil im Kampf ums Dasein. VB ist

also uralt, steckt in uns und ist wichtig. Wichtiges öfter zu tun, hält uns nur das Dringende ab. Problemlösen ist dringend, Problemfinden wichtig. Wer Dringendes tut, reagiert; wer Wichtiges tut, agiert. Legen Sie sich selbst oder gemeinsam mit Ihrer Klasse einen Vorrat an VBs an – zur gelegentlichen Betrachtung in einer ruhigen halben Stunde.

6.3 Hinweise für den Unterricht

Dieses Kapitel umfaßt *nicht* wie andere Kapitel *nur eine* Methode wie Brainstorming, Brainwriting, Synektik oder Morphologischer Kasten. Entrinnen ist aber auch nicht nur der Oberbegriff für das hier vorgestellte Methodenbündel, sondern darüber hinausgehend eine Grundhaltung, eine Flucht- und Änderungsbereitschaft, die die Anwendung von Problemlösemethoden erst ermöglicht. Deshalb steht das Kapitel Entrinnen absichtlich als Ergänzung und Zusammenfassung nach „braining" und als Vorbereitung zur Synektik.
Vielleicht können Sie Entrinnen mit einer Geschichte von Platon einführen. Platon tadelte einmal ein würfelspielendes Kind, worauf das Kind geantwortet haben soll: „Du tadelst mich wegen einer Kleinigkeit." – Darauf Platon: „*Gewohnheit ist keine Kleinigkeit.*" „Ja, die Gewohnheit, was vermag sie wohl über unser Urteil und unseren Glauben."
Hier bietet sich das *Infragestellen des Selbstverständlichen* als Fortsetzung an. Ein französischer General hatte die Angewohnheit, sich mit der Hand die Nase zu putzen. Darauf vertraulich angesprochen, meinte der General: „Warum sollte ich mit meinem Auswurf ein feines besticktes Seidentuch beschmutzen, sodann den Auswurf darin einwickeln und in der Hosentasche trocknen?" Mit den Papiertaschentüchern haben wir dieses Problem indessen gelöst. Aber es gibt noch viel zu tun.
Wie wäre es mit einer erfahrungsgemäß sehr erfrischenden Übung: Wir machen uns selbständig mit einem neuartigen Restaurant?
Teilen Sie die Klasse in ⅓ Investoren und ⅔ Detektive für Selbstverständliches auf. Jeweils ein Detektiv beschreibt etwas für ein Restaurant Selbstverständliches. Darauf stellen die Investoren dies in Frage. Zum Beispiel:

Detektiv 1:   In jedem Restaurant gibt es Eßbestecke.
Investor 1:   Bei mir wird es keine geben, denn meine Gästen sollen mit der Hand essen. Ich mache ein echt arabisches Restaurant auf.
Investor 2:   Bei mir wird es nur Löffel geben. Ich mache ein Spezialrestaurant „100 Suppen" auf.
Detektiv 2:   In jedem Restaurant gibt es Tische und Stühle.
Investor X: Ich kombiniere ein Schwimmbad mit einem Restaurant. Meine Gäste sind im Wasser und essen von schwimmenden Tabletts.

Investor Y: Meine Gäste liegen wie die alten Römer auf Ruhebetten. Vielleicht auch in Hängematten.

Investor Z: In meinem Restaurant für Matrosen-Fans gibt es nur gespannte Taue zum Drüberlehnen, Strickleitern und Mastbäume mit Ausguck.

Detektiv 3:   In jedem Restaurant gibt es Kellner. ...

Detektiv 4:   In jedem Restaurant haben die Kellner feste Reviere. usw.

Falls es schwer fallen sollte, bei einem anderen Beispiel das Selbstverständliche zu entdecken, nehmen Sie die *Warum-Technik* zu Hilfe. Warum sind Tafeln schwarz? Oder die Methode Provokation mit dem Kunstwort *PO*. PO Tafeln sind weiß!

PO muß geübt werden, denn es ist die Grundlage des lateralen Denkens, sagt de Bono. Was das Nein beim logischen Denken ist, ist PO beim lateralen. Sie können PO einführen, indem Sie mehrere allgemeine Themen anbieten und Freiwillige bitten, kurz hierzu zu sprechen. Die Themen könnten lauten:

○ Hat die Raumfahrt einen Sinn für die Menschheit?
○ Brauchen wir Atomkraftwerke?
○ Sollen alle Krankenversicherten die Kosten für die Ski-Unfälle tragen?

Während der Schüler spricht, unterbrechen Sie ihn mit PO! Sie wiederholen einen Satz des Schülers und stellen ein PO davor. Dem Schüler erklären Sie, daß er sich dadurch nicht stören lassen soll und fortfahren kann. Nun werden die Rollen vertauscht. Sie sprechen über ein Thema wie:

○ Brauchen wir eine Pflegeversicherung?
○ Ist die Existenz vieler Sprachen nützlich?
○ Ist Gruppenarbeit leichter als individuelles Arbeiten?

Nun unterbrechen die Schüler den Lehrer mit PO. Sie reagieren sofort und entwickeln Alternativen zu dem Einwurf. Dabei werden Sie feststellen, daß man nicht charakterlos sein muß, um verschiedene Standpunkte gleichzeitig glaubhaft vertreten zu können. Wenn jemand PO zum Fokussieren benutzt (Was meinen Sie eigentlich mit ...?), dann müssen Sie darauf hinweisen, daß PO nicht definieren, sondern eine Umstrukturierung und alternative Erklärungen veranlassen soll.

Mit PO können Sie auch zu *Analogien* überleiten. Gehen Sie von allgemein interessierenden Themen aus und/oder benutzen Sie einfach Zufallswörter wie Schnuller, Trillerpfeife, Flugzeug, Soldat, Parkzettel, Salzstreuer, Bild, Flöte. Mit PO fügen Sie nun zwei eigentlich gegensätzliche Begriffe zusammen, z. B.

○ Schnuller PO Trillerpfeife,
○ Flugzeug PO Bahn,
○ Soldat PO Zivilist.

Schnuller und Trillerpfeife sind beides kleine Gegenstände, die man in den Mund nimmt. Sie können als Symbole für unser Leben dienen. In der ersten Lebensphase saugen wir alles in uns auf, Nahrung und Wissen. In der zweiten Lebensphase geben wir ab, geben Signale und blasen aus – bis zum letzten Atemstoß.

Wenn Sie Themen suchen, die Ihre Schüler wirklich interessieren, benutzen Sie doch einfach die Methode Verbesserungsanfälliger Bereich. Auch als feste Einrichtung. Viele kleine Ideen sind eigentlich Klagen und Beschwerden. So erfahren Sie rechtzeitig, wenn ein Konflikt schwelt. Einige kleine Ideen werden sich zu Ihrer Freude als große entpuppen.

7. Bionik, Synektik

7.1 Hintergrund: Die Natur als Vorbild, Reflexionswand und Ideenlieferant

Die Natur löst ihre Probleme in vorbildlicher Weise. *Vorbildlich* ist hier sowohl wörtlich als auch im übertragenen Sinne gemeint. Die Bewunderer der Natur meinen mit vorbildlich unübertrefflich; die Zweifler finden nicht jede Lösung der Natur optimal, aber immerhin als Vorlage nützlich und als *Bild* anschaulich. Die Frage ist, ob wir uns – als Teil der Natur – überhaupt etwas ausdenken können, das es in der Natur nicht schon gibt. Aber auch dann, wenn wir uns mit der bescheideneren Antwort zufriedengeben, bietet uns die Natur eine unerschöpfliche Vielfalt an Beispielen für Konstruktionen und Abläufe an. Im Falle eines akuten Ideenbedarfs – chronischen Ideenmangel kennen wir ja seit Kapitel 3 nicht mehr – können wir anstelle eines Warenhauses (wie in Kapitel 6.2) das weitaus reichhaltigere Angebot der Natur an unserem inneren Auge vorbeiziehen lassen. Abgesehen von der Vielfalt bietet die Natur auch noch den Vorteil des langen Atems. Die heute zu besichtigenden natürlichen Problemlösungen sind in Milliarden von Jahren gereift. Sie sind immer wieder durch Mutationen phantasievoll ergänzt und durch Selektion streng fürs Überleben ausgerichtet worden. Wir haben nicht so viel Zeit, an einer Aufgabe zu tüfteln, und deshalb profitieren wir so sehr von den zeitverdichteten und „winterharten" Naturlösungen.

Die Allianz von Biologie und Technik, die Bionik, ist ein neues interdisziplinäres Forschungsgebiet, das diese Erkenntnis bewußt nutzt. Prominente Vertreter sind z. B. die Professoren Werner Nachtigall von der Universität Saarbrücken und B. Kresling von der Association pour la Promotion de la Bionique, Paris. Sehen wir uns einige Beispiele an:

- ○ Für das Wohngebiet Santa Marinella in Rom haben italienische Architekten ein Hochhaus mit 13 Stockwerken entworfen, dessen Konstruktion vom Breitwegerich abgeleitet wurde. Die Blätter des Breitwegerichs sind so in einer Rosette angeordnet, daß sie sich gegenseitig wenig beschatten. Im Winter nehmen sich die Wohneinheiten keine Sonne weg, im Sommer beschatten sie sich etwas.
- ○ Riblet-Folien (Folien mit langen Rillen) nach dem Vorbild der Haifischhaut versprechen bei Flugzeugen, U-Booten, Raketen erhebliche Treibstoffeinsparungen. Diese Anwendung der Deutschen Forschungsanstalt für Luft- und Raumfahrt (DLR) erhielt 1992 den ersten deutschen Bionik-Preis (Frey 1992, S. 6).

- Das Auge des Krokodils kann über und unter Wasser fast gleich gut sehen. Die Münchner Firma MBB arbeitet – hierdurch angeregt – an einem „bionischen Auge". Mit dem Konzept „Optischer Fluß", das aus der Psychologie stammt, entwickelt man Systeme der Mustererkennung (Frey 1992, S. 8).
- Der Klettverschluß verrät in seinem Namen den Anreger. Das Prinzip der flächigen Verhakung wurde in den 50er Jahren patentiert und fand seine erste technische Anwendung bei Fototaschen (vgl. Wandner 1992, S. N1).

- Die Stromlinienform des Delphins inspirierte Techniker dazu, den Bug von Schiffen keulenförmig zu gestalten. Dadurch ließen sich 15 % des vorher benötigten Treibstoffs einsparen. Der Wulstbug hat sich weltweit durchgesetzt.

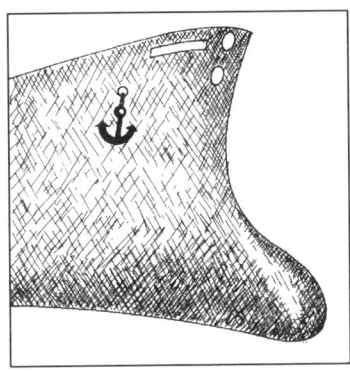

Der Wulstbug in Anlehnung an die Form des Delphins

- Ergonomie, das Bemühen, Dinge körpergerechter zu gestalten, läßt sich auch als eine Art Bionik verstehen. Ist es nicht naheliegend, die Tastaturen für Computer endlich handgerecht und natürlich zu gestalten? Colani hat für die Firma Vobis Tastaturen mit Wülsten für die Handauflage entwickelt, die Firma Apple eine spreizbare Tastatur, die den Winkel der Hände zueinander berücksichtigt.
- Die Pharmaindustrie möchte Schlaftabletten sicherer machen, denn eine Überdosierung ist gefährlich. Können wir der Natur einen Trick abgucken? Raubvögel fressen gerne Schmetterlinge. Die Natur schützt die

Schmetterlinge, indem ca. 10 % der Schmetterlinge ein starkes Herzgift enthalten. Die Raubvögel können die harmlosen von den „gefährlichen" Schmetterlingen nicht unterscheiden und verzichten lieber. Welche Problemlösung können wir daraus ableiten? Ein Herzgift als Beigabe zum Schlafmittel wäre natürlich schrecklich und außerdem keine Lösung. Aber wie wäre es mit einem Brechmittel, das ab einer Mindestdosis wirkt? Nähme jemand zu viel Schlafmittel ein, dann sorgte das Brechmittel dafür, daß er es nicht bei sich behält. – Diesen Vorschlag haben wir nicht weiter durchdacht und möchten ausdrücklich davor warnen, ihn ungeprüft zu verwirklichen. Gerade dieses Beispiel scheint uns jedoch besonders geeignet, zum lateralen Denken und damit zur Synektik überzuleiten.

 ## 7.2 Lernziel: Laterales Denken

Edward de Bono ist stolz darauf, den Begriff Laterales Denken erfunden zu haben (1981). Zu Recht, denn es ist ein sehr nützlicher Begriff, wenn man erst einmal weiß, was er meint. Wir erklären ihn am besten durch Beispiele, bevor wir ihn dann seriös-systematisch von seinem Gegenpart, dem vertikalen Denken, abgrenzen. Daß das Auto von der Kutsche abstammt, kann man noch immer sehen – klassische Reisemobile zeigen unverändert die Dreikistenform: Kutschbock – Reisekabine – Kofferblock. Zur Kutscherzeit gab es keine Verkehrsregeln, aber als der Verkehr dichter wurde, erwies es sich als nützlich, die Fahrtrichtung anzugeben. Dazu nutzte der Kutscher die Hand, später eine Kelle. Die ersten Autofahrer machten es natürlich ebenso. Dann kam die mechanische und später die elektrisch betätigte Kelle, die seitlich am Auto befestigt wurde. Sobald die Kelle elektrifiziert war, lag es nahe, sie auch elektrisch zu beleuchten. Und erst jetzt war für die vertikalen Denker der Blinker ableitbar: Wenn die Kelle ein Blinksignal gibt, könnte sie durch eine Lampe ersetzt werden. So wurde aus dem Winker ein Blinker. Der laterale Denker hätte auf die langwierige Entwicklung verzichtet. Er hätte nach Möglichkeiten gesucht, wie man sich außer durch Handzeichen noch bemerkbar machen kann.

An dieses Beispiel fügt sich nahtlos ein weiteres von de Bono an. Zu der Zeit, als es noch keine Rückfahrleuchten gab, wohnte er in einer engen, unbeleuchteten Sackgasse. Wenn sich ein Auto hierher verirrte, mußte es rückwärts wieder herausfahren. Nachts hatten Fahrer größte Mühe, weder ihr Auto noch eine Haustür zu beschädigen. Nur sehr wenige kamen darauf, die blinkenden Fahrtrichtungsanzeiger als Beleuchtungsquelle zu benutzen. Denn Blinker identifizieren wir als Fahrtrichtungsanzeiger, aber nicht als Lichtquellen.

Wie können wir jemand in den Rachen sehen, wenn wir nur eine Kerze und einen Löffel zur Hand haben? Indem wir den Löffel als fokussierenden Reflektor hinter der Kerze halten.

Der laterale Denker definiert Dinge um oder verwendet sie nicht definitionsgemäß.

Wollen Sie noch ein Beispiel des Meisters?

Die eßfreudige und korpulente Herzogin von D. ersehnte Abmagerung. Ihre Ärzte vertikaler Denkart verordneten ihr eine Hungerdiät, die lediglich zur Entlassung dieser Ärzte führte. Schließlich kam ein lateral denkender Arzt, der sich besorgt über die Schwäche der Herzogin zeigte. Er empfahl ihr nicht, weniger zu essen, sondern – eine halbe Stunde vor den Mahlzeiten – ein großes Glas warmer Milch mit Malz zu trinken. Die Behandlung war erfolgreich. Natürlich hatte das Problem darin bestanden, die Dame zu verringerter Nahrungsaufnahme zu bewegen. Der laterale Denker erreichte sein Ziel, indem er ein Nahrungsmittel als Appetitzügler und mildes Schlafmittel einsetzte.

Zu guter Letzt noch ein kleines Märchen, damit auch der letzte Leser zum Fan des Lateralen wird (sinngemäß nach de Bono 1974):

Es war einmal ein Kaufmann, der hatte eine wunderschöne Tochter. Die Geschäfte liefen schlecht, und um sie wieder anzukurbeln, hatte er bei einem Wucherer, der alt und häßlich war, eine größere Summe Geldes geliehen. Der Kaufmann erntete mit dem geliehenen Geld aber nicht den erhofften Gewinn und war nun in Gefahr, ins Schuldgefängnis gesteckt zu werden. Der Wucherer schlug daraufhin einen Handel vor. Alle Schulden sollten erlassen werden, wenn er dafür das Mädchen bekäme. Vater und Tochter waren entsetzt über diesen Antrag. Daraufhin war der schlaue Wucherer zum Schein bereit, den beiden eine Chance zu geben. Er schlug vor, von seinem Gartenweg einen weißen und einen schwarzen Kieselstein aufzuheben und beide in einen Beutel zu stecken. Aus diesem müsse das Mädchen einen herausnehmen. Erwische sie den schwarzen, so würde sie die Frau des Wucherers, und ihr Vater sei schuldenfrei. Hole sie den weißen Kiesel hervor, könne sie bei ihrem Vater bleiben, und der brauche trotzdem nichts zurückzuzahlen. Widerstrebend willigte der Vater schließlich ein.

Man stand im Garten auf dem Kiesweg. Der Geldverleiher bückte sich, um zwei Steine aufzuheben. Das Mädchen, hellwach vor der schicksalsschweren Entscheidung, bemerkte, daß er zwei schwarze Steine aufgenommen und sie schnell in den Beutel gesteckt hatte. Nun forderte der Wucherer das Mädchen auf, einen Stein wieder herauszuholen.

Was hätten Sie an der Stelle des Mädchens getan? Gehorchen, den Wucherer als Betrüger entlarven, fliehen? Nichts von dem wäre besonders hilfreich. Das Mädchen war nicht nur schön, sondern auch klug. Es konnte lateral denken und handelte so:

Es zog einen schwarzen Stein aus dem Beutel und ließ ihn, ohne ihn anzusehen, auf den Boden fallen, wo er unter den anderen sofort unkenntlich wurde. „Ach, wie ungeschickt ich doch bin", rief das Mädchen, „aber an der Farbe des zweiten Steins könnt Ihr ja feststellen, welchen ich genommen habe."

Und nun sind wir endlich genügend gerüstet, vertikales und laterales Denken systematisch vergleichen zu können.

Vertikales Denken	Laterales Denken
zielt auf Richtigkeit	Ergiebigkeit
ist ausschließend, selektiv	öffnend, generativ
ist analytisch	synthetisch; provokativ
ist folgerichtig auf jeder Stufe	läßt unrichtige Teilschritte zu
ist geradlinig A→B→C→D	kann sprunghaft sein $\begin{array}{c}\nearrow G\searrow\\ A\to B\leftarrow C\leftarrow D\end{array}$
wählt vielversprechenden Weg, beste Betrachtungsweise einer Situation	sucht möglichst viele Möglichkeiten und sucht auch dann noch weiter, wenn vielversprechender Weg gefunden
schlägt wahrscheinlichsten Weg vor	schlägt den am wenigsten wahrscheinlichen Weg vor
beginnt, wenn Richtung gefunden	beginnt, um Richtung zu finden
Versuchsanordnung soll beweisen	Versuchsanordnung soll finden
Information wird eingesetzt, um zu einer Lösung zu kommen	Information wird provokativ eingesetzt, um neue Muster hervorzubringen
Nutzen bleibt im Blickfeld: „Ich weiß, wonach ich suche"	Spielen ist möglich: „Ich suche, aber wonach, werde ich erst wissen, wenn ich es gefunden habe"
Abschluß wird erwartet	Neues Muster wird erwartet, evtl. Aussicht auf eine maximale Lösung
Nimmt passablen Weg zum Ziel als einzigen	Sichert, daß der Weg der beste unter vielen ist

Vergleich zwischen vertikalem und lateralem Denken (zusammenfassend nach de Bono 1971)

7.3 Prinzip der Methode

Die Synektik wurde in den USA von W. J. Gordon entwickelt und zeigte unter den organisierten Problemlösemethoden die höchste Effizienz. Man spricht von einer Erfolgsquote über 25 % gegenüber einer üblichen von 4 %. Die Synektik arbeitet mit Assoziationen aus den Bereichen Natur, Technik oder Phantasie in den Stufen Analyse, Verfremdung und Synthese. Die Verfremdung wird durch Entfernung erreicht, eine organisierte Exkursion von Analogie zu Analogie. Schließlich haben wir uns so weit vom Problem gelöst, daß wir es lösen können. Da haben wir wieder unser Goethe-Wort aus Kapitel 6.1. In einem kurzen Anfall von Respektlosigkeit wollen wir das Zitat umformulieren in:
Wer das Ziel aus dem Auge verliert, erreicht es.

Nicht nur Germanisten werden sich darob empören, denn klassische Zitate dürfen nicht verfälscht und können nicht verbessert werden, und außerdem ist der Satz jugendgefährdend und bildungsfeindlich. Trotzdem kann dieser Satz gelegentlich wahr sein, wie die Verhaltensforschung zeigt. Dazu zwei Beispiele:

Beispiel 1: Stellen wir uns eine durchsichtige Spirale von einiger Höhe vor, in deren Mitte Futter am Boden liegt. Außerhalb der Spirale steht ein Hund. Er sieht das Futter und geht in der Spirale auf es zu. Kein Problem. Schwieriger wird es für den Hund, wenn er in der Spirale sitzt und das Futter draußen liegt. Um zum Futter zu gelangen, muß er in der Spirale immer größere Bögen laufen, verliert dabei periodisch das Futter aus dem Auge und entfernt sich dabei auch noch vom Futter. Sobald er das merkt, schwankt er, kehrt um, schwankt wieder, pendelt hin und her, bis er schließlich mit großem Schwung in den nächsten Bogen gelangt. Für Hunde ist das nicht leicht.

Beispiel 2: Ein Huhn hat ein Problem. Es will Körner picken (Ziel), die es hinter einem Zaun (Hindernis) liegen sieht.

P = Z + H. (s. Kapitel 2.6: Erinnern Sie sich noch?)

Der Zaun ist aber zu hoch, um hinüberzuspringen, und zu eng, um hindurchzukommen, aber nicht sehr lang. Die meisten Hühner versuchen das Ziel zu erreichen, indem sie gegen den Zaun rennen, am Zaun hochspringen oder eine Lücke im Zaun suchen. Dies versuchen sie aber nur so weit entlang des Zauns, wie sie das Futter sehen.

So kommen wir zu einer neuen Verfälschung eines Zitats:
Nur ein blindes Huhn findet ein Korn.

Bitte legen Sie das Buch nicht aus der Hand, wenn Sie bisher durchgehalten haben. Verhalten wir uns nicht auch oft wie Hund und Huhn? Doch, und zwar meist aus gutem Grund. Wer Problem und Ziel nicht mehr sieht, fühlt sich unsicher. Die meisten Menschen ertragen Unbestimmtheit nicht lange und kehren lieber zum ungelösten, aber sichtbaren Problem zurück. Manchmal ermöglicht aber nur das Abstandnehmen vom Problem eine Flucht aus der Blockierung der Wahrnehmung, dem Korsett der Begriffe und dem Käfig der Routine.

Hier führt uns die Synektik an der Hand. Die Synektik ist das Bemühen um den Zusammenhang (Synekdoche (gr.) = Mitverstehen). Die Methode Synektische Exkursion von Gordon gehört zu den Methoden der schöpferischen Konfrontation (s. Kapitel 11, S. 185). Die Reizwortanalyse und die Warenhausmethode kennen Sie schon aus Kapitel 6.

Nachdem wir die Bionik und das laterale Denken besprochen haben, steht der synektischen Exkursion nun nichts mehr im Wege. Auf S. 97 sehen Sie die Marschroute. Die Teilnahme an synektischen Sitzungen bereitet spirituellen Genuß und erfüllt die Teilnehmer mit dem Gefühl selbstbewußter Schaffenskraft. Die geleistete geistige Anstrengung wird körperlich erst spät wahrgenommen. Sonst nüchterne Kritiker fühlen sich plötzlich kreativ. Die Regeln erlauben zwar abschnittsweise, gewohnte Arbeitsmethoden beizubehalten, entfernen aber gerade dadurch den fleißigen, pflichtbewußten Teilnehmer vom Problem und lassen ihn überrascht fündig werden. Daß ein solcher „Aha-Effekt" in Rückkoppelung die Motivation verstärkt, ist leicht einzusehen. Die eingebaute Übung der persönlichen Analogien bewirkt Enthemmung neben Verfremdung.

 ## 7.4 Praktisches Beispiel: Synektische Exkursion

Der Marschroute mit einem Auge folgend, können Sie nun mit dem anderen Auge an einer Exkursion teilnehmen, die wir am 17. 4. 1993 mit Lehrern in Jena unternahmen.

Synektische Exkursion: ungestörter Autofahren
1. Problem as given (PAG) = Problemdarstellung durch einen Fachmann
   PAG: Immer mehr Autos behindern sich gegenseitig im Verkehr. Es wäre schön, wenn man mehr Spaß, weniger Streß und mehr Sicherheit beim Autofahren hätte.

   Warum ist das Problem entstanden?
   Wohlstand, Fortschritt, gewachsene Mobilität, Ansprüche, Bildung haben dazu geführt, daß es viel mehr Autos gibt.

Marschroute		Erläuterung
PAG	Problem as given	Problemübermittlung durch einen Fachmann
D+A	Definition und Analyse	Zusammen mit dem Fachmann bespricht die Gruppe das Problem und definiert es.
SR	Spontane Reaktionen	Spontane Einfälle werden genannt. Vielleicht ist eine Lösung dabei. Auf jeden Fall wird der Kopf frei für Neues.
PAU	Problem as understood	Neuformulierung des inzwischen besser verstandenen Problems.
1. DA	Erste direkte Analogie	Für ein technisches Problem werden Analogien im Bereich der Natur gesucht und umgekehrt.
PA	Persönliche Analogie	Jedes Gruppenmitglied identifiziert sich spontan mit einer ausgewählten 1. DA und schildert die dabei empfundenen Gefühle.
BT	Buch-Titel (Symb. Analogie)	Aus zwei Wörtern (Essenz und vertiefendes Paradoxon) einer persönlichen Analogie wird ein widersprüchlicher „Buchtitel" gebildet.
2. DA	Zweite direkte Analogie	Zu einem ausgewählten Buchtitel werden wieder direkte Analogien gebildet.
EX	Examination	Ausführliche Beschreibungen einer ausgewählten 2. DA in einfachen Worten.
FF	Force fit	Ableitung neuer Gesichtspunkte aus jedem Satz bzw. jedem Begriff der EX.
SAU	Solution as understood	Formulierung von Lösungsvorschlägen, deren Verwirklichung versucht werden soll.

Marschroute der synektischen Exkursion

Auto ermöglicht Individualität, Spontaneität, Mobilität, Freiheit, Bequemlichkeit, gute Zeitnutzung.
Öffentliche Verkehrsnetze sind nicht flächendeckend, langsam, teuer.

Warum soll das Problem gelöst werden?
Vorteile des Autos sind kaum noch nutzbar, wenn sie alle Autobesitzer gleichzeitig wahrnehmen wollen. Die Straßen sind übervoll.
Abgase sind giftig oder mindestens umweltschädlich.

Schwierigkeiten bei der Lösung:
Menschen hängen am Auto (snob value) und wollen nicht darauf verzichten,
Ausbau des Straßennetzes ist teuer, nicht beliebig durchführbar, verstößt gegen die Natur.
Attraktiver Nahverkehr als Alternative fehlt. Auto ist immer noch preiswert im Vergleich.

Kriterien für die Lösung:
Unbedingt wichtig: Durchlaß steigern, mehr (Abstell)flächen, weniger Unfälle
Keineswegs: Direkter Zwang oder Verbote, Auto muß bleiben und nicht zu teuer werden
Interessant: Ganzen Lebensraum nutzen, Lebensgestaltung einbeziehen, Anreize für freiwilligen Verzicht, Vernunft

Am Ende dieser Problemvorstellung versucht der Fachmann mit der Gruppe, eine brauchbare Formulierung für das Problem zu finden:
PAG: Alle wollen ungehindert Auto fahren. Das wird immer schwieriger.

2. Diskussion und Analyse (D + A)
Das Problem wird noch einmal von der Gruppe, gemeinsam mit dem Fachmann diskutiert und definiert.
D + A: Mehr Abstand und gleichmäßige Bewegung.

3. Spontanreaktionen (SR)
Es ist nur natürlich, daß einzelnen Teilnehmern spontan Problemlösungen einfallen. Diese Einfälle muß man loswerden, sonst ist das Denken für weitere Ideen blockiert.
SR: Leitsysteme, Ringe, Nahverkehr attraktiver machen, Zweitauto teurer, autofreier Tag, Car sharing, TÜV für Autofahrer, mehr Straßen

4. Problem as understood (PAU) = Wie wir das Problem jetzt sehen
   Ziel ist eine erneute Umformulierung des Problems und zugleich ein
   Abstandnehmen.
   PAU: Ungestörter Fluß

5. Erste direkte Analogie (1. DA)
   Wir suchen in einer Art Brainstorming zu PAU Beispiele aus der Natur.
   1. DA: Blutkreislauf, Wasserleitung im Baum, Golfstrom, **Stromleitung
   durch Elektronen**
   Die Gruppe stimmt ab, welches Beispiel weiterverfolgt werden soll.
   Elektronenleitung wurde gewählt.

6. Persönliche Analogie (PA)
   Nach dem Ausflug in die Natur gehen wir jetzt in die Gefühlswelt. Jedes
   Gruppenmitglied beschreibt in etwa 10 Zeilen seine Empfindungen.
   PA: Wie fühle ich mich als Elektron im Kupferdraht?
            wohlig in der Menge; klein und schnell; ausgeliefert, **ungeord-
            net;** beengt, aneckend;
            bedroht durch Abstoßung …

7. Buchtitel (BT)
   Aus den Gefühlen, die die Gruppenteilnehmer vortragen, werden Buch-
   titel nach folgendem Thema gewonnen: Man nimmt ein Adjektiv, findet
   dazu das Gegenteil und substantiviert dieses. Z. B. abstoßend, anzie-
   hend, Anziehung, abstoßende Anziehung. Analog kann man auch von
   einem Substantiv ausgehen: schnell, Schnelligkeit, langsam, langsame
   Schnelligkeit.
   BT: Angenehmer   Zwang;   Abstoßende   Anziehung;   Langsame
            Schnelligkeit; Halb zog sie ihn, halb sank er hin; Bedrohte Gebor-
            genheit; **Geordnetes Chaos**
   Aus den gewonnenen Buchtiteln wählt die Gruppe einen aus, hier „Geordnetes Chaos“.

8. 2. Direkte Analogie (2. DA)
   Wir haben uns nun schon sehr weit, nämlich über drei Stufen vom
   Problem entfernt und dürfen auch nicht mehr daran denken. Falls wir
   bei der 1. Direkten Analogie in die Natur gingen, ist jetzt bei der 2.
   Direkten Analogie die Technik dran – und umgekehrt.
   Wir konzentrieren uns bei diesem Beispiel also auf ein technisches Sachbuch mit dem Titel „Geordnetes Chaos“. Was könnte dieses Buch abhan-
   deln? Die Antworten werden wieder in einem kleinen Brainstorming
   gewonnen.

2. DA: Geordnetes Chaos: Russischer Schaltschrank, Citroen DS (der Oldtimer, genannt Göttin oder Bügeleisen) unter der Haube, kontrollierte Kettenreaktion, Sortiermaschine, **Motor,** Druckerei, Buch, Brainstorming
Die Gruppe wählt „Motor" zum Fortführen der Exkursion.

9. Examination (EX) = Untersuchung
In einem Kurzaufsatz von ca. 10 Zeilen versuchen die Teilnehmer, das Funktionsprinzip des ausgewählten Objekts (hier Motor) so zu beschreiben, daß es ein Kind versteht. Das ist nicht leicht, weil wir oft nicht gut genug wissen, wie etwas funktioniert. Falls dem so wäre, beschreiben wir, wie es funktionieren könnte.

EX: Motor: Explosion im Kasten; Benzin rein, Kraft raus; z. B. 4 Takte: Ansaugen, Zusammendrücken, Zünden, Ablassen; Heizöl so lange durch Wärme und Druck quälen, bis es explodiert und damit noch mehr Wärme und Druck abgibt

10. Force Fit (FF) = Plötzliches Zusammenführen von Funktionsprinzipien mit dem Problem
Jetzt endlich, nach fünf Verfremdungsstufen, dürfen wir wieder auf unser Problem zurückkommen. Wir gehen jede einzelne Funktionsbeschreibung sorgfältig durch und fragen uns, was sie mit unserem Problem zu tun hat. Das Prinzip lautet Zwangsverknüpfung. Sie hat etwas damit zu tun. Wir müssen nur darauf kommen.

FF: Verkehr taktweise verschoben wie bei Sommerferien, Komprimieren: Autos noch kleiner; Autos ohne Motor verkaufen, diese lassen sich wie Züge zusammenstellen, Motorteil ist vorne ansteckbar und kann nur gemietet werden, Miete ist billiger, je mehr Anhänger

Dies ist sicher nicht das überzeugendste Beispiel für die hervorragende Methode Synektik, aber dafür ist es echt. Andere Beispiele für synektische Exkursionen finden Sie bei Schlicksupp 1989 und Bugdahl 1991.
Synektisch wurden bei der NASA viele Lösungen für den Entwurf von Weltraumkapseln sowie für den Schutz und für die Sicherheit der Astronauten gefunden. Als erste direkte Analogie diente dabei der Schutz des Fötus im Mutterleib. Für phantastische Analogien holte man sich Anregungen aus der utopischen Literatur. (Achtung! Einstiegschance im Deutsch- und Französisch-Unterricht)
Die hautschonende Rasierklinge soll Bernd Rohrbach über den Buchtitel „Gleitendes Entfernen" mit „Kufen" als Abstandhalter gefunden haben. Beschichtete Rasierklingen haben sich sehr schnell durchgesetzt.

Stehaufkuh

Die amerikanische Weltraumbehörde NASA suchte eine Antenne, die sich leicht im Dschungel errichten läßt. Eine zusammenlegbare und transportable Antenne soll aus der Analogie „Halswirbel von Dinosaurier oder Giraffe" und dem bekannten Spielzeug „Stehaufkuh" entstanden sein.

Wie sieht die Antenne aus? Auf einem Drahtseil sind ineinandergreifende Wirbel aufgefädelt. Zum Aufrichten der Antenne wird der unterste Wirbel im Boden befestigt. Dann ziehen die Techniker so lange am Seil, bis die Wirbel senkrecht übereinander stehen und einen beweglichen Stab bilden. Nun muß nur noch das Seilende fixiert werden. Zum Abbauen der Antenne wird die Fixierung gelöst, und die Antenne fällt in sich zusammen.

Die spannungsgeladene Kuh ist übrigens wieder ein Beispiel für das Umkehrprinzip. Die Feder im Sockel bewirkt, daß die Kuh im Normalzustand stramm steht und bei Druck in die Knie geht.

Weitere, der Synektik zuzuschreibende Erfindungen sind:

○ die beschichtete Bratpfanne,
○ ein trockenes Verfahren zur Herstellung von Papier,
○ ein weißer Straßenbelag, der die Rutschgefahr vermindert und das Scheinwerferlicht streut.

 ## 7.5 Hinweise für den Unterricht

Die synektische Exkursion ist anspruchsvoll und braucht Zeit. Doch der Einsatz lohnt sich. Versuchen Sie es mit einem aktuellen Problem, das Ihre Schüler bewegt. Das Problem sollte nicht zu unbedeutend sein, aber ungelöste Weltprobleme sind auch nicht das Richtige für den Anfang. Wie wäre es mit dem Problem „*Diebstahlsicherung für Fahrräder*"?

Wenn Sie in Problem As Understood z. B. auf „*Blockieren einer Funktion*" kommen, finden Sie unter der 1. Direkten Analogie vielleicht Beispiele wie Igel, Stinktier, Rose, Biene, *Strauß*: Kopf in den Sand stecken, Mimikri, …

Fortfahrend mit dem Verhalten des Strauß', könnten Sie auf die Buch-Titel „Mißtrauisches Geborgensein", „Ängstlicher Mut", „Schutzlose Sicherheit", „*Dumme Cleverness*" kommen.

In einem Sachbuch „Dumme Cleverness" könnte es sich um Sensoren, Computer, Roboter, Tonbandkassetten, Dampfkochtöpfe, Autopiloten, Abhöranlagen, eine Fliehkraftkupplung oder Mausefallen drehen. Die **EX**amination der *Mausefalle* brächte z. B. folgende Aspekte: Überraschung, Lockmittel, Gelenk in Schwebe, Feder und Spannvorrichtung. Versuchen Sie jetzt ein eigenes Force Fit!

Wegen der benötigten Zeit für die synektische Exkursion werden Sie vielleicht fragen: „Geht es nicht kürzer? Kann man den langen Verfremdungsprozeß auch durch eine einzige Analogie ersetzen und dann gleich mit dem Force Fit beginnen?" Durchaus. Dann sind wir aber wieder bei der Reizwortmethode. Die Verfremdung bei der Synektik geht aber viel weiter (Schlicksupp 1989, S. 125) und hilft uns,

○ die Fixierung auf eine bestimmte Lösungsrichtung zu überwinden,

○ Hemmungen und Blockaden in der Gruppe abzubauen,

○ sensibler und kreativer zu werden (bei Persönlichen Analogien fühlen wir uns in etwas hinein, bei Symbolischen Analogien finden wir andere Gesichtspunkte),

○ problemtypische Strukturelemente weiterzutragen (die auf das Problem rückübertragenen Begriffe sind wahrscheinlich ergiebiger als zufällige Reizwörter).

Wenn wir etwas abkürzen wollen, dann bietet sich auch eine andere Methode an, die Semantische Intuition (Schlicksupp 1989 und 1993). Semantik ist die Wortbedeutungslehre, Intuition ist Eingebung, ahnendes Erfassen, die unmittelbar ganzheitliche Sinneswahrnehmung. Durch Wortverknüpfungen versucht man, neue Realitäten zu schaffen. Anstatt erst zu erfinden und dann der Erfindung einen Namen zu geben, wird aus einem erfundenen Namen eine Erfindung abgeleitet. Hierzu gehört das Beispiel Phantasiemaschinen (Kirst 1971, S. 100) auf der nächsten Seite, das uns noch einmal an die Bionik erinnern soll.

Viel Spaß beim Fortsetzen!

Synektik dürfte für die Klassen 7 und 8, die viel Regelwissen erwerben müssen, eine befriedigende Unterrichtseinheit darstellen. Sie könnte sich sogar bis zum fächerübergreifenden Unterricht in Deutsch, Werken / Kunst, Biologie und Physik ausbauen lassen, falls die Fachkollegen experimentierfreudig und kooperativ sind.

Maschinen		Phantasiemaschinen		
		Name	Kombination aus	Zweck
1 Uhr	2 Fahrrad	Wühlwespe	3, 4, 14	gräbt, fliegt, sortiert
3 Bagger	4 Flugzeug	Luftloch-strampler	2, 4, 16	fliegt, bohrt, fährt
5 Walze	6 Raupe			
7 Schiff	8 LKW			
9 Rakete	10 Tachometer			
11 Gebläse	12 Presse			
13 Nähmaschine	14 Sortiermaschine			
15 Zentrifuge	16 Bohrmaschine			

8. Morphologischer Kasten

 ## 8.1 Hintergrund: Problemzerlegung

Bisher haben wir mit Brainstorming, Brainwriting, den Methoden des Entrinnens, Synektik und zuletzt mit der Semantischen Intuition schöpferisch-
intuitive Methoden behandelt. Nun wollen wir uns einigen systematisch-
analytischen Methoden zuwenden. Zwar nicht der Netzplantechnik oder
der statistischen Versuchsplanung, aber solchen Techniken, die ein Problem-
feld systematisch in Einzelfelder aufgliedern und die dann einen kreativen
Schluß zulassen. Hierzu zählen der Morphologische Kasten, die Morphologische Matrix, das Morphologische Tableau, Attributive Listing und die
Funktionsanalyse. Diese Methoden haben den gleichen Hintergrund.
Den Boden für die Morphologie haben mehrere Denker bereitet: Raimundus
Lullus (s. Kapitel 10.4), aber auch René Descartes (1596–1650).
Zu Descartes' Grundregeln systematischer Erkenntnisfindung (Discours de
la Méthode) zählten:

○ „Zerlege jedes zu untersuchende Problem in so viele Teile als möglich …
○ Ordne deine Gedanken. Beginne mit den einfachsten und arbeite dich
   dann Schritt für Schritt …
○ Stelle eine möglichst vollständige Liste aller Fakten zusammen und
   verschaffe dir einen so umfassenden Überblick, daß du sicher bist, nichts
   ausgelassen zu haben …"

Als Erfinder der Morphologischen Methoden kann trotzdem der Schweizer
Physiker und Astronom Fritz Zwicky (1898–1974) gelten. Er war Professor
am California Institute of Technology in Pasadena, Hauptastronom an den
Sternwarten Mount Wilson und Mount Palomar. Er arbeitete über extraga-
laktische Sternensysteme, entdeckte 20 Supernovä in Spiralnebeln und sagte die Existenz von Spiralnebeln voraus. Zusammen mit seinen Mitarbeitern
gab er einen 6bändigen „Katalog von Galaxien und Clustern von Galaxien"
heraus. Alle seine wissenschaftlichen Erfolge errang er mit der morphologischen Methode, für die er mit missionarischem Eifer immer neue Anwendungen suchte (Zwicky 1966), so für:

○ sämtliche Möglichkeiten der Energieumwandlung,
○ die bestmögliche Organisation von Betrieben,
○ sämtliche Arten regelmäßiger Polyeder,
○ Rechtsfragen bei der Nutzung des Weltraums,
○ die Erfindung neuer Treibstoffe,
○ kulturelle und wirtschaftliche Aspekte von Briefmarken,

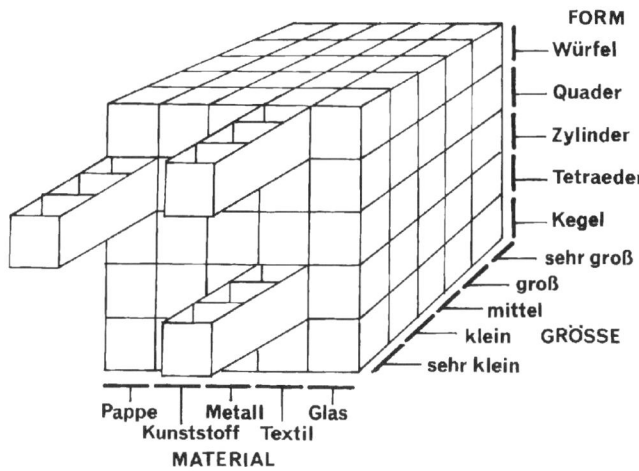

Morphologischer Kasten für Verpackungen

○ die Nachbeschaffung fehlender Zeitschriften für kriegszerstörte deutsche Bibliotheken,
○ die Fortbewegung unseres Sonnensystems.

Morphologie ist die Lehre von den Formen, Strukturen, Gestalten. Es war
wieder einmal der Geheimrat von Goethe, der den Begriff Morphologie in
den deutschen Sprachgebrauch einführte. In seinem Sinne dürfen wir Morphologie auch als „Lehre vom geordneten Denken" deuten. Aber wie sieht
denn nun ein Morphologischer Kasten aus? Enttäuschend und täuschend
ähnlich wie ein Kasten, also ein Quader (und nicht unbedingt ein Würfel)
mit Schubfächern für geordnete Inhalte (s. oben). Der Kasten ist laut Zwicky
nicht auf drei Dimensionen beschränkt, aber nur so ist er als Kasten anschaulich. Zur Anwendung kommt er meist sogar nur zweidimensional, als
Morphologische Matrix (s. S. 106).
Die leere Matrix stammt von Zwicky. Wenn sie ausgefüllt ist, enthält sie
10 x 10 Beispiele für Energieumwandlungen. Zwicky hatte vor, für jede
dieser 100 Energieumwandlungen drei typische Beispiele zu finden, im
mikroskopischen, im makroskopischen und im kosmischen Bereich. Die
300 Beispiele könnten unterteilt werden in für die Energiewirtschaft wichtige und in für die Konstruktion von Meß- und Kontrollinstrumenten nutz-
bare. Das Thema ist immer noch aktuell. Sie können sich mit dem Ausfüllen
leerer Felder einen Namen machen. Oder versuchen Sie doch einmal, die
energieverbrauchenden Gegenstände Ihrer Umgebung wie eine Quarzuhr,
eine Standuhr, eine Lampe, eine Klingel in die Matrix einzuordnen. Wußten

		kinetische	elast.	grav.	thermische	elektrische	mag-netische	chemische	Strahlungs-	Kern-	Ruhe-
		E1	E2	E3	E4	E5	E6	E7	E8	E9	E10
kinetische	E1	Wasserrad Segelboot			Zündstein	Generator			Meteor		
elastische	E2	Armbrust Uhrfeder			Gummi						
gravitat.	E3	Wasserfall Skilaufen									
thermische	E4	Dampf-maschine				Thermo-dynamik					
elektrische	E5	Elektromotor				Trafo Gleichrichter		Akku	Sender Laser		
magnet.	E6	Elektromotor									
chemische	E7	Ernährung Rakete			Ofen Oxidation Schießpulver	Batterie Brennstoff-zelle		Mineralien Proteine Leben	Chemo-lumineszenz Glüh-würmchen		
Strahlungs-	E8	Solarauto			Solar ...	Fotozelle		Fotosynthese Fotografie	Laser		
Kern-	E9	U-Boot			Atomkraft-werk	Atomkraft-werk					
Ruhe-	E10	Zerstrahlung									

Morphologische Matrix für 100 Energieumwandlungen

Sie, daß die Mechanik einer Standuhr mit Gewichten auf den mittelalterlichen Bratenwender zurückgeht? Ein findiger Knappe wird das ewige Kurbeln des Ochsens im Kamin satt gehabt haben und hat die Untersetzung und das Steingewicht erfunden.

Wir können uns mit Zwicky nur wundern, daß die morphologische Systematik nicht ein selbstverständliches Arbeitsmittel ist. Tatsächlich gab es außer Raimundus Lullus (Kapitel 10.4), Descartes, Faraday (s. Bugdahl 1991) und Lothar Meyer (Kapitel 10.2) nur wenige konsequente Anwender. Bei den beiden bisher gezeigten Anwendungen diente die Morphologische Methode der Feldüberdeckung. Die Schubfächer des Kastens waren gleichberechtigt.

 ## 8.2 Lernziel: Problemlösen durch Strukturierung und Zwangsverknüpfung

Wenn wir die 1. Kastenreihe für Parameter (unabhängige Merkmale) reservieren und in den übrigen Schubfächern Ausprägungen dieser Parameter sammeln, löst der Kasten auch andere Aufgaben. Ein Parameter ist wie ein Stellknopf, z. B. ein Lautstärkeregler bei einem Radio. Ausprägungen dieses Parameters wären z. B. aus, leise, Zimmerlautstärke, laut, sehr laut.

Die Tabelle auf S. 108 zeigt einen zweidimensionalen Morphologischen Kasten zum Thema Hausbau.

Zu jedem der 11 Parameter wurden Ausprägungen gesammelt. Nach der so erreichten Feldüberdeckung gibt es mehrere Nutzungsmöglichkeiten:

1. Standortbestimmung:
   Die den status quo treffenden Ausprägungen werden hervorgehoben, z. B. eingekreist.
2. Standortveränderung:
   Ausgehend vom 1. Parameter wird mindestens eine andere Ausprägung hervorgehoben.
3. Parameter-Optimierung:
   Die wünschenswertesten Ausprägungen pro Parameter werden zeilenweise eingekreist.
4. Ideenfindung durch Zwangsverknüpfung:
   Die besten Ausprägungen nach 3. werden miteinander verbunden.

Damit haben wir die Vielseitigkeit der Morphologischen Methoden umrissen. Sie eignen sich als Problemlösetechniken sehr gut bei Kombinationsproblemen. Voraussetzung ist, daß
○ das Problem eindeutig definiert ist,
○ die Elemente (Parameter) voneinander unabhängig sind,

Parameter ↓	Ausprägungen →							
Grundriß (Grobkontur)	Quadrat	Rechteck	L-Form	T-Form	U-Form	Atrium-Form	Rund-Form	(Oktogon)
Stockwerke, Anzahl	1 Geschoß	1 Geschoß plus Kniestock	(2 Geschosse)	2 ½-Geschosse				
Dachform	Flachdach	Pultdach	Satteldach	Mansardendach	Walmdach			
Dachmaterial	(Frankfurter Pfanne)	Biberschwanz	Schiefer, natur	Kunstschiefer	Eternit-Ziegel	(Krüppel-Walmdach)		
Fassaden-Material	(Rauhputz)	Feinputz	Schindeln	Klinker	Verblender	LM-Fassaden-Elemente	Natur-stein	
Fenster-Form	(Rechteck-Fenster)	Stichbogen	Rundbogen					
Unterkellerung	(Voll unterkellert)	Teilunterkellert	Ohne Keller					
Fußboden, Eingangsbereich	Holzbohlen	(Parkett)	Kunststein	Marmor	Solnhofener Platten	Teppichboden	Linoleum	
Aufgangs-Treppen	Wendeltreppe	(Freie Treppe)	Geschlossene Treppe					
Heizung, Energieart	Öl	(Gas)	Strom					
Heizwärme-verteiler	Fußbodenheizung	Radiatoren	Warmluftkanäle	(Mischform)				

Einsatz des Morphologischen Kastens bei der Planung eines Einfamilien-Wohnhauses (aus Morphos von Schlicksupp)

○ die denkbaren Lösungsvorschläge (Kombinationen von Ausprägungen) erst einmal kritiklos registriert werden.

Die Methoden stehen der herkömmlichen Denkweise nahe. Sie sind deshalb einleuchtend und sofort einsetzbar. Mit ihrer Hilfe lassen sich manche Probleme auch im Alleingang lösen. Selbst ein ziemlich unvollständiger Morphologischer Kasten ist nicht selten eine erstaunliche Hilfe für die tägliche Praxis. Schließlich kann der Morphologische Kasten auch dazu dienen,

○ sich den vollen Umfang eines Problems klarzumachen (gegen Einseitigkeit) oder

○ bei einer Fülle von Lösungswegen Prioritäten zu setzen (gegen Verzettelung).

Allein die Systematik ist ein hervorragender Schutz für den Anwender des Morphologischen Kastens, da ihm Einseitigkeit oder Verzettelung nicht vorgeworfen werden können. Im Gegenteil: Die Systematik beeindruckt Vorgesetzte, gibt ihnen Anregungen, wie sie selbst weiter anregen können, spart ihnen Zeit durch den tabellarischen Überblick und hilft entscheiden.

 ## 8.3 Prinzip der Methoden Morphologie, Funktionsanalyse, Attributive Listing

Morphologischer Kasten

Das Ablaufschema für den Morphologischen Kasten (s. S. 110) ist zwar leicht verständlich, aber das Prinzip erklärt sich am leichtesten und einprägsamsten mit einem humorvollen Beispiel wie dem auf S. 111 gezeigten.

Legen Sie die Seite 111 als Folie auf, decken Sie alle Zeilen außer der ersten ab, und fragen Sie dann die Schüler, wer der Titelheld sein soll. Reagieren Sie auf den ersten Zuruf und kreisen Sie das genannte Feld (z. B. Kammerjäger) ein. Gibt es mehrere Nennungen, lassen Sie abstimmen. Sollten akzeptable Vorschläge kommen, die in der Matrix nicht enthalten sind, weisen Sie sie nicht zurück, sondern nehmen Sie sie auf. Dann decken Sie die 2. Zeile auf und kreisen auf Zuruf wieder eine Ausprägung ein usw. Nachdem Sie in der letzten Zeile eine Ausprägung für den Parameter „Happy End" gewählt haben, verbinden Sie die eingekreisten Ausprägungen. Nun ist der Krimi fertig und muß nur noch erzählt werden. Fragen Sie nach Freiwilligen und lassen Sie bis zu drei Versionen vortragen, die sich aus den gewählten und dann zwangsverknüpften Ausprägungen konstruieren lassen. Die Schüler werden begeistert mitmachen und nun für immer wissen, wie der Morphologische Kasten funktioniert.

1. Aus dem zu lösenden

2. abstrahiert man das

3. Das Grundproblem wird zerlegt in seine

   (Merkmale: sie können relativ unabhängig voneinander variiert werden)

4. Für jeden Parameter werden – unabhängig vom aktuellen bzw. Grundproblem – zusammengestellt alle (→ „Morphologischer Kasten")

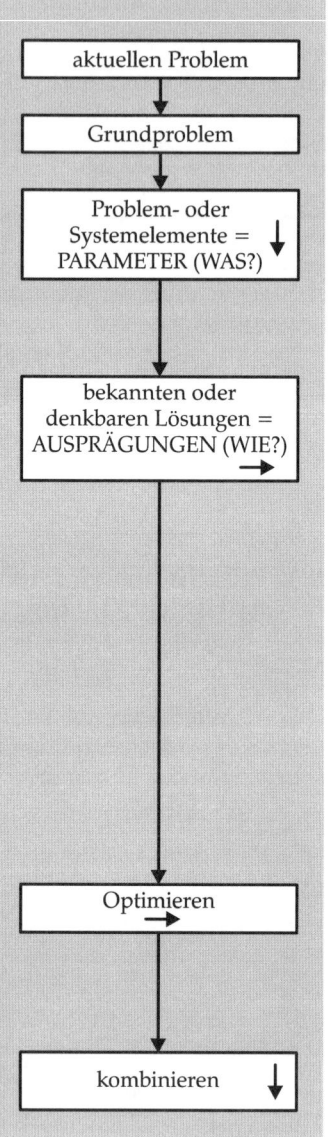

5. Für jeden Parameter werden – zunächst unabhängig von den anderen – Ausprägungen ausgewählt, die im Hinblick auf das aktuelle Problem mit seinen Kriterienvorgaben optimal erscheinen.

6. Die optimalen Ausprägungen aller Parameter sind in vertikaler Richtung zu

Ablaufschema: Problemlösen mit dem Morphologischen Kasten

Parameter →	Ausprägungen →									
Titelheld	Journalist	Kriminalrat	Playboy	Sportler	Gangster	Oberst a. D.	Student	Filmstar	Kammerjäger	Gastarbeiter
Emordeter	Reiche Ehefrau	Stadtrat	teures Rennpferd	Minister	Double	Wermutbruder	Spion	Vorgesetzter	Prostituierte	Showmaster
Todesursache	Erschrecken	Erschießen	Erdolchen	nicht feststellbar	Selbstmord (erzwungen)	Von Klippe gestürzt	Gift	gespielter Unfall	Erwürgen	Erhängen
Ort der Handlung	London im Nebel	Pariser Nachtclub	Altersheim	Golfplatz	Hawaii	Sierra Madre	Frankfurter Börse	Urwald	Arbeitsplatz	Niemandsland
Mörder	Erbe (männlich oder weiblich)	Gärtner	Titelheld	Bezahlter Killer	Pfarrer	Kellner	Konfirmandin	Mafia-Boss	Tante Hedwig	Fabrikant
Motiv	Geldgier	Blutgier	Neugier	Gewohnheit	erotischer Kitzel	aus Versehen	Vergeltung	Mitwisser beseitigen	in Trunkenheit	Ermordeter hatte Pickel
Aufklärung durch	Zufall	Indizien	Verstand des Titelhelden	Selbstanzeige	nie aufgeklärt	Spuren im Schnee	geheimes Schriftstück	Geheimdienst	Zeuge	Traumerscheinung

Morphologische Matrix für ca. 80 Millionen Kriminalromane

Neue Ideen entstehen durch die Zwangsverknüpfung an sich (oder in sich) optimaler Ausprägungen, die in summa aber nicht harmonieren. Es entstehen Kombinationen, die wir üblicherweise nicht ernst nehmen. So dient der Morphologische Kasten also nicht nur dem vollständigen Erfassen eines Realitätsausschnitts, sondern regt auch zu kreativen Problemlösungen an. Sehen wir uns dazu noch ein Beispiel, die Verpackung von Edelmetall, an. Um den Absatz kleiner Mengen von Edelmetall zu fördern, muß man breite Käuferschichten interessieren. Eine Ware wird attraktiver, wenn sie sympathisch beworben, schön verpackt oder preiswerter wird. Aus der Morphologischen Matrix lassen sich viele neue Verpackungen ableiten, aber auch Ideen für neue Produkte. Die eingekreisten Ausprägungen ergeben den „Goldklumpen im Lederbeutel mit Echtheitssiegel" – Goldgräberromantik mit Verbraucherschutz, Sparstrumpf mit snob value, ein Geschenk von schwer abschätzbarem Wert. Weitere Beispiele werden wir in Kapitel 8.4 erarbeiten.

Morphologisches Tableau

Das Morphologische Tableau, auch Problemfeld-Darstellung oder Erkenntnismatrix genannt, gilt als Weiterentwicklung des Morphologischen Kastens, ähnelt aber sehr stark der Energieumwandlungs-Matrix von Altmeister Zwicky. Allerdings erhebt ein Morphologisches Tableau keinen Vollständigkeitsanspruch. Im Tableau stehen sich in Vorspalte und Kopfzeile nicht Parameter und Ausprägungen, sondern zwei Parameter gegenüber. Die Fächer enthalten die Ausprägungen.

Parameter WAS? ↓ / Ausprägungen WIE? →							
Verpackungsgut	Münze	Barren	Anhänger	Granulat	Nugget	integrierte Münze: z. B. als Radfelge, Brosche	
Gewicht des Inhalts	5 g	10 g	20 g	50 g	100 g	200 g	variabel
Form des Inhalts	flach, rund	flach, rechteckig	Quader	unregelmäßig	vieleckig	räumliches Objekt	oval
Form der Verpackung	Etui, Schachtel	Klarsichttasche	Beutel	Börse	Klarsicht, Würfel	Truhe, Ei, Apfel, Schwein	Bild (als Wandschmuck)
Material der Verpackung	Pappe	Kunststoff	Leder	Metall	Textil	Gummi	Holz
Öffnen der Verpackung	Aufklappen	Zerstören	Folie abziehen	entfalten	Schublade herausziehen	Aufreißstreifen ziehen	Druckknopf
Kennzeichnung der Verpackung	Etikett	Anhänger	Aufdruck	Prägung	Siegel	ohne, enthält Lupe zur Betrachtung des Inhalts	Deckeleinlage, Beipackzettel

Morphologische Matrix „Verpackung von Münzen, Barren usw. aus Edelmetall"

Funktionsanalyse

Diese Morphologie-Variante stellt zu erfüllende Funktionen (was?) und denkbare oder vorhandene Lösungen (wie?) gegenüber, wie hier für einen Staubsauger gezeigt. Die Funktionen sind dabei nicht auf technische begrenzt, sondern können auch z. B. organisatorische Funktionen (Bugdahl 1991, S. 77 f.) innerhalb des Schul-Managements ein.

Funktionen (was?) ↓	Lösungen (wie?) →				
Staub lösen	wischen	Wasser-strahl	Luftstrahl	statische Elektrizität	usw.
Staub entfernen	wegblasen	in Behälter schieben	ansaugen		
Staub sammeln	kompri-mieren	verpacken	statische Elektrizität	adsorbieren	
Staub vernichten	verteilen	verpacken	vermahlen	verbrennen	

Funktionsanalyse „Staubsauger"

Attributive Listing

Auch diese Methode von Robert Platt Crawford, ehemaliger Professor der Nebraska-Universität, ist mit dem Morphologischen Kasten eng verwandt. Wie beim Kasten wird der Gegenstand der Untersuchung in unabhängige Parameter oder Merkmale zerlegt. Zu diesen wird dann der Ist-Zustand der Ausführung aufgeführt. Dann sucht man andere Gestaltungsmöglichkeiten. Attributive Listing bietet sich an, wenn man ein vorhandenes Produkt (Konzept, Muster, Gegenstand, Verfahren usw.) verbessern will. Dazu gibt es zwei Möglichkeiten:

○ Einen Teil (oder einige Teile) des Produkts verändern oder
○ alle Teile verändern und ein gänzlich neues Produkt schaffen.

Sehen wir uns an, was die *systematische Variation* bei Rodelschlitten bewirken kann. Variatio delectat!

Merkmal	Derzeitige Ausführung	Andere Gestaltungsmöglichkeit
Rahmenmaterial	Holz	Metall, Gummi, Kunststoff
Kufen	Eisenband	ohne Band, Rahmenmaterial, Ski
Bug	spitz, hart	rund, gepolstert
Sitze	keine	Schalen verschiebbar
Lenkung	Gleichgewichtsverlagerung, mit den Füßen im Schnee	Leine, die auch zum Ziehen dient, bewegt vorderen Teil der Kufen
Bremse	keine	Hebel hebt Schlitten hoch, so daß Kufen außer Zugriff; Schlitten steht auf vier Beinen; Bremse wie bei Fahrrad
Abstandshalter seitlich	keine	Gummiwulst, ausklappbare elastische Kelle
Warnvorrichtung	keine	Hupe, Lichtsignal, Flagge
Anhänger	keiner	Kupplungen für beliebig lange Schlittenzüge

Attributive Listing „Rodelschlitten"

 ## 8.4 Praktische Übungen

Der Hunger in der Welt muß dringend gestillt werden. So sucht man nach genügsamen Pflanzen, die sich für die Ernährung eignen, züchtet ertragreichere Sorten und züchtet neue Arten. Dabei kann eine morphologische Matrix helfen.

○ Machen Sie ein kurzes Brainstorming und notieren Sie alle Begriffe, die Ihnen zum Thema „Genügsame, eßbare Pflanze" einfallen. Wählen Sie aus dieser Liste die Parameter aus, also die Systemelemente, die eine wesentliche und von anderen unabhängige Funktion für eine Nutzpflanze besitzen.
○ Zeichnen Sie sich eine Tabelle, und schreiben Sie die Parameter in die 1. Spalte untereinander.
○ Suchen Sie zu den Parametern möglichst viele Ausprägungen, und tragen Sie sie in die Tabelle ein.
○ Optimieren Sie zellenweise mit der Zielrichtung genügsam, ergiebig.

○ Verbinden Sie die ausgewählten Ausprägungen, und überlegen Sie, ob es eine solche Pflanze schon gibt oder welche Pflanze Ähnlichkeiten aufweist.

Wir haben die Übung auch gemacht und sind zu folgender Tabelle gekommen. „Unsere" Pflanze hat Ähnlichkeit mit Edelweiß oder Brennessel. Brennessel ist vielleicht keine schlechte Idee, an Edelweiß müßte man noch etwas herumdenken.

Parameter WAS? ↓	Ausprägungen WIE? →					
Wachstumsmedium	(Stein)	Lehm	Humus	Wasser		
Wachstumsgeschwindigkeit	langsam	mittel	(schnell)			
Wasser	weich	hart	kalt	(schmutzig)		
Dünger	organisch	Nitrat	Mischung	(ohne)		
Klima	feucht	warm	heiß	kalt	wechselnd	(egal)
Energie	(Sonne)	Heizung	Mond	UV		
Nutzbare Teile	Wurzel	Stiel	Blätter	Samen	Früchte	(alles)
Ernte	fällt ab	(schneiden)	pflücken	zupfen	pressen	extrahieren

Morphologische Matrix „Suche nach Pflanzen für die Ernährung"

Wenn wir schon beim Essen sind, noch ein Vorschlag für eine publikumswirksame Übung. Stellen Sie doch einmal einen Morphologischen Kasten „Menü" mit den Parametern Vorspeise, Suppe, Fleisch, Fisch, Vegetarische Komponente, Beilagen, Dessert, Käse, Getränke zusammen. Noch eine Übung: Verändern Sie die Schulzeitung!

8.5 Morphos

Helmut Schlicksupp und Roland Fahle haben die morphologischen Methoden mit dem Computer kombiniert. MORPHOS, bestehend aus Methodenhandbuch, Bedienerhandbuch und PC-Software, ist eine moderne Erweiterung der ohnehin vielfältigen Möglichkeiten, die die Morphologie bietet. Der Computer bringt mit seinen Speichermöglichkeiten, mit seiner Strukturierung und seiner Schnelligkeit im Suchen, Vergleichen, Kopieren, Versetzen und Ausdrucken ungeahnte Vorteile. Man kann z. B. Parameter und Ausprägungen als Erfahrungen für andere Matrizen speichern, auch sehr umfangreiche Matrizen mit z. B. 200 Parametern leicht bearbeiten usw. Die Einbeziehung des Computers lag nahe, könnte man nachträglich sagen. Aber tatsächlich nur nachträglich – wie bei vielen wichtigen Entdeckungen und Erfindungen. Einsichten sind unsymmetrisch, wie wir schon früher festgestellt haben. Nach der Einsicht haben wir rückblickend einen hübschen Panoramablick, vor der Einsicht versperrt uns der Blockerberg die Sicht. Wir halten MORPHOS für bedeutend und empfehlenswert. Die Software kostete 1994 490 DM und ist beim Vogel Buchverlag Würzburg zu beziehen. Wenn Sie den Verlag anschreiben, erhalten Sie für 28,– DM eine Demonstrationsdiskette, die sich auch zur Einführung der Morphologie im Unterricht eignet.

 ## 8.6 Hinweise für den Unterricht

Unsere Tips haben wir im Interesse einer genüßlicheren Lesbarkeit schon bei der Erklärung des Prinzips (8.3) und bei den Übungen (8.4) verraten. Bleibt nur noch der Hinweis auf die Schwierigkeit, Parameter und Ausprägungen sauber zu trennen. Daran hängt der ganze Erfolg der morphologischen Methoden.

Beim Erzeugen von Kriminalromanen oder bei der Zusammenstellung einer Speisenfolge fällt das Erkennen von Parametern leicht. Bei unserem Pflanzenbeispiel war es schon schwerer. Kompliziert wird es bei Themen wie Waschmittel, Autos usw. mit zusammengesetzten Größen wie Preis oder Gewicht. Weder Preis noch Gewicht sind unabhängig, denn sie werden von den eingesetzten Grundstoffen bestimmt. In die Matrix gehören also nicht die Mischgrößen, sondern deren Einflußgrößen.
Scheuen Sie sich nicht, eine morphologische Matrix während der Suche nach Ausprägungen noch abzuändern, sobald Sie merken, daß ein vermeintlicher Parameter eigentlich eine Ausprägung ist.
Zwei Varianten der morphologischen Methoden haben wir noch nicht erwähnt: Die *Sequentielle Morphologie* ist eine Kombination von Morphologischem Kasten und Bewertungsverfahren. Sie hilft Probleme lösen, ist aber zugleich ein Entscheidungsverfahren. Eine ausführliche Beschreibung finden Sie bei Bugdahl 1990, S. 30.
Auf die *Konfliktmorphologie* kommen wir in Kapitel 9.3 zu sprechen.

Not macht erfinderisch (Sprichwort). Aber nur die Erfinderischen (Zusatz von Johannes Gross). Der Morphologische Kasten macht auch ohne Not erfinderisch, und nicht nur die Erfinderischen. Das behaupten die Autoren, und bitten Sie, uns so lange zu glauben, bis Sie es selbst wissen. In diesem Sinne ein letztes Morphologisches Tableau, das uns zugleich als eine kleine Wiederholung und Zusammenfassung dienen soll:

P2: P1: Methoden	Durch-schnittli-che Dauer (Min.)	Zahl der Teilneh-mer	Notwen-dige Er-fahrung	Anforde-rung an Modera-tor	Protokoll
Brainstor-ming	15–45	5–10	gering	mittel	Flipchart/ Tafel
635	30–45	6 (5–7)	gering	gering	Formular
Collective Notebook	1 Monat	beliebig	gering	mittel	Notizbuch
Kärtchen-befragung	30	beliebig	gering	gering	Kärtchen/ Wand
Brainwriting-Pool	30	5–8	gering	gering	Formular
Galerie-Methode	45–60	5–12	mittel	mittel	DIN-A1-Bögen
Reizwort-technik	15–30	5–10	gering	mittel	Flipchart/ Tafel
CAC	60–360	1–10	gering	gering	Computer
Synektik	120–480	5–12	mittel	hoch	Flipchart/ Tafel
Morphologie	30–lange	3–beliebig	mittel	mittel	Matrix, Tableau
MORPHOS	30–lange	1–10	mittel	gering	Computer

9. Konfliktlösen

Probleme mit Menschen nennen wir im Unterschied zu denen mit Sachen Konflikte. Das Thema Konfliktlösen verlangte wegen seiner Wichtigkeit einen eigenen breiteren Rahmen, darf aber aus dem gleichen Grund nicht einfach unter den Tisch fallen. Lassen Sie uns hier wenigstens einen kleinen Beitrag zum kreativen Konfliktlösen leisten.

„Der Geist der Gewalt ist so stark geworden, weil die Gewalt des Geistes so schwach geworden ist." (Leonhard Ragaz)

Teamwork
There are four People named Everybody, Somebody, Anybody and Nobody. There was an important job to be done and Everybody was asked to do it. Everybody was sure Somebody would do it. Anybody could have done it, but Nobody did it. Somebody got angry about that, because it was Everybody's job. Everybody thought Anybody could do it but Nobody realized that Everybody wouldn't do it. It ended up that Everybody blamed Somebody when Nobody did what Anybody could have done.

9.1 Hintergrund: Soziale Fallen

Was ist das, eine soziale Falle?
Etwas Ähnliches wie eine Mausefalle, ein Mechanismus, der Freßgier bestraft. Der Mechanismus der sozialen Falle schnappt jedoch nicht über hungrigen Mäusen, sondern über hab- und machtgierigen Menschen zu. Egoistische Menschen erreichen nicht ihr Ziel, sondern das Gegenteil: Anstatt die erstrebten Güter zu erlangen, wird durch ihr Verhalten der Besitz für sie unerreichbar oder schwieriger erreichbar. Das hört sich trostreich und gerecht an. Tatsächlich sind die Fallen am Ende grausam gegen jeden. Eine soziale Falle ist nur das bittere Ende eines schlecht gelösten sozialen Dilemmas.
Unter einem sozialen Dilemma versteht man eine Konflikt- und Entscheidungssituation, in der die Parteien einzeln versuchen, ihre Interessen optimal zu verwirklichen und dabei schlechter fahren, als wenn sie sich geeinigt hätten.
An vier Beispielen werden wir sehen, wie egoistisches Beharren im Falle eines gesellschaftlichen Dilemmas zwangsläufig in die Falle führt. Und zwar immer dann, wenn es nicht nur einen Sieger und einen Verlierer gibt. Bei einem Nullsummenspiel ist der Verlust des einen der Gewinn des

anderen, die Niederlage des einen der Gewinn des anderen. Bei gesellschaftlichen Konflikten gibt es glücklicherweise häufig Situationen, in denen nicht nur einer auf Kosten des anderen gewinnen kann, sondern beide, z. B. durch Erschließen eines gemeinsamen dritten Weges.

Das Gefangenen-Dilemma

Diese öfter zitierte Geschichte handelt von zwei Personen, die als verdächtige Bankräuber verhaftet wurden. Der Untersuchungsrichter verhört beide getrennt und läßt sie zwischen drei Möglichkeiten wählen:

1a. Wenn Sie die Tat zugeben und Ihr Komplize leugnet, gehen Sie straffrei aus, und der Komplize bekommt 10 Jahre Gefängnis.

1b. Wenn Ihr Komplize die Tat zugibt und Sie leugnen, geht er straffrei aus, und Sie bekommen 10 Jahre Gefängnis.

2. Wenn Sie beide geständig sind, bekommen Sie beide je 5 Jahre Gefängnis.

3. Wenn Sie beide leugnen, kann man Sie nicht wegen Bankraub verurteilen. Aber Sie bekommen jeder ein Jahr wegen einer kleineren Sache.

Im Interesse einer besseren Übersicht wollen wir uns die Möglichkeiten noch einmal in einer Matrix ansehen.

1. Gefangener	2. Gefangener	
	gesteht	leugnet
gesteht	5/5	0/10
leugnet	10/0	1/1

Prisoner's dilemma, Vier-Felder-Matrix als Entscheidungshilfe (Hankiss 1983, S. 14)

Wie werden die Gefangenen entscheiden?

Jeder strebt natürlich den größtmöglichen Nutzen und den kleinstmöglichen Schaden für sich an, verfolgt also eine Maximin- (oder Minimax-)Strategie. Und jeder überlegt für sich, ob es eine dominante Strategie gibt, d. h. eine Entscheidung, die besser zum Ziel führt als alle anderen.

Es scheint so, als ob ein Geständnis zum besten Nutzen-Schaden-Verhältnis führt, nämlich zu 0 : 5 Jahren. Leugnen führt bestenfalls zu einem Jahr Gefängnis, schlechtestenfalls zu 10 Jahren, also zu 1 : 10. Ein Geständnis verhütet nicht nur das Schlimmste (10 Jahre), sondern ist auch *unabhängig von der Entscheidung des anderen* eine sichere Entscheidung.

Ein Geständnis ist aber trotzdem nicht die beste Entscheidung, da es sich hier nicht um ein Nullsummenspiel handelt, bei dem jeder nur auf Kosten des anderen gewinnen kann (Alternative 1a und 1b).

Beide Gefangene können aus einer äußeren Quelle gewinnen, aus dem Gesetz, das im Zweifel für den Angeklagten entscheidet (Alternative 3). Das funktioniert aber nur bei gegenseitigem Vertrauen. Solange beide, jeder für sich, ihre egoistische dominante Strategie verfolgen, bleiben sie in den Grenzen des Nullsummenspiels gefangen:

Sie bekommen zusammen 10 Jahre, nämlich 10 + 0 oder 0 + 10 oder 5 + 5.

Nur bei vertrauensvoller Zusammenarbeit brechen sie aus dem Nullsummenspiel aus (1 + 1) und gewinnen damit gemeinsam 8 Jahre. Das sind für jeden 4 gewonnene Jahre, aber dieses Ergebnis läßt sich nur als ein gemeinsamer Gewinn von 8 Jahren erzielen – unter folgenden Voraussetzungen:

1. Beide vertrauen einander.
2. Beide wissen, daß sie einander vertrauen.

Fehlt das Vertrauen, gibt es nicht nur die schlechtere Lösung 5 + 5, statt 1 + 1, sondern es gibt auch keinen Rückweg. Sobald nur ein Gefangener gestanden hat, wird auch der andere gestehen wollen, um das Schlimmste zu verhüten (10 Jahre).

Also auch der zur Kooperation Bereite wird zu egoistischem Handeln gezwungen.

Bei mangelndem Vertrauen haben die Parteien keine Freiheitsgrade mehr. Die soziale Falle schnappt über ihnen zu.

Das traurige Ende der Gemeindeweide

Der Biologe Garret Hardin beschrieb das soziale Dilemma der Bevölkerungsexplosion an folgendem Beispiel:

Zehn Bauern eines Dorfes haben je eine Kuh. Ihre 10 Kühe grasen auf der Gemeindeweide und haben (der Einfachheit halber) alle das gleiche Gewicht von 1 000 Pfund, also zusammen 10 000 Pfund. Eines Tages kommt ein Bauer auf die Idee, noch eine zweite Kuh auf die Gemeindeweide zu schicken, um seinen Nutzen zu verdoppeln.

Jetzt grasen 11 Kühe auf der Weide. Pro Kuh gibt es weniger Gras, und deshalb erreichen die Kühe nur noch ein Gewicht von 900 Pfund. Der Bauer mit 2 Kühen gewinnt 800 Pfund hinzu (2 x 900 statt 1 000), alle anderen verlieren 100 Pfund. Zusammen verlieren sie noch einmal 100 Pfund, weil 11 x 900 nur 9 900 Pfund und nicht 10 000 Pfund sind. Es dauert nicht lange, bis ein zweiter Bauer, ein dritter und schließlich alle Bauern noch eine Kuh weiden lassen. Was dabei passiert, ist auf S. 122 links gezeigt.

Anzahl der Kühe auf der Weide	Gewicht pro Kuh (Pfund)	Gesamtgewicht beider Kühe eines Besitzers (Pfund)	Zusatznutzen durch die 2. Kuh (Pfund) gegenüber ursprünglichem Zustand	Gesamtgewicht aller Kühe (Pfund)	Gesamtverlust auf der Weide (Pfund)
10	1 000	–	–	10 000	–
11	900	1 800	800	9 900	100
12	800	1 600	600	9 600	400
13	700	1 400	400	9 100	900
14	600	1 200	200	8 400	1 600
15	500	1 000	0	7 500	2 500
16	400	800	– 200	6 400	3 600
17	300	600	– 400	5 100	4 900
18	200	400	– 600	3 600	6 400
19	100	200	– 800	1 900	8 100
20	0	0	– 1 000	0	10 000

Das traurige Ende der Gemeindeweide

Anzahl der Kühe auf der Weide	Gewicht pro Kuh (Pfund)	Gesamtgewicht beider Kühe eines Besitzers (Pfund)	Zusatznutzen durch die 2. Kuh (Pfund)	Gesamtgewicht aller Kühe (Pfund)	Schaden der Gemeinde = Strafe (Pfund)	Zusatznutzen durch die 2. Kuh minus Strafe (Pfund)
10	1 000	–	–	10 000	0	0
11	900	1 800	800	9 900	100	700
12	800	1 600	700	9 600	300	400
13	700	1 400	600	9 100	500	100
14	600	1 200	500	8 400	700	– 200

Erhaltung der Gemeindeweide durch Schadensbeteiligung

1. Bei einer kooperativen Strategie haben alle 10 Bauern den größten Nutzen, zusammen 10 000 Pfund.
2. Je mehr Bauern egoistisch einer desertierenden Strategie folgen, um so stärker fällt der gemeinsame Gewinn – von 10 000 bis auf 0 Pfund.
3. Je mehr Bauern egoistisch handeln, um so stärker fällt der Gewinn der kooperativ Handelnden von 1 000 auf 0 Pfund.
4. Je mehr Bauern egoistisch handeln, um so stärker fällt auch der Gewinn dieser Bauern (von 1 800 auf 0 Pfund). Für die ersten vier Bauern lohnt noch eine desertierende Strategie, weil sie 1 200 statt 1 000 Pfund gewinnen. Ab fünf Bauern lohnt die desertierende Strategie nicht mehr.
5. Obwohl es nicht lohnt, hat das Desertieren kein Ende. Die Strategie bringt nun zwar keinen Gewinn mehr, aber mildert wenigstens den Verlust. Der 5. Bauer hat die Wahl zwischen 600 Pfund mit einer Kuh oder 1 000 Pfund mit zweien. Der 6. Bauer entscheidet sich gegen 500 Pfund mit einer Kuh für 800 Pfund mit zweien usw. Der 9. Bauer kann gar nichts mehr gewinnen. Mit einer Kuh hat er 200 Pfund, mit zwei Kühen 2 x 100 Pfund. Wenn er dem Beispiel der anderen Bauern folgt (und auch der letzte Bauer), ist die Gemeindeweide tot.

Die soziale Falle ist zugeschnappt.

Dollar-Auktion

Dies ist ein von Martin Shubik (1971, S. 108 f.) erfundenes Spiel, bei dem folgende Regeln gelten:

1. Wer am meisten bietet, bekommt den Dollar.
2. Wer am zweithöchsten bietet, bekommt den Dollar nicht, muß aber die gebotene Summe an den Auktionator zahlen.
3. Die Gebote müssen sich um mindestens 5 Cent unterscheiden.
4. Das Spiel endet, wenn innerhalb einer Minute keine Gebote eingehen.

Am besten lernt man alle Varianten dieses Spiels kennen, wenn es von einer größeren Gruppe, z. B. in einer Klasse gespielt wird. Was passiert?
Die 1. Versteigerung verläuft meist noch ganz vorsichtig. Beispielsweise bietet B 20 Cent, A 30 Cent.
Ergebnis: A bekommt den Dollar und hat 70 Cent gewonnen (+ 70).
             B verliert 20 c (–20).
             Der Auktionator (C) bekommt 50 c für den Dollar,
             verliert also 50 c (–50).
Wir erkennen schon, hier liegt ein Nullsummenspiel vor, denn die Summe der Gewinne und Verluste beträgt Null.

$$70 \text{ (A)} - 20 \text{ (B)} - 50 \text{ (C)} = 0$$

Bei der *2. Runde* werden die Spieler meist mutiger.

Vielleicht bietet A 95 c, und glaubt, damit zwar einen kleinen, aber sicheren Gewinn zu erzielen. Denn B würde ja kein Geschäft mehr machen, wenn er 1 $ bietet. Das ist natürlich zu kurz gedacht. B verdient zwar nichts, wenn er einen Dollar für einen Dollar bekommt, aber er würde 90 c verlieren, wenn er A nicht überbietet. Die Summe ist wieder Null:

$$- 95 \text{ (A)} + 0 \text{ (B)} + 95 \text{ (C)} = 0$$

In der *3. Runde* sind die Spieler vielleicht schon bereit, die 1-$-Schwelle zu überschreiten. Wenn A 1 $ bietet, muß B 1,05 $ bieten, um seinen Verlust zu minimieren.

$$- 100 \text{ (A)} - 0,05 \text{ (B)} + 1,05 \text{ (C)} = 0$$

Bei der *4. Runde* ist man schon erhitzt und treibt die Auktion auf die Spitze. A bietet 4 $ und hat auch schon im selben Moment verloren. Denn solange noch jemand mitsteigert, wird der Rivale B zum Überbieten verleitet. Wenn B 4,05 $ bietet, hat er 3,05 $ Verlust. A verliert dagegen 4 $.

$$- 400 \text{ (A)} - 305 \text{ (B)} + 705 \text{ (C)} = 0$$

Nach einer solchen 4. Runde sollten die Spieler allmählich zur Vernunft kommen und Folgendes gelernt haben:
1. Ehrgeiz verwandelt sich unbemerkt in Rivalität.
2. Eskalation der Rivalität bringt den Spielern wachsende Verluste und nur dem Auktionator steigende Gewinne.
3. Nur Zusammenarbeit kann den Spielern Gewinne und dem Auktionator Verluste bringen.

Nach dieser Einsicht überlegen die Spieler, was wohl das Klügste wäre. Danach könnte die *5. und vorerst letzte Runde* so aussehen: Überlegen Sie oder die Schüler erst selbst, bevor Sie jetzt die Lösung lesen.
Eine Koalition der Spieler verabredet, daß nur einer 5 c bietet und alle anderen nichts. Damit gewinnt die Gruppe 95 c, die sie anschließend aufteilt. Wir wollen hier nicht der Absprache das Wort reden. Aber sobald einer der Spieler mit dem Teilgewinn aus der Koalition nicht mehr zufrieden ist – und z. B. 10 Cent bietet, um 90 zu gewinnen –, beginnt die Eskalation von neuem. Ganz wie bei Prisoner's dilemma.
Ist die Dollar-Auktion wirklich nur ein Spiel? Die Dollar-Auktion beschreibt sehr gut, wie der freie Markt funktioniert, wenn die Kräfte von Angebot und Nachfrage ungehindert wirken können. Käufer und Verkäufer stehen miteinander im Wettbewerb. Bei einem Käufermarkt kann es vorkommen, daß sich die Verkäufer verlustreich unterbieten.
○ Als Verkäufer in einen Markt einzudringen, kann teurer sein als ihn durch Bankrott zu verlassen.

○ Absprachen maximieren einseitig die Gewinne (und sind deshalb verboten).

Nun könnte jemand einwenden, daß es doch einen wichtigen Unterschied zwischen der Versteigerung eines Dollars und dem Verkauf von z. B. Ladekränen gibt. Nur der Käufer des Ladekrans zahlt. Der zweite Bewerber behält sein Geld und sieht sich anderswo um. Angenommen, Ladekräne sind knapp, und ein sehr reicher Unternehmer ist so interessiert an Ladekränen, daß er das Dreifache des gängigen Marktpreises zahlt. Damit werden die Kräne noch knapper und teurer.

Der zweite Bewerber kommt nun doch in die Position des Zweitbietenden bei der Dollar-Auktion. Und das gilt nicht nur für Kräne, sondern auch für den Kauf von Firmen. Für Pharmafirmen wurde 1992 als Kaufsumme z. B. der 50fache Jahresgewinn gezahlt, während einige Jahre davor noch „10 times earning" ausreichte.

Knappheit hat Rivalität zur Eskalation geführt. Die Falle ist über den Wettbewerbern zugeschnappt.

Möglichkeiten und Schwierigkeiten, gesellschaftlichen Fallen zu entgehen

Die eher spielerischen Beispiele
1. Gefangenen-Dilemma
2. Ende der Gemeindeweide
3. Dollar-Auktion
lassen ahnen, daß sie für ernste Probleme stehen. Abrüstung, Umweltschutz, Hungerhilfe, Asylrecht, Zusammenwachsen nach Wiedervereinigung, Forschungsethik sind solche Problemfelder.
Zur Vermeidung gesellschaftlicher Fallen sind
○ ungehemmter Informationsfluß
○ Schadensbeteiligung
○ Koalitionsbildung
○ zentrale Steuerung
wichtige Maßnahmen.

Ungehemmter Informationsfluß
Besonders bei den Beispielen Gefangenen-Dilemma und Dollar-Auktion spielt das gegenseitige Vertrauen eine wichtige Rolle, wie wir gesehen haben. Voraussetzungen für gegenseitiges Vertrauen sind:
1. Identische Beurteilung der Situation,
2. Fähigkeit zu rationalem Denken,
3. Berechenbares Verhalten in Krisensituationen oder bei Belastung,
4. Gleiche Interessenlage,

5. Gleiches Wertesystem,
6. Ständige Rückkoppelung aller Informationen, um 1–5 überprüfen zu können und um keine Mißverständnisse aufkommen zu lassen,
7. Öffentlichkeit.

Schadensbeteiligung

Am Beispiel Gemeindeweide haben wir gesehen, daß für die ersten vier Bauern das Desertieren lohnt. Diese Bauern haben auch ihren Schaden, wenn die Weide ruiniert ist, aber dann ist es zu spät. Wenn sie schon früher für den Schaden belangt werden, den sie durch ihre Handlungsweise verursachen, kommt die Kettenreaktion schon nach der 3. Desertation zum Stillstand (s. Tabelle S. 122 links). Der 4. Bauer hat die Wahl zwischen einer Kuh (700 Pfund) oder 2 Kühen (2 x 600 Pfund minus 700 Pfund Strafe) und wird es bei einer Kuh belassen.

Dieses System der Schadensbeteiligung nach dem Verursacherprinzip hat natürlich auch Nachteile. Die ersten Deserteure kommen zu billig davon. Das züchtet schnelle und findige Egoisten, die dann auch noch vor Nachrückenden geschützt werden.

Ein möglicher Nachteil der Schadensbeteiligung besteht darin, daß zu hohe Strafen selbst destruktiv wirken, wie dies z. B. beim Umweltschutz geschieht.

Koalitionsbildung

Am Beispiel Gemeindeweide könnte die Kettenreaktion nach dem 8. Bauern zum Stillstand kommen, weil der 9. nichts mehr gewinnen kann. Läßt sich die Kettenreaktion auch umkehren? Im Prinzip ja, aber praktisch nicht durch einzelne Bauern, sondern nur durch eine Koalition. Die Bauern wissen zwar, daß es insgesamt besser für sie ist, wenn weniger Kühe auf der Weide stehen, aber jeder einzelne Bauer hat einen Nachteil, wenn er seine 2. Kuh von der Weide nimmt. Das Problem ist also nur zu lösen, indem fünf Bauern gemeinsam beschließen, ihre 2. Kuh zu entfernen. Ihr Nutzen springt dann von 0 auf 500 Pfund/Kopf. Von der Koalition profitieren auch die Bauern, die weiterhin 2 Kühe auf der Weide haben. Sie erzielen dann 1 000 Pfund/Kopf. Dies ist persönlich nicht weiter steigerungsfähig, denn der 6. Bauer hätte auch dann nur 1 000 Pfund, wenn er der Koalition beitritt. Die Koalition der 5 Bauern ist übrigens sehr labil, denn das Desertieren lohnt sich nach wie vor für den Einzelnen. Die Kettenreaktion kann jederzeit wieder starten.

Das hier Gesagte gilt natürlich auch für die Dollar-Versteigerung und sinngemäß für andere soziale Fallen.

Zentrale Steuerung

In manchen Situationen genügen nicht einmal Koalitionen, egoistisches Verhalten einzudämmen, z. B. im Straßenverkehr. Ohne die zentrale Steuerung in Form der Straßenverkehrsordnung gäbe es noch viel mehr Staus und Unfälle. Andererseits kennen wir Fälle zentraler Steuerung, die direkt in soziale Fallen führen, z. B. viele Diktaturen.

Fazit

Es gibt also einige Möglichkeiten, soziale Fallen zu umgehen, aber sie sind nicht perfekt. T. C. Schelling (1971) meint sogar, die richtige Mischung von Kooperation und Desertion führe global zum größten Nutzen. Ob es nun die Schädlingsbekämpfung bei Pflanzen oder Schutzimpfungen bei Menschen sind:
Nachdem der Schädling, der Krankheitserreger durch Kooperation besiegt ist, bewirkt Desertion Einsparung von Wirkstoffen, Umweltschutz, Vermeidung von Nebenwirkungen.
Ständige Kooperation und dauerndes, gegenseitiges Vertrauen sind leider nicht geeignet, soziale Fallen auf Dauer zu vermeiden. Im Gegenteil: Zu verläßliche Kooperation verlockt nach einer Weile einzelne Individuen zur Desertion.
Dieses Fazit wird auch von einer ganz anderen Seite gestützt. Christian Rieck hat Prisoner's dilemma auf Computerturniere übertragen und stellt fest: „Nette" Strategien (Kooperation) sind zwar langfristig erfolgreicher als „nicht nette", aber Sieger wurde die Strategie „Tit for Tat", die einfach das Verhalten des Gegners wiederholt. Tit for Tat = Auge um Auge, Zahn um Zahn ist nicht aggressiv, aber unnachgiebig. In einer kooperativen Umgebung ist Tit for Tat nett, in einer egoistisch-aggressiven kann diese Strategie wegen ihrer sofortigen Rache von keiner anderen Strategie ausgebeutet und unmöglich überrannt werden. Das Fazit stimmt nicht besonders fröhlich, aber so scheint es im Leben mit seinen Fallen zuzugehen.

9.2 Lernziel: Gemeinsam gewinnen

Das etwas resignative Fazit gilt natürlich nur für die sozialen Fallen. Grundsätzlich können wir die Methoden zur Konfliktbewältigung dreifach unterteilen, nämlich in die Gewinn-Verlust-Methode, in die Verlust-Verlust-Methode und die Gewinn-Gewinn-Methode.

Die *Gewinn-Verlust*-Methode ist gekennzeichnet durch
○ Autoritätsausübung,
○ Machtanwendung,

○ Nichtbeachtung und Indifferenz/Nachgeben,
○ Minderheits- oder Mehrheitsentscheidungen (Bündnisse).

Hierhin gehört auch das Handeln nach dem Sprichwort „Der Klügere gibt nach" – und zwar mehrfach. Dieses Nachgeben ist entweder Ausdruck von Arroganz (ich kann es mir leisten, den Dümmeren vorzulassen), von kostenlosem Altruismus (der Unterlegene soll auch eine Chance haben) oder von Schlauheit bei schwacher Position (ich kämpfe nur, wenn ich siegen kann). Solches Verhalten kann gelegentlich nützlich sein, spart Kraft und bewahrt vor Kampfschäden, aber der Konflikt wird dadurch nicht beseitigt. Wer oft den Kopf in den Sand steckt, knirscht irgendwann mit den Zähnen.

Die *Verlust-Verlust*-Methode wird charakterisiert durch

○ Kompromiß,
○ Kompensation, „Bestechung",
○ Drittparteien (Schlichter, Vermittler),
○ Zufallsmechanismus.

Glücklicherweise lassen sich mit der *Gewinn-Gewinn*-Methode die meisten Konflikte zum beidseitigen Vorteil der Konfliktparteien lösen. Das Prinzip heißt Einigung und funktioniert über die Integrierte Entscheidungsfindung: die gegnerischen Parteien werden zunächst wieder an das gemeinsame Ziel erinnert oder auf ein gemeinsames Ziel eingeschworen. Der Zielfindung können die Methoden *Prioritäten setzen, Mapping* und *Konfliktmorphologie* dienen. Dann bewertet jede Partei ihre Lösung bezüglich der Zielerfüllung. Hier kommt wieder eine kreative Komponente ins Spiel. Es gilt, z. B. über *Brainstorming*, möglichst viele Aspekte der eigenen Lösung und deren vorteilhafte Ausprägung zu finden. Dabei werden auch Aspekte entdeckt, bei denen die eigene Lösung nicht die beste ist, vor allem aber auch Verbesserungen und neue Lösungsansätze. Nach getrennter Vorstellung der Vor- und Nachteile ihrer Lösungen versuchen die Parteien, nun gemeinsam eine neue Lösung zu finden, die die Vorteile der früheren Lösungen übertrifft, deren Nachteile vermindert und das Ziel noch besser erfüllt. Diese Lösung wird dann von beiden Parteien getragen.

9.3 Prinzip der Methoden Prioritäten setzen, Mapping, Konfliktmorphologie

Prioritäten setzen

Viele Konflikte entstehen, weil ein hinter ihnen stehendes Entscheidungsproblem nicht erkannt, verdrängt oder geflissentlich übersehen wird. Sehr oft besteht dieses Entscheidungsproblem nur darin, daß Prioritäten zu

setzen sind, d. h. eine Reihenfolge festzulegen ist. Eine Reihenfolge wo-
nach? Nach
○ Wichtigkeit (Kosten, Gewinn, Gefahr, Zielerfüllung),
○ Dringlichkeit (Zeit) und
○ Tendenz (schlimmer werdend, gleichbleibend oder besser werdend).

Zunächst gilt: *Dringend* ist nicht *wichtig*. Die Beachtung der Wichtigkeit ist
eine aktive, freiwillige Maßnahme, die der Dringlichkeit eine reaktive,
unfreiwillige. Wer immer nur das Dringliche erledigt, handelt fremdbe-
stimmt und hat keine Zeit für das Wichtige. Die täglichen Hausaufgaben
sind dringend, die Vorbereitung auf eine in der Zukunft liegende große
Prüfung ist wichtig. Wer zu spät anfängt, für die große Prüfung zu lernen,
für den fallen plötzlich Wichtigkeit und Dringlichkeit zusammen, und es
kann für einen Erfolg zu spät sein. Wie kann man so etwas verhindern?
Folgende Matrix, die angeblich schon der ehemalige US-Präsident Eisen-
hower benutzte, hilft Wichtigkeit und Dringlichkeit vierfach zu unterscheiden, und schlägt geeignete Maßnahmen vor:

	Wichtigkeit	
Dringlichkeit	hoch	niedrig
hoch	mache ich selbst sofort	delegiere ich
niedrig	mache Plan dafür	Ablage oder Papierkorb

Feiner ist eine Neun-Felder-Matrix in den drei Stufen hoch, mittel und
niedrig.

	Wichtigkeit		
Dringlichkeit	hoch	mittel	niedrig
hoch	A	B	B
mittel	B	B	C
niedrig	B	C	C

Fragen, die bei der Einstufung in Priorität A, B oder C helfen, sind z. B.
Wichtigkeit (Kosten, Zielerfüllung): Welches Ausmaß? Wieviel ist betroffen?
Welche Folgen?
Dringlichkeit (Zeit): Wer will was wie schnell wissen? Was bedeutet Auf-
schieben?

Tendenz (Verlauf): Wie war, ist es, wird es sein? Warum wird es günstiger / ungünstiger?
Die ausgefüllte Matrix gilt nur für den augenblicklichen Informationsstand. Zu diesem Zeitpunkt ist die Aktion A vorrangig. Weitere Verfahren zum Erkennen und Setzen von Prioritäten s. Bugdahl 1990, S. 66 f.

Mapping

Mapping heißt Landkarten zeichnen. Schon bei der VB-Methode haben wir ein Suchfeld abgesteckt, in dem wir kreativ sein wollten. Und auch beim Konfliktlösen müssen wir uns auf der Landkarte des Konfliktfeldes einen Rahmen abstecken.
Unter Mapping können wir sowohl die Mapping-Verfahren von Edward de Bono als auch Mind-Mapping nach Mogens Kirckhoff verstehen. Beide Mappings sind allgemeine Kreativitätstechniken, die sich nicht nur für das Lösen von Konflikten eignen.

Mapping-Verfahren nach de Bono
Da Konfliktlösungen unmittelbar oder mittelbar Mitmenschen betreffen, gehört zu einer vollständigen Landkarte auch die mögliche menschliche Einflußnahme. Manche Entscheidung wird nicht sachlich richtig gefällt, weil menschliche Einflüsse gar nicht berücksichtigt oder falsch eingeschätzt werden. Mancher Konflikt entsteht so erst. De Bono (1989) hat für die Schulung des lateralen Denkens eine Reihe von kleinen Denkhilfen benannt, die wie ein Knoten im Taschentuch an vorzunehmende gedankliche Prüfungen erinnern sollen:

APC = Alternatives, Possibilities, Choices
ABS = Examine Both Sides
ADI = Agreement, Disagreement, Irrelevance
CAF = Consider All Factors
C&S = Consequence and Sequel
OPV = Other Peoples Views
FGL = Fear, Greed, Laziness
Sprechblasen
PMI = Plus, Minus, Interesting.

Diese Verfahren überschneiden sich. Manche sind auch trivial. Sie sind aber allein wegen ihres geringen Zeitbedarfs von 1 bis 3 Minuten bemerkenswert und auflockernd. Hier würde ihre Beschreibung den Rahmen sprengen. Für unsere Zwecke wollen wir repräsentativ nur PMI herausgreifen, weil Plus, Minus, Interessant direkt bei der Integrativen Entscheidungsfindung und als Mittel gegen die Intelligenzfalle einsetzbar ist.

Plus, Minus, Interessant
Regel 1: Nur beobachten und sammeln, nicht urteilen!
Regel 2: P, M, und I nicht wahllos, sondern nacheinander durch inneren Standortwechsel gewinnen!
Wie macht man PMI?
Zunächst sammeln wir Plus-Punkte, also Positives (eines Lösungsvorschlages) oder Übereinstimmendes (im Konflikt) und schaffen so eine harmonische Ausgangsbasis. Wer meinte, nur Kritik beisteuern zu können, muß warten. Aber beim Warten siegt hoffentlich der Ehrgeiz, P regelgetreu anzuwenden und doch auch etwas Positives zu finden, vielleicht sogar etwas mehr.
Dann tauschen wir die „positive" Brille gegen eine „negative" aus, um Minus-Punkte zu sammeln. Negatives zu finden, ist leicht, denn wir sind es ja gewohnt, Fehler zu suchen und aufgrund von Schwächen auszulesen. Nachdem wir aber schon viel Positives aufgezählt haben, sind wir nun im Negativen etwas gehemmter. Da wir aber bei PMI nicht urteilen (Prinzip Aufgeschobenes Urteil), sondern nur registrieren, muß es keinen Widerspruch darstellen, wenn eine Alternative sowohl unter P als auch unter M rangiert. Das gilt übrigens immer bei Standortfragen, und bei P und M wechseln wir ja mit der Brille den Standpunkt.
Beispiel: Weiße Autos sind im Sommer kühler (+) und gut zu erkennen (+).
Weiße Autos sind schmutzanfällig (–) und im Schnee schlecht zu erkennen (–).
Was reihen wir unter I ein? Hier fragen wir uns nicht, was leichter oder schwieriger, bequemer oder unbequemer, P oder M wäre, sondern wir sind bloß neugierig. „Es wäre interessant zu sehen, ob ..." ist der Standardbeginn der I-Beiträge: Ob etwas funktioniert ..., auch dann noch funktioniert, wenn ..., sich etwas verändert ...
I ist etwas für Leute mit Erfahrung und Phantasie, die kreative Komponente des PMI, die noch einmal für frische Luft sorgt, bevor man sich festlegt, sich einigt, entscheidet.

Anwendungen für PMI
Natürlich können wir PMI zum Ordnen von Alternativen verwenden. Aber Hauptzweck von PMI ist die Überprüfung von Sicherheit und von Vorurteilen. Eine der klügsten, aber manchmal auch gefährlichsten Eigenheiten unseres Denkens ist die, daß es sich ausschalten möchte, sobald eine Routine in Sicht ist, sobald auf ein früheres Urteil zurückgegriffen werden kann. Das kann ein erster Eindruck, ein oberflächliches Andenken, Tradition oder ein richtiges Vorurteil sein. Je intelligenter Menschen sind, um so eher stolpern sie in die Intelligenzfalle („Wenn ich recht habe und dies anderen beweisen kann, warum eine neue Erkundung (mapping)?"). Mit PMI läßt sich die

Intelligenzfalle umgehen. Man kann jemand, der ein Vorurteil zu haben scheint, der einen Vorschlag abgewiesen hat, darum bitten, ein PMI vorzunehmen, d. h. 1 bis 3 Minuten lang P's, M's und I's zu erkunden. Normalerweise wird der oder die Intelligente dazu bereit sein, denn er oder sie soll ja nicht seine (ihre) Meinung umkehren und meint, das PMI könne den geäußerten Standpunkt nur untermauern. Oft kommt dann das Gegenteil heraus, und das ist das Gute an PMI: Intelligenz dient nicht zur Stützung des Vorurteils, sondern nur zur Erkundung. Danach mögen Emotionen und Gefühle hinzukommen. Aber dann stören sie die Exploration nicht mehr. Denn was einmal ans Licht gebracht wurde, verschwindet nicht einfach, sondern wird berücksichtigt.

Abschließend noch ein Beispiel von de Bono (1989):
De Bono fragte eine Gruppe von 40 australischen Jungen zwischen 10 und 11 Jahren, was sie von der Idee hielten, für den bloßen Schulbesuch 5 $ pro Woche zu erhalten. 30 Jungen waren sofort begeistert und fingen an, aufzuzählen, was sie sich alles kaufen würden. Dann erklärte de Bono die PMI-Methode und bat die Schüler, damit den 5-$-Vorschlag zu untersuchen. Nach 3 Minuten gab ein Schüler das Ergebnis bekannt:

o Die größeren Schüler würden ihnen vielleicht das Geld wegnehmen wollen.
o Die Eltern würden keine Geschenke machen oder kein Taschengeld zahlen.
o Die Schule würde die Gebühren für die Mahlzeiten erhöhen usw.

Kurz: Nach dem PMI hatten 29 von 30 Schülern ihre Meinung geändert und fanden die 5-$-Idee nicht mehr gut. Und das war mittels eines ganz einfachen Prüfinstruments geschehen, das von den Kindern selbst – ohne Einmischung de Bonos – angewendet worden war.
Im weiteren Sinne ist auch das Sechs-Hüte-Denken ein Mapping-Verfahren (s. Kapitel 10.4)

Mind Mapping nach Kirckhoff
Mogens Kirckhoff (1992) versteht unter Mind Maps „geistige Landkarten", die anstelle geographischer Details Stichworte, organisierte und methodisch strukturierte Schlüsselworte enthalten. Mind Maps kann man mit einem Baum vergleichen, der von oben betrachtet wird. In der Mitte des Papiers steht ein Themenstichwort, von dem Verzweigungen ausgehen, vom Allgemeinen zum Speziellen. Jede Verzweigung wird mit einem Schlüsselwort versehen, das einen bestimmten Gedankenkomplex verkörpert. Durch diesen methodischen Aufbau gewinnt man nicht nur Überblick, sondern auch Platz für Ergänzungen und die Möglichkeit zu Korrekturen. Das kennen wir schon vom Morphologischen Kasten. Das Besondere am

Mind Mapping ist nach Kirckhoff die „gehirngerechte" Vorgehensweise: Durch die bildliche Darstellung wird nicht nur unsere sprachlich und logisch orientierte linke, sondern auch unsere kreativ und bildlich orientierte rechte Gehirnhälfte aktiviert. Außerdem kann das Gehirn Mind Maps leichter speichern als komplette Satzgefüge.

Konfliktmorphologie

Die Konfliktmorphologie, eine Spezialanwendung des Morphologischen Kastens, stammt von Paul Dubach, einem Freund Zwickys. Sie bietet sich an, wenn zwischen zwei gegensätzlichen komplexen Interessenlagen A und B eine beidseitig annehmbare Entscheidung gesucht wird. Dazu
○ klären wir die Konfliktinhalte und
○ tragen möglichst viele Alternativen zur Konfliktlösung zusammen.

Merkmale der Konfliktmorphologie (Schlicksupp 1988) sind:
○ Die Parameter (was?) sind hier die strittigen Punkte oder Inhalte. Gewichtungen der Parameter helfen, ausgewogene Lösungen zu finden.
○ Die Ausprägungen (wie?) sind die Regelungsmöglichkeiten. Nach der Ideensammlung werden sie auf 5 repräsentative Möglichkeiten begrenzt, von denen die erste die Partei A, die fünfte die Partei B maximal begünstigt. Die Alternativen zwei bis vier stellen die Kompromißzone dar und verbinden die Grenzwerte in der Art von Skalenwerten.
○ Das Verhandlungsziel oder die Entscheidung werden in die Matrix eingetragen.

Beispiel: Abschluß eines Bauvertrages

Interessenlage A: Bauherr,   Interessenlage B: Baufirma

Konfliktpunkte		A←		Maximale Begünstigung		→B
K1 (1,0)	Fertigpreis (TDM)	400	450	<u>500</u>	550	600
K2 (0,8)	Bauzeit (Monate)	4	5	6	7	<u>8</u>
K3 (0,6)	Gewährleistung (Jahre)	5	<u>3</u>	1	0,5	keine
K4	Erdarbeiten (TDM)	inklusiv	10	<u>20</u>	30	35
K5	Einliegerwohnung (TDM)	inklusiv	10	<u>20</u>	30	40
K6	Garage	<u>inklusiv</u>	3	6	9	12

Weitere Beispiele wie Liefervertrag und Tarifvertrag finden Sie bei Schlick-supp 1988. Wenden Sie die Konfliktmorphologie zur Vorbereitung von Verhandlungen an, und Sie werden sehen, daß alleine Ihr Vorwissen um den Gestaltungsspielraum, die Strukturierung des Konflikts und ein klares Ziel einen bedeutenden Verhandlungsvorteil bieten. Sie können dem Partner sogar Kompromißideen liefern. Im obigen Beispiel konnte der Bauherr z. B. durch Flexibilität in der Bauzeit bei anderen Konfliktpunkten Geld sparen.

 ## 9.4 Praktische Übung: Das VO-BU-Spiel

Dieses Spiel ist eine Variante des Gefangenen-Dilemmas. Die zwei Parteien VO und BU tauschen Botschaften aus. Die Gruppe VO sendet entweder V oder O, die Gruppe BU entweder B oder U. Die geheime Entscheidung für die eine oder die andere Botschaft fällt in jeder Gruppe nach interner Beratung und wird auf einem Zettel vermerkt, der zusammengefaltet wird. Die Botschaften dürfen nur schriftlich und gleichzeitig ausgetauscht wer-den. Botschaften können innerhalb von 30 Minuten beliebig oft ausge-tauscht werden.

Botschaft von		Bewertung: Punkte für	
VO	BU	VO	BU
V	B	+ 7	+ 7
V	U	– 10	+ 10
O	B	+ 10	– 10
O	U	– 7	– 7

Ziel des Spiels ist es, so viele Pluspunkte wie möglich zu sammeln.

Der Spielleiter schreibt nach jeder Runde gemäß obigem Bewertungsschema die Punkte an die Tafel, so daß die Parteien analysieren können.
Die Parteien spielen – zunächst ahnungslos, im Verlauf aber zunehmend einsichtiger – ein Spiel, in dem sie zwischen zwei Verhaltensweisen wählen können:
1. vertrauensvoll (die Konsonanten V bzw. B senden) oder
2. mißtrauisch, ausbeutend (die Vokale O bzw. U senden).
Hinter der Bewertungstabelle verbergen sich folgende Regeln:

1. Wenn sich beide vertrauensvoll verhalten, gibt es für beide eine kleine Belohnung (je 7 Pluspunkte).
2. Wenn sich beide mißtrauisch verhalten, erhalten beide eine kleine Strafe (je 7 Minuspunkte).
3. Wenn sich einer vertrauensvoll und der andre mißtrauisch verhält, erhält der erste eine große Strafe (10 Minuspunkte) und der zweite eine große Belohnung (10 Pluspunkte).

Falls die Verhaltensweise der anderen Partei feststeht, aber unbekannt ist, fährt die eigene Partei mit Mißtrauen am besten. Wenn aber beide so handeln, werden sie beide bestraft. Natürlich würden sie lieber belohnt werden, aber das geht nur bei gegenseitigem Vertrauen.

Nach mehreren gemeinsam erlittenen und unnötigen Strafen lernen die Spieler, daß es vernünftiger ist, sich mit einem kleinen Gewinn zu bescheiden und freundlich zu sein. Diese Situation bleibt so lange stabil, bis eine der Parteien aus Ehrgeiz den Frieden stört. Dann ist die andere so lange mißtrauisch, bis der Gegner wieder friedlich wird.

 ## 9.5 Hinweise für den Unterricht

Das Spiel VO-BU eignet sich hervorragend zur Vorbereitung einer Diskussion über Konflikte. Es ist sehr einprägsam, weil es Emotionen weckt, die einen frisch umgepflügten Merkboden für eine friedliche und vernünftige Einsicht schaffen. Auch zur Erläuterung der Ideenkiller leistet das Spiel gute Dienste. Ideen gedeihen am besten in einer vertrauensvollen Atmosphäre. Mißtrauen ist eine schlechte Kinderstube für Ideen.

Prioritäten zu setzen, gibt es häufig Gelegenheit im Unterricht – und zwar immer dann, wenn etwas knapp ist. Das muß nicht immer die Zeit sein. Konflikte sind notwendig für das Leben, Konsens für das Überleben.

10. Unterrichtssituationen und Einstiegsmöglichkeiten in die Methoden

Es ist sicher viel nützlicher, die „kreativen" Problemlösemethoden in einem geschlossenen Unterrichtsblock, z. B. in einer Projektwoche, zu vermitteln, als zu versuchen, sie bei passender Gelegenheit nebenbei einzuführen. Eine Wochenstunde würde dann völlig ausreichen, kreatives Denken als Gewohnheit zu verankern. Die Techniken stellen ja, wie Sie gesehen haben, keine besondere Schwierigkeit dar. Nur das Verhalten, das sie bewirken, zählt. Solch ein Grundtraining vorausgesetzt, bieten Unterrichtssituationen unzählige Gelegenheiten, mit einem Stichwort auf einzelne, nun bekannte Verfahren der Ideenfindung hinzuweisen. Solange es kein Grundtraining in kreativen Techniken an unseren Schulen gibt, ist allerdings der Seiteneinstieg immer noch besser, als gar nicht einzusteigen.

 ## 10.1 Deutsch und andere Sprachen

Beim Deutschaufsatz „Goethe als solcher" und bei anderen schriftlichen Aufgaben ist der Horror vacui, die Angst vor dem weißen Blatt, eine weit verbreitete Erscheinung. Der Lehrer kann diese Angst in eine verlockende Herausforderung umwandeln, indem er Beispiele für die vielfältigen inhaltlichen und formalen Gestaltungsmöglichkeiten zeigt. Spielerische Literaturbeispiele regen besonders an und vertragen durchaus eine anschließende „trockene" Vertiefung.

Syllogismen

Ein Syllogismus ist der aus den drei Urteilen
○ Major (der größere, weitere Begriff),
○ Minor (der kleinere, engere Begriff) und
○ Medius (der Mittelbegriff)

bestehende Schluß vom Allgemeinen auf das Besondere.
In den „Nashörnern" beschreibt Eugène Ionesco humorvoll die Schwächen dieses logischen Verfahrens bei allzu formaler oder falscher Anwendung:

Katzen haben vier Pfoten (Major). Isidore und Fricot haben je vier Pfoten (Minor). Also sind Isidore und Fricot Katzen (Medius). „Mein Hund hat auch vier Pfoten", sagt der alte Herr. „Dann ist er eine Katze", folgert der Logiker (Ionesco 1959, S. 46).

„Alle Katzen sind sterblich. Sokrates ist sterblich. Also ist Sokrates eine
Katze". – „Und er hat vier Pfoten. Das ist wahr. Meine Katze heißt nämlich
Sokrates" (ebenda, S. 47).

Isidore und Fricot haben zusammen acht Pfoten. Jetzt nehme ich diesen
Katzen zwei Pfoten weg. Wie viele Pfoten bleiben jeder Katze? Da gibt es
mehrere Möglichkeiten. Eine Katze könnte vier Pfoten haben, die andere
zwei. Oder eine Katze könnte fünf Pfoten haben und die andere eine. Oder
die eine hätte sechs Pfoten, die zweite Katze gar keine. Aber sind es dann
noch Katzen?

Dann kommt im Stück wieder einmal ein Nashorn vorbei und beweist
brutal, daß Katzen sterblich sind. Dem Logiker liefert dieser Auftritt einen
neuen Anlaß zur Logelei (vgl. Ionesco 1959, S. 83 f.):

Sie fragen sich also, ob das Nashorn, das eben vorbeikam, das von vorhin
war oder ein anderes. Sie können zweimal das gleiche Rhinozeros mit einem
Horn gesehen haben. Oder zweimal das gleiche Rhinozeros mit zwei Hör-
nern. Sie können aber auch zuerst ein einhörniges Nashorn und dann ein
zweites einhörniges Nashorn gesehen haben. Oder auch zwei verschiedene
zweihörnige. Oder zuerst ein zweihörniges und dann ein einhörniges.
Daraus können wir noch nicht auf die Existenz mehrerer Nashörner schließen, denn das zweihörnige Nashorn könnte inzwischen ein Horn verloren
haben.

Es könnte natürlich auch sein, daß zwei zweihörnige Nashörner jeweils ein
Horn verloren hätten. Wenn wir aber zuerst ein einhörniges Nashorn und
dann ein zweihörniges gesehen haben, dann können wir schlußfolgern, daß
wir es mit zwei verschiedenen Exemplaren zu tun haben. Denn es ist
unwahrscheinlich, daß innerhalb weniger Minuten ein zweites Horn
wächst. Nach der guten Logik ist es unmöglich, daß sich die gleiche Kreatur
zur gleichen Zeit an zwei verschiedenen Orten befindet. Was zu beweisen
war.

„Das ist klar", wendet Berenger ein, „aber damit ist unser Problem nicht
gelöst" (vgl. Ionesco 1959, S. 86). Wir sind ganz auf seiner Seite. Syllogismen
können auch die Schwächen der Logik aufzeigen. Zum kreativen Problemlösen gehört mehr.

Rezeptionsästhetik

Im Unterthema der Rezeptionsästhetik „Elementare Wirkungsbedingun-
gen literarischer Texte" gibt es mindestens zwei Schnittstellen zum Kreativen Problemlösen:

○ die Anregung der Kreativität beim Rezipienten, dem Kunstkonsumenten
  und
○ die Behinderung der Kreativität durch Ideenkiller.

Anregung der Kreativität

Zwei Menschen können etwas Gegensätzliches tun und trotzdem jeder für sich recht haben. Das sieht man gut in klassischen Dramen, die den Theaterbesucher kunstvoll den Standpunkt wechseln und abwägen lassen, bis er schließlich, zum Denken angeregt, entscheidet und nach dem Willen des Autors überzeugt die „richtige" Partei ergreift. Damit dies gelingt, müssen die Schauspieler in sich so überzeugend sein, daß die Handlung des Gegenspielers jeweils unlogisch, dumm, störrisch, jedenfalls vergleichsweise negativer erscheint. Der Text enthält viele schematische Ansichten, die die bezweckte Gesamtaussage schrittweise hervorbringen. Pro Ansicht wird ein Aspekt dargestellt. Die allseitige Bestimmtheit wird theoretisch erst mit unendlich vielen Ansichten erreicht, exakt mit dem Grenzwert von n Ansichten, wobei n ungleich null ist und gegen unendlich geht:

$$\text{Allseitige Bestimmtheit} = \lim_{n \to \infty} n \text{ Ansichten}$$

und praktisch aus einigen Ansichten und einem Rest. Dieser Rest bleibt entweder bewußt offen oder enthält eine ideologische, utopische oder andere Antwort. Die Schnitte zwischen den Ansichten sind Niemandsland, Leerstellen der Konfrontation und die elementare Bedingung für den Mitvollzug des Lesers. An den Leerstellen – und nur dort – hat der Leser Freiheitsgrade zur Einordnung, Sammlung, Ergänzung, Urteilsbildung, zum Abgleich mit der eigenen Erfahrung und zur Entfaltung eigener Kreativität.

Zweitlektüre bedeutet bei anspruchsvollen Texten Vertiefung infolge verbreiterter Erfahrung und Vorwissens. Mehrfachlektüre oder zu wenige Leerstellen hingegen bewirken Langeweile. Zu viele Leerstellen können den Leser überfordern und bewirken ebenfalls Langeweile oder aber Aggressivität.

Spätestens seit der Einführung des Verfremdungseffekts durch Bert Brecht verbindet sich mit den Leerstellen die erzwungene Eigenleistung des Kunstkonsumenten. Entweder lehnt dieser die Mitwirkung ab und wird zum Kritiker, oder er wird mit steigender Eigenleistung selbst kreativ. Im Extremfall überwiegt die Leistung des Kunstkonsumenten die des Künstlers. Er übernimmt die Rolle des Künstlers und wird zum Innovator.

Behinderung der Kreativität

Wie steht es mit den Rollen „Kritiker – Innovator" (umgekehrt besetzbar wie im Theater) auf der Bühne der Wirklichkeit? Innovator und Kritiker verstehen sich jeweils als Helden, und den Antagonisten als Bösewicht. Der Innovator bringt mit seiner Idee Unruhe und bedeutet ein Risiko für seine Institution, wenn die Idee nicht funktioniert. In diesem Fall gibt es stille

Vorwürfe fast bis ans Ende, nicht so leicht eine zweite Chance und damit kaum eine Möglichkeit, das Urteil der Kritiker umzustimmen. Falls die Idee funktioniert, kommt die vorwurfsvolle Frage, warum sie nicht schon früher entwickelt und angewandt wurde. Der Kritiker verbreitet unwidersprochen: „Diese Idee hat zwar funktioniert, aber wer weiß, ob eine zweite?" Also auch im Erfolgsfall kann der Innovator Vorwürfe ernten. Zumindest kennt man ihn nun und stuft ihn als Ideenmenschen ein. Ehrenvoll, aber auch wieder nicht. Für Führungspositionen suchen Hierarchien nämlich Tatmenschen, solide, verläßliche Typen.

Oulipo

Die Werkstatt für potentielle Literatur „**Ou**vroir de **l**ittérature **po**tentielle" wurde 1960 von Raymond Queneau, Francois Le Lionnais u. a. in Paris gegründet. Die gegenwärtig 26 Mitglieder sind nicht nur Schriftsteller, sondern auch Linguisten, Informatiker, mathematisch orientierte Denker und Experimentatoren. Sie hassen die „écriture automatique", sie legen sich sogar Hindernisse in den Weg, um ja nicht spontan Gemeinplätze (siehe Spontanansätze bei 635 und SR: Spontanreaktionen bei der Synektischen Exkursion) zu produzieren. Sie meinen, Kreativität braucht Grenzen und Zensur, um sich frei entfalten zu können. Vor allem in der Mathematik, aber auch in der Poesie finden die Oulipiens eine Fülle von Formen und Regeln zum Einengen. Mit Maß und Kalkül bauen sie auf das antike Bündnis von Logik und Poesie (Eva Ludwig, F. A. Z. vom 14. 12. 87 und „Rückkehr ohne Zukunft" in Lendemains, Dossier Oulipo, No. 52, 13. Jg. 1988, S. 29–31). Weil die Literatursprache sich das mathematische Korsett nicht widerstandslos anpassen läßt, erfordert das oulipotistische Schreiben ein großes Maß an Überlegung und Geduld. Die Erwartungen sind hochgesteckt. Nur Texte, die vom ersten bis zum letzten Satz der Regel entsprechen, gelten. Einen Oulipien erkennt man daran, daß er nie aufgibt. Im Gegenteil, er hat Spaß bei seinem schwierigen Handwerk, das er mit Humor nimmt und als spielerische Herausforderung ansieht. Je kniffliger die Aufgabe, desto größer der Eifer, sie zu lösen.
OULIPO möchte Schriftsteller mit künstlichen Schreibmodellen versorgen, ihnen gewissermaßen fertige Formen und vorbereitete Strukturen als technische Anleitung und logische Stütze an die Hand geben. Prominente Mitglieder von Oulipo sind:

Georges Perec („Die Winterreise", „53 Tage", „geboren 1936", „La disparition", „Träume von Räumen", „Kunstkabinett", „Dinge", „Was für ein kleines Moped mit verchromter Lenkstange steht dort im Hof"),
Jacques Roubaud („La belle Hortense"),
Raymond Queneau („Le voyage à Grèce", „Stilübungen"),

Jacques Jouet,
Jean Ferry („Monolo"),
Italo Calvino („Se una notte", „Der Baron auf den Bäumen", ...),
Harry Matthews,
Serval („Krypta"),
Paul Braffort.

Einige „Beschränkungen", die sich die Oulipotisten auferlegten:

o „La disparition" oder deutsch „Anton Voyls Fortgang" von Perec ist ein spannender Roman von 360 Seiten ohne ein einziges e.
o Wie zum Ausgleich enthält Perecs nächstes Werk „Les Revenentes" 1972 keine anderen Vokale außer e.
o Servals „Krypta" ist ein Buch mit einem eingebauten Rätsel, vielen Unterkrimis im Krimi.
o Calvinos „Baron auf den Bäumen" lebt tatsächlich konsequent mehrere Meter über der Erde, bildet sich dort, greift in das Leben der unten Lebenden ein und gründet sogar eine Familie.
o Bevor Calvino „Se una notte" (deutsch: „Wenn ein Reisender in einer Winternacht") schrieb, entwickelte er einen detaillierten Plan. Das Buch besteht aus einer Verkettung von Romananfängen, die, in sich geschlossen, einen selbständigen Roman bilden.
o Nach der Methode S + 7 wird in einem Werk jedes Substantiv durch dasjenige ersetzt, das im französischen Wörterbuch Larousse sieben Wörter weiter steht.
o „Stilübungen" von Queneau erzählen die gleiche Geschichte in 99 verschiedenen Stilen.

„Cent mille milliards de poèmes" von Queneau (1961) ist ein Grundwerk aus 10 Sonetten. Doch erst der Griff zur Schere erschließt dem Leser das Gesamtwerk. Hat er die 14 Verse der 10 Sonette ordentlich auseinandergeschnitten, kann er die einzelnen Lamellen nach Belieben vor- und zurückblättern und jeden Vers mit jedem kombinieren. Das macht 10^{14} mögliche Lesarten, denn Reim und Syntax hat Queneau so ausgetüftelt, daß die Summe der Verse immer ein Sonett ergibt, egal in welcher Reihenfolge man die Verse addiert. Doch sogar unerschrockene Leser werden die 100 000 000 000 000 Gedichte nicht bewältigen. Rechnet man nur 45 Sekunden pro Gedicht und 15 Sekunden für das Umblättern der entsprechenden Lamellen, würde die Lektüre fast 20 000 000 Jahre dauern, ununterbrochenes Lesen vorausgesetzt. Das ist potentielle Literatur im wahrsten Sinne des Wortes.

Die Oulipotisten sind moderne und kreative Literaten. Sie stellen die Schrift, als ob sie einen Täter stellen wollten. Sie versuchen, das komplizierte Leben im Schreiben zu verankern. Der Lebensanker (ancre) findet Grund, wenn

Tinte (encre) weiße Flächen schwärzt (Winfried Wehle, F. A. Z. vom 18. 12. 93). Wir glauben, daß Sie nun neugierig geworden sind und wie wir begeistert sammeln, was immer über Oulipo zu bekommen ist. Das ist nicht viel. Vielleicht helfen Sie uns?

Kryptogramme, Palindrome

Kryptogramme und Palindrome sind ausgezeichnete Aufwärm- und Lockerungsübungen, spielerisches Training der Flüssigkeit, Beweglichkeit und Originalität des Denkens (s. a. Kapitel 4.3).

Kryptogramme sind denkwerte Geheimmitteilungen. In einem unverfänglichen Text verbirgt sich eine Botschaft, eine Huldigung, eine Liebeserklärung, eine Kritik, der Name des Autors. In der Rokoko-Lyrik sicherten gewitzte Dichter so auch ihre Verse vor Änderungen durch den Verleger.

Der Block

W A N D E R E R
F I L M S T A R
U M N I E T E N
M I E T H A U S

enthält z. B. das Wort MINISTER.

Manche Kryptogramme enthalten die Botschaft in einem unverständlichen Buchstabengewirr. Es gilt das Leseprinzip zu finden.

bedeutet einen Überadligen, einen Paragraf. Diese und viele weitere, auch kompliziertere Beispiele s. Koch 1985.

Palindrome sind Wortfolgen oder Sätze, die vorwärts wie rückwärts gelesen (den gleichen) (Un)Sinn ergeben. „Mord/Nil (AP)" ist keine neue abschreckende Meldung der Associated Press, sondern heißt von rechts gelesen „Palindrom". Ganz echte Palindrome sind: „Nur du, Gudrun" oder „Die Liebe ist Sieger – rege ist sie bei Leid". Von Günter Braun aus Ludwigshafen stammt das 239 Buchstaben zählende Langwerk „Chemische Elemente auf Tahiti". „Tahiti hat Uran. Tahiti hat Chrom. Tahiti hat Ag. Tahiti hat Al. Tahiti hat Ar. Tahiti hat Ac. Tahiti hat At. Tahiti hat Br. Tahiti hat Cs. Tahiti hat Er. Tahiti hat Es. Tahiti hat In.

Ni? Tahiti hat! Se? Tahiti hat! Re? Tahiti hat! Sc? Tahiti hat! Rb? Tahiti hat! Ta? Tahiti hat! Ca? Tahiti hat! Ra? Tahiti hat! La? Tahiti hat! Ga? Tahiti hat! Mo, Rh, C? Tahiti hat! Na, Ru? Tahiti hat!"

Eine schöne Gelegenheit, sich des Periodensystems der Elemente zu erinnern. (Diese und weitere Beispiele sowie Literatur s. Künert 1993.)

Für Übungen mit Schülern eignen sich Berufe, für die der zum Palindrom führende Name abgeleitet wird.

Z. B.   Rotkern, Rektor,   Emma Behr, Hebamme,
        Skilehrer Heliks,   Karikaturist Sirutak (Irak),
        Tim, Eremit   Rebell Leber.

Auch das Spiel „Tiernamen" macht Schülern sicher Spaß:

        Floh Olf,   Salamander Fred Namalas,
        Bazille Elli Zab,   Stinktier Breitknits.

Diese Übungen sind eigentlich zu leicht, aber der Ehrgeiz, besonders passende oder humorvolle Palindrome zu finden, macht sie doch geeignet. Kryptogramme und Palindrome lockern auf und ändern die übliche Betrachtungsweise. Damit erfüllen sie zwei wesentliche Voraussetzungen zum Ideenfinden.

Besondere Gedichtformen: Haiku

Zu besonderen Gedichtformen fallen uns Morgensterns „Fisches Nachtgesang" sowie „Die Trichter" ein, Ihnen sicher noch viel mehr. Dachten Sie auch an HAIKU? Haiku ist formell nicht so auffällig, wenn auch streng. Die japanische Lyrik kennt hauptsächlich zwei Versformen, den 35silbigen Fünfzeiler Tanka (oder Wanka) und den 17silbigen Dreizeiler Haiku. Das Haiku (5–7–5 Silben) kann man auch als den Oberstollen des Tanka (5–7–5–7–7 Silben) auffassen. Anfangs sollte das Haiku nur kürzer und prägnanter sein. Im Laufe seiner Entwicklung erzielte es immer stärker die künstlerische Wirkung des Unbestimmten, Unausgesprochenen, Angedeuteten. Die Blütezeit des Haiku im 17. und 18. Jahrhundert war zugleich die des Zen-Buddhismus. Viele Haiku-Dichter waren Zen-Mönche und Maler. Aber Haiku wurde und wird vom ganzen Volk gepflegt.

Zwei Regeln für das Haiku sind: Eine Jahreszeit muß erkennbar sein (über Naturerscheinungen, typische Pflanzen, Bräuche usw.); die persönliche Stimmung des Dichters wird nicht ausgedrückt.

Sicher verlieren die Haikus durch die Übersetzung, aber sie sind immer noch stimmungsvoll, wie die Beispiele von Coudenhove (1955) zeigen:

> *Ahornblätter* (von Kagami Shiko, 1664–1731)
> Wie beneidenswert
> werden Ahornblätter schön,
> eh' sie untergehn.

Neujahr (von Yokoi Yayu, 1701–1783)
Neujahrstag ist heut!
Wer mir heut den Schnee zertritt,
soll willkommen sein.

Haruki Kadokawa, in der japanischen Regenbogenpresse gefeierter Verleger, Filmproduzent, Abenteurer, Patriot und Dichter, sorgt mit seiner Zeit-
schrift „Haiku" für das Fortleben der Tradition.
Uns interessiert Haiku hier als eine weitere Lockerungsübung und als eine
gute Einstimmung vor einer synektischen Exkursion. Da Haiku keinen
Reim hat und so einfach aufgebaut ist, brauchen die Schüler nur die Silben
zu zählen. Sie können sich ganz auf das Atmosphärische einstimmen und
„die Seele baumeln" lassen. Dieser Zustand macht aufnahmebereit für neue
Einsichten, auch ganz erdverbunden prosaische. Außerdem sind die Schüler freudig darüber überrascht, was sie ausdrücken können und wie gut.
Haiku kann auch den Umgangston (zunächst vielleicht spöttisch, doch
schließlich dauerhaft) in einer Gruppe kulturell anheben und gegen Verro-
hung wirken.

Ionesco, Fühmann, Gide, Nadolny

Diese vier Namen sollen stellvertretend für ideenreiche Schriftsteller mit
einer besonderen Sicht der Dinge stehen. Ihre Werke können wir hier natürlich nicht besprechen, ja, nicht einmal alle kreativen Aspekte der Werke.

Eugène Ionesco
Wenn wir einmal nicht an Bert Brecht denken wollen, so sind „Die Nashör-
ner" von Ionesco (1959) ein Paradebeispiel für den Nutzen der Verfrem-
dung. Antagonistische Ziele wie der Wunsch nach Individualität und die
Furcht vor der Einsamkeit, allgemeine und heute besonders aktuelle Pro-
bleme wie Gruppenzwänge und Fremdenhaß lassen sich über trampelnde
Dickhäuter viel anschaulicher und zugleich vergnüglicher schildern. Indem
Ionesco vergröbert, verfeinert er unsere Sensibilität für alle Nuancen des
Widerstands gegenüber Massenbewegungen:
- Animalischer Rückfall auf eine primitive Ebene im Schutz der Massen,
- Feigheit,
- zögernde Aufgabe,
- einsichtiges, mitfühlendes Sicheinfügen,
- Opportunismus,
- aktive Teilnahme im Glauben (oder unter dem Vorwand), das System
  ließe sich von innen besser kritisieren,
- Verzweiflung aus Einsamkeit.

Franz Fühmann
„Die dampfenden Hälse der Pferde im Turm von Babel" (Der Kinderbuchverlag Berlin 1979) sind, wie der Autor zu Recht behauptet, ein Spielbuch
in Sachen Sprache, ein Sachbuch der Sprachspiele und ein Sprachbuch voll
Spielsachen. Wir können es nur wärmstens empfehlen.

André Gide
Besonders „Die Falschmünzer" aus dem Jahr 1925 scheinen uns in mehrfacher Weise bemerkenswert wegen

- der handwerklichen Perfektion und der zu bewältigenden Schriftsteller-
  probleme,
- der Wirkung des Werks auf andere Schriftsteller,
- des verschachtelten Romanaufbaus (der Roman entsteht im Roman;
  Interaktion Tagebuch E./Handlungen/Unwahrscheinliche Zufälle, Fiktion der Fiktion, E. als Double von Gide),
- der sensiblen Darstellung latenter Widersprüche und Konfliktlagen,
- der Behandlung auch heute gültiger Jugendprobleme wie Selbstfin-
  dung/Gruppenzwang (Mutproben), Generationenkonflikt (Autorität,
  Vorbild, Gehorsam, Abhängigkeit), erste Liebe und Erotik (incl. Homo-
  sexualität), Redlichkeit und Kriminalität.

Im Roman fragt Frau S. Herrn E. (= Gide) nach dem Fortgang des Romans.
Die Antwort: „Ich arbeite an diesem Buch auf eine ziemlich sonderbare
Manier: in einem Heft notiere ich mir täglich den Stand des Romans in
meinem Geiste … Es ist eine Art professionelles Tagebuch, das ich so führe,
so, wie eine Mutter das Tagebuch ihres kleinen Kindes führen mag … Das
bedeutet, daß ich mich nicht damit begnüge, jede Schwierigkeit, je nachdem,
wie sie auftaucht, zu lösen (und jedes Kunstwerk ist nur die Summe oder
das Produkt der Lösungen einer Menge kleiner, aufeinander folgender
Schwierigkeiten), sondern daß ich jede einzelne Schwierigkeit in ihrem
besonderen Wesen ausführlich darstelle und analysiere. Dieses Heft enthält
somit die fortlaufende Kritik meines Romans; oder besser, des Romans im
allgemeinen".
Gide macht es sich noch schwerer. Er verzichtet darauf, als übergeordnete
Instanz über das Denken, Fühlen und Handeln seiner Gestalten zu verfügen, es zu bewerten und ihnen so Verhaltensanweisungen zu geben. Gide
bezeichnete „Die Falschmünzer" als seinen ersten Roman, obwohl man
auch frühere Werke wie z. B. „Der Immoralist" oder „Die Verliese des
Vatikan" so nennen dürfte. Das liegt an Gides engerer Definition des Romans aus dem Jahr 1910: „Der Roman … umfaßt die Verschiedenartigkeit
der Gesichtspunkte, die der Verschiedenartigkeit der auftretenden Gestalten entspricht; er ist seinem Wesen nach ein auseinanderstrebendes Werk".

Das ist eine moderne, Disharmonie einschließende Auffassung, die durch den 2. Hauptsatz der Thermodynamik (die Entropie nimmt ständig zu) gestützt wird. Sie ist ganzheitlich, ganz in unserem Sinne.

Sten Nadolny
Der Roman „Die Entdeckung der Langsamkeit" (Piper, München 1983) ist die Biografie des englischen Seefahrers und Nordpolarforschers John Franklin (1786–1847). Aber zugleich erscheint wie bei einem Palimpsest (von neuem beschriebenes Pergament) hinter den Sätzen eine andere Schrift. John Franklin ist langsam und bleibt es. Er wird als Kind gehänselt und bleibt als Heranwachsender zurück. Als Seefahrer merkt er, daß Langsamkeit auch vorteilhaft sein kann. Er wird unabsichtlich zum Kriegshelden, aber er interessiert sich viel mehr für friedlich erworbene Anerkennung als Entdecker. Franklin baut seine Langsamkeit zunächst als Gründlichkeit aus. Damit steht sie nicht mehr in Konflikt mit der Umgebung. Richtig erfolgreich wird er mit dem „Franklinschen System": „Ich bin mir selbst ein Freund. Ich nehme ernst, was ich denke und empfinde. Die Zeit, die ich dafür brauche, ist nie vertan. Dasselbe gestehe ich auch den anderen zu."
Der Roman ist in einer sehr schönen klaren Sprache geschrieben. Mit kurzen Hauptsätzen gelingt Nadolny durchgehend eine graziöse Schwere, die Prägnanz und Redlichkeit mit Zartheit, Trauer und Humor verbindet.
Warum haben wir die „Entdeckung der Langsamkeit" als Beispiel ausgewählt?
Einmal wegen des Bezugs zur Schule:
○ Ein Lehrer erfaßt, daß Johns Behinderung eine Begabung ist: Was er einmal erfaßt hat, das behält er; das Einzigartige, das Detail behält er besser als andere.
○ Der Roman ist eine große Hilfe für langsame Schüler und sogenannte Spätentwickler (auch für die Eltern nicht nur der Betroffenen).
○ Seefahrergeschichten interessieren Jugendliche.
○ Die schriftstellerische Qualität ist beispielhaft.

Andererseits wegen des gesellschaftlichen Bezuges:
○ Das Buch ist Zivilisationskritik gegen leere Hektik, ohne nostalgisch oder romantisierend zu sein.
○ Es ist friedlich, aber nicht konfliktscheu.

Besonders erwähnen wir hier Nadolnys Werk aber wegen seines Bezuges zur Kreativität.
Für Schnelligkeit gibt es Preise im Sport. In der Schule und im Leben verschafft Schnelligkeit zumindest Vorteile. Das verleitet zu der irrigen Annahme, daß schnelles Denken besser sei als langsames. Dieser Irrtum fußt auf drei Unterirrtümern:

1. Schneller ist immer besser als langsamer. (Das gilt z. B. weder im Verkehr noch beim Denken.)
2. Schnelles Verstehen ist nicht schnelles Denken, und Langsamkeit ist nicht „schwer von Verstand".
3. Der Unterschied zwischen schnellem und langsamem Denken liegt zwischen Millisekunden bis Minuten, fällt also als „Arbeitszeit" kaum ins Gewicht. Der Unterschied im Denkergebnis kann jedoch gravierend sein.

Sind Sie überrascht, Kreativität und langsames Denken als Freunde vorzufinden? Lassen Sie uns „langsam" gegen „bedächtig und erforschend" austauschen, dann ist die Beziehung klarer. Schnell denken heißt, oft „zu kurz" denken. Besonders bei komplexen Zusammenhängen und in ungewohnten Situationen denken wir alle viel zu schnell und zu kurz, d. h. ohne Standortbestimmung, ohne Zwischenkontrolle und auch ohne Folgenabschätzung. Die Folge ist manchmal Panik statt Einsicht, sei es bei einem Hotelbrand, im Umweltschutz, in der Entwicklungshilfe.

„Zu sehen, was alle sehen, aber zu denken, was noch keiner gedacht hat" beschreibt nach Albert Szentgyörgyi den Entdecker. „Die Entdeckung der Langsamkeit" führt uns zur Langsamkeit als Entdeckerprinzip. Methoden, die das langsame Denken fördern, sind die Mapping-Verfahren (Kapitel 9.3) sowie Aufgeschobenes Urteil und Kritikverbot.

10.2 Naturwissenschaftliche Fächer

Chemie: Kreativität und Zufall

„Der Strom der menschlichen Geschäfte wechselt.
Nimmt man die Flut wahr, führt sie zum Glück.
Versäumt man sie, so muß die ganze Reise des Lebens
sich durch Not und Klippen winden.
Wir sind nun flott auf solcher hohen See
und müssen, so der Sturm uns hebt, ihn nutzen.
Wo nicht, verlieren wir des Zufalls Gunst."

                                      W. Shakespeare, Julius Caesar

Definition und Erörterung
Lebt Kreativität vom Zufall oder schließen sich Kreativität und Zufall gegenseitig aus? Oder gilt beides oder keines von beiden? Diese vier Fragen lassen sich auf Anhieb nicht leicht beantworten. Wir wollen erörternd versuchen, eine Antwort zu finden.
Kreativität haben wir schon in Kapitel 2 definiert. Bei *Zufall* unterscheidet Meyers Großes Taschenlexikon den absoluten vom relativen. Der *absolute*

Zufall ist „weder durch sein Wesen notwendig noch durch eine Wirk- oder Zielursache eindeutig bestimmt". Der *relative Zufall* ist ein „absichtslose(s), unvorhergesehene(s), unbestimmbare(s), plan- oder regellose(s) Zusammentreffen oder Eintreten von Dingen, Ereignissen u. a., das zwar im einzelnen kausal bedingt sein mag, aber insgesamt nicht notwendig in dieser Weise erfolgen mußte und ebensogut auch anders und zu anderer Zeit hätte geschehen können."

Je mehr wir über die Vorgeschichte eines Ereignisses und die wirkenden Einflüsse wissen, um so weniger Zufälle bleiben übrig. Umgekehrt ausgedrückt: Weil wir so wenig wissen, erscheint uns so vieles zufällig. Die Wechselwirkungen vieler Ursache-Wirkungs-Ketten sind für uns nicht mehr überschaubar, und das Ergebnis ist für uns zufällig. Trotzdem sind es mechanische Abläufe, die zum Zufall führen. Von Kreativität heißt es aber, sie sei gerade nicht mechanisch. Dann wäre der mechanische Zufall nicht Helfer, sondern Widersacher der Kreativität. In Wirklichkeit sind aber auch kreative Prozesse mindestens teilweise mechanisch. Man kann sie nachträglich erklären – so wie man nachträglich manche „Zufälle" des Zufälligen entkleiden kann. Also dient der Zufall der Kreativität? Ja, aber nicht uneingeschränkt. Die Welt ist voller Zufälle und damit auch unser Denken. Zufälligkeit ist eine Eigenschaft unseres Denkens. Die Wechselwirkung unserer individuellen Denkzufälle mit den Umgebungszufällen führt zu neuen Einsichten, zur Kreativität. Die alltäglichen, häufigen, kleinen kreativen Akte schätzen wir meist gering. Nur der Wunsch oder die Notwendigkeit, Probleme zu lösen, läßt uns Gebrauch davon machen. Wenn eine kleine neue Einsicht zum Problem paßt, ist sie plötzlich nicht mehr klein, sondern eine Problemlösung, eine Entdeckung oder Erfindung. Schönen, einfachen, eleganten und harmonischen Problemlösungen verleihen wir retrospektiv gerne das Adjektiv kreativ. Kommen kreative Lösungen für ein globales Problem auch noch zum richtigen Zeitpunkt, dann können sie Epoche machen. Zufälle begegnen allen und dauernd. Kreativen Nutzen aus dem Zufall zieht aber nur,

○ wer kreativ sein will (Motivation),
○ ein Problem hat oder haben will (Problemsensitivität),
○ Ungewißheit tätig erträgt (hohe Frustrations- und Ambiguitätstoleranz),
○ neue Bilder/Gedanken zuläßt (Toleranz und Lernwille) und erkennt (vorher: Fokus, Fachwissen und Allgemeinbildung; nachher: Entdeckerfreude)
○ und sie einem passenden Problem zuordnet oder einem Problem anpaßt.

Blaise Pascal hat es noch kürzer gefaßt (sinngemäß): Entdeckerglück hat nur der bereite Verstand.

Entdeckerglück und -freude

Manche Entdeckung wird durch Selbstzensur verhindert. Der Denker mißtraut seinen Schlußfolgerungen, der Beobachter traut seinen Augen nicht und sieht nur, was er sehen will. Deshalb kommen sehr viele Entdeckungen und Erfindungen ans Licht, wenn die Kritik Ausgang hat, der Geist entspannt und nicht bewußt mit dem Problem befaßt ist. Und zwar gerade dann, wenn vor der Inspiration viel Transpiration stattgefunden hat. Der richtige Moment ist flüchtig und will auch im Dämmerzustand erkannt sein. Wenn die Lösung aber reif zur Entdeckung ist, drängt sie fast kokett in vielerlei Kostümen heraus. So kommt es, daß mancher Forscher mehr als eine einzige Erleuchtungschance hat. Hierzu zwei Beispiele:

August Kekulé von Stradonitz (1829–1896) kam auf die Ringstruktur des Benzols, als er am Abend auf dem Oberdeck eines Londoner Doppelstockbusses vor sich hindöste und sich sechs tanzende Affen vorstellte. Ein anderes Mal träumte er vor dem Kamin und sah im Rauch aus seiner Pfeife Schlangen, die sich zu Sechserringen formierten (Brown 1981, S. 72).

Der Pharmakologe Otto Loewi kam um Mitternacht, direkt aus dem Schlaf, darauf, daß eine chemische Reaktion erfolgt, wenn ein Nerv Muskeltätigkeit auslöst. Er machte sich sofort Notizen zu seiner ihm brillant erscheinenden Idee und schlief danach glücklich ein. Leider konnte er am nächsten Morgen weder seine Notizen entziffern noch sich erinnern. Glücklicherweise wiederholte sich das Ereignis in der folgenden Nacht, und dieses Mal schrieb Loewi sorgfältiger auf, was ihn erleuchtet hatte (Brown 1981, S. 72). Erfolgt das Entdeckungserlebnis auch dösend oder aus dem Schlaf, so ist der Entdecker doch plötzlich hellwach und sich der Bedeutung des Augenblicks bewußt. Entdecker können sich noch nach vielen Jahren an Ort und Zeit erinnern. Der Moment wird nicht kühl und nüchtern registriert, sondern äußert sich in großer freudiger Erregung. Der Biologe A. R. Wallace schilderte sein Befinden nach der unerwarteten Entdeckung einer neuen Schmetterlings-Spezies so: „Mein Herz begann wie wild zu schlagen, das Blut stieg mir zu Kopf, ich fürchtete, ohnmächtig zu werden. Für den Rest des Tages hatte ich Kopfschmerzen. So groß war meine Erregung gewesen." (Brown, 1981, S. 72)

Erfindung und Innovation

Der größte Erfinder und Innovator ist die Natur. Ihre Mutationen sind Erfindungen, die man im erörterten Sinne als Zufälle ansehen kann. Einige dieser Zufallserfindungen wären kreativ zu nennen, wenn sie von einem Menschen stammten. Was nach der natürlichen Selektion von Erfindungen übrigbleibt, ist Innovation. Fangen wir mit einem preiswerten Beispiel und mit Adam und Eva an: Die älteste schriftlich erwähnte Innovation ist wohl die Verwendung des Feigenblattes als Sichtschutz und Verpackung.

Die Vulkanisation von Kautschuk
Naturkautschuk ist in der Wärme klebrig und in der Kälte spröde. 1830 ließ
Charles Goodyear (Hannan 1988, S. 18) ein Stück Kautschuk, das mit Schwe-
fel in Berührung gekommen war, versehentlich auf einen heißen Ofen fallen.
Als er die verbrannte Außenschicht abkratzen wollte, fiel es ihm aus der
Hand, sprang aber elastisch vom Boden wieder hoch.
Doppelte Ungeschicklichkeit, gepaart mit Neugier und genauer Beobach-
tung, war die empirische Geburtsstunde der Vulkanisation. Durch Schwe-
felbrücken vernetzter Gummi hat wertvolle Eigenschaften wie höhere
Formstabilität und geringeren Abrieb. Als man schließlich noch die verstär-
kende Wirkung des Rußes im Gummi entdeckt hatte, konnte die Reifenin-
dustrie entstehen.

Ein schneller Lack für Cadillac
Charles Kettering, der Entwicklungschef von General Motors (Holliger
1972) störte sich 1920 daran, daß die Lackierung des Cadillac ganze 37 Tage,
d. h. 888 Stunden, in Anspruch nahm. Die Nachtzeit diente zum Trocknen.
Einmal entdeckte er bei einem Gang durch die Stadt in einer Auslage eine
lackierte Stecknadelschachtel. Er bekam heraus, daß der Lack von einer
Firma in Newark stammte, und besuchte diese Firma. Es gelang ihm auch,
ein Kilo der Farbe zu kaufen. Man fragte ihn nur verwundert, wozu er so
viel brauche. Als er erzählte, er wolle damit eine Autotür streichen, lachte
man nur: Das ginge gar nicht, weil der Lack viel zu schnell trockne.
Indessen werden nicht nur Cadillacs schneller lackiert. Der serienmäßige
Deckanstrich braucht ca. 40 Minuten.

Der Kugelschreiber
Mit Feder und Tinte schrieb man über Jahrhunderte. Aber endlich griff das
Erfinderprinzip „Kombination": Mit dem Füllfederhalter hatte man nun
Tintenfaß und Feder in einem. Den Bleistift kann man sich als eine Abwand-
lung des Füllers vorstellen, als einen Stift aus fester Tinte – aber auch als
eine Anleihe an ein antikes Schreibgerät, den Stock, mit dem man Zeichen
in den Sand kratzt. Der Kugelschreiber steht zwischen Füller und Bleistift,
denn er braucht eine halbfeste Tinte. Warum wurde er erst um 1935 erfunden? (de Bono, Bucher 1975, S. 15)
Als Erfinder gilt der Ungar László Bíró, von Beruf Korrektor in einer
Druckerei, aber auch Journalist, Maler, Bildhauer und Hypnotiseur. Das
Problembewußtsein hatte der Korrektor, der sich über die Tintenkleckse auf
den Druckfahnen und das Tintennachfüllen ärgerte. Das Aha-Erlebnis erfolgte in einem Park, als Bíró beim Fußballspielen zusah. Der Fußball fiel in
eine Pfütze, ein Junge holte ihn heraus und trieb ihn auf dem trockenen
Asphaltweg vor sich her. Dabei zeichnete der nasse Ball eine dünne Spur.

Eine Kugel berührt die Oberfläche einer ebenen Unterlage ja immer nur in einem Punkt. Somit hatte László Bíró den Kugelschreiber erfunden. „Gibt es einen Unterschied zwischen Theorie und Praxis? Es gibt ihn. In der Tat." (Werner Mitsch)

Der Schritt von der Erfindung zur Innovation war beim Kugelschreiber besonders mühsam, obwohl zunächst alles günstig schien (de Bono, Bucher, 1975, S. 62). Der Bruder des Erfinders, György Bíró, war nämlich Chemiker. Er versuchte, die richtige Tinte zu entwickeln: gut fließend, aber nicht zu dünnflüssig; sofort an der Luft trocken, aber im Kugelschreiber nicht eintrocknend. 1943 emigrierten die Bírós nach Argentinien und experimentierten dort weiter. Sie lernten zufällig den englischen Finanzmann Henry Martin kennen, und der baute zufällig mit Frederick Miles eine Fabrik von Schreibstiften für die Royal Air Force in England. Diese speziellen Stifte sollten auch in großen Höhen nicht auslaufen.

Zufällig kam auch der Amerikaner Milton Reynolds nach Buenos Aires. Bírós „federloser" Schreibstift faszinierte ihn, und er kaufte einige Exemplare in der bösen Absicht, Bírós Patent zu umgehen. Das gelang ihm auch, indem er die Befeuchtung der Kugel über Kapillaranziehung durch eine Schwerkraft-Zuführung der Tinte ersetzte.

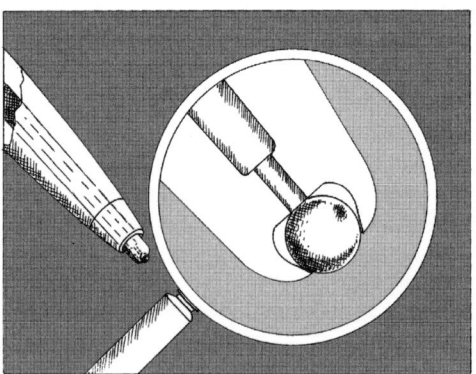

Kugelschreiberspitze

Außerdem konnte Reynolds nachweisen, daß Bírós Idee nicht neu war. Der Amerikaner John J. Loud hatte schon 1888 einen Kugelschreiber patentieren lassen. Er wollte damit Ballen aus Stoff oder Leder markieren. So konnte Reynolds ins Geschäft kommen und verkaufte der amerikanischen Regierung Hunderttausende von Kugelschreibern für die Kampfausrüstung.

Die optimale Tinte entwickelte schließlich der aus Österreich stammende Chemiker Franz Seech in seiner Küche in Kalifornien. Damit war aus der (Wieder-)Erfindung des Kugelschreibers die Innovation Militärstift geworden.

Die heutige Massenanwendung des Kugelschreibers geht auf eine skurrile Werbeaktion des New Yorker Kaufhauses „Gimbels" zurück. In Gimbels Schaufenstern saßen Verkäufer in Aquarien und führten vor, daß man mit dem Kugelschreiber unter Wasser schreiben kann. Da waren die Massen nicht mehr zu halten, obwohl ein ball point pen umgerechnet ca. 40 DM kostete. Die submarine Tauglichkeit des Tintenrollers ist heute vergessen. Sie ist wohl auch in der Vergangenheit selten genutzt worden. Aber als Verkaufsargument war sie hervorragend.

„Zufällige" Pharmaka
Die Geschichte des Penicillins ist auch wieder ein Beispiel für den Unterschied zwischen Entdeckung und Innovation (s. Kapitel 2).
Hier wurden – man kann fast sagen ausnahmsweise – Entdecker und Innovator gemeinsam geehrt, und zwar 1945 mit dem Nobelpreis.
Im Jahre 1927 entdeckte Alexander Fleming, daß Staphylokokken, krankheitserregende kugelförmige Bakterien, in Gegenwart des Schimmelpilzes Penicillium notatum nicht überlebten. Bakterienkulturen waren auch schon früher mit Schimmelpilzen verunreinigt worden. Fleming aber war der erste, der einen solchen Zufall genau genug beobachtete und die Beobachtung mit einem Problem in Zusammenhang brachte. Er ging dieser Hemmzonenbildung nach, extrahierte die Wirksubstanz, die er nach dem Pilz Penicillin nannte, und veröffentlichte 1929 seine Entdeckung.
Sie war 1935 so gut wie vergessen. Erst unter dem Eindruck der deutschen Erfolge mit Sulfonamiden nahmen die Arbeitskreise von Chain und Florey die Arbeiten am Penicillin wieder auf. Penicillin war zu Beginn des 2. Weltkrieges so knapp, daß es aus dem Urin von Patienten zurückgewonnen wurde. 1940 kamen Howard Walter Florey und Norman Heatley in das Forschungsinstitut des U. S.-Landwirtschaftsministeriums nach Peoria, Illinois. Dort wollten sie das Floreysche Fermentationsverfahren zur Herstellung von Penicillin in den großtechnischen Maßstab übertragen. Die Ausbeute von nur 0,0001 % verlangte nach größeren Einsatzmengen. Das stimmte genau mit der Zielsetzung der Forschungsleitung überein, eine industrielle Anwendung für überschüssiges Getreide zu finden. Dennoch dachte die Forschungsleitung ökonomisch genug und bewilligte nicht blindlings den Bau einer größeren Anlage, sondern forderte zuvor eine Verbesserung der Ausbeute. Die Ausbeute stieg sofort auf das Doppelte, als man den Penicillin-Kulturen probeweise ein schwer zu entsorgendes Abfallprodukt zusetzte: die viskose Ablauge aus dem Sulfitaufschluß des

Getreides. Noch überraschender war, daß der Schimmelpilz auf einer in Illinois gekauften Zuckermelone viel bessere Penicillin-Ausbeuten ergab als jeder andere Stamm. In dieser Geschichte (Hannan 1988, S. 80) wirkte jeder Umstand zufällig freundlich – was dem Gesetz von Murphy eindeutig widerspricht –: der Standort Peoria, das Forschungsziel des Instituts, das Abfallproblem, der lokale Schimmelpilz auf der Honigmelone. Kreativität ist, Ideen zu haben; Innovation ist, etwas daraus zu machen. Während die meisten Menschen ein Risiko in der Aktion sehen, sieht der Innovator das Risiko im Nichtstun. „Viele Menschen verfolgen zwar hartnäckig den Weg, den sie gewählt haben, aber nur wenige das Ziel." (Friedrich Nietzsche)

Chemie: PSE

Das Periodische System der chemischen Elemente, kurz und nicht ganz korrekt auch Periodensystem oder PSE genannt, bietet eine schöne Gelegenheit, die Methode Morphologischer Kasten in der Schule einzuführen. Wir können das gekürzte PSE, das nur die Hauptgruppen zeigt, durchaus als Morphologisches Tableau betrachten (s. Kapitel 8). So ist das PSE historisch zwar nicht entstanden, denn Döbereiner (Entdecker der Triaden), Newlands (Gesetz der Oktaven) und viele andere, vor allem aber Mendelejew (Mendelejew kam angeblich auf die Idee des PSE beim Patience-Legen, also durch Bisoziation im entspannten Zustand) und Meyer – alle mußten die Periodizitäten zunächst empirisch entdecken. Nach der Einordnung der Elemente in die Matrix PSE nutzten sie die Eigenschaften der Matrix sehr wohl zur Vervollständigung eben dieser Matrix sowie für Prognosen von Eigenschaften der Elemente und ihrer Verbindungen.

P1 Gruppe P2 Periode	1	2	3	4	5	6	7	0
1	H							He
2	Li	Be	B	C	N	O	F	Ne
3	Na	Mg	Al	Si	P	S	Cl	Ar
4	K	Ca	Ga	Ge	As	Se	Br	Kr
5	Rb	Sr	In	Sn	Sb	Te	J	Xe
6	Cs	Ba	Tl	Pb	Bi	Po	At	Rn
7	Fr	Ra						
	Alkalimetalle	Erd-alkali-metalle				Chalkogene	Halogene	Edelgase

Gekürztes Periodensystem der Elemente als morphologische Matrix
P_1 Gruppe = Zahl der Außenelektronen
P_2 Periode = Zahl der Elektronenschalen nach dem Schalenmodell

Atomradius und Metallcharakter nehmen zu:	von oben nach unten und von rechts nach links
Höchste Oxidationsstufe:	= Gruppennummer
Andere „familientypische" Eigenschaften:	Wertigkeit, Atomvolumen, Ausdehnungskoeffizient, elektrische und thermische Leitfähigkeit, Schmelzpunkt, Spektrum, Farbe, magnetische Eigenschaften, Kristallhärte, Bildungswärmen der Oxide und Chloride

In unserer Matrix, aufgebaut aus den zwei Parametern Zahl der Außenelektronen und Zahl der Elektronenschalen, sind die (Hauptgruppen-)Elemente nach ihrer Ordnungszahl in Perioden (Zeilen) und (Haupt-)Gruppen (Spalten) angeordnet. Dmitri Mendelejew (1834–1907) und Lothar Meyer (1830–1895) war 1869 nicht bekannt, daß zwischen PSE und Atomhüllenaufbau ein lückenloser Zusammenhang besteht, daß also die im PSE Platz findenden Elemente die einzig möglichen sind. Die Erklärung der Systematik erfolgte durch die Quantentheorie und speziell das Pauli-Prinzip. Nach dem Schalenmodell für den Atombau bezeichnet die Nummer der Gruppe die Anzahl der Elektronen auf der äußersten Schale, während die Nummer der Periode die Anzahl der Elektronenschalen angibt.

Mit Hilfe des PSE konnten noch unbekannte Elemente gefunden werden. Zahlreiche physikalische und chemische Eigenschaften von Verbindungen lassen sich auf Basis des PSE einordnen, erklären und abschätzen. Obwohl das Schalenmodell veraltet ist, dient das PSE den Chemikern auch heute noch als wichtiges Arbeitsmittel.

Die Morphologische Matrix ist also ein wertvolles Instrument, um Leerfelder in einem System aufzuspüren. Übertragen auf Schule und Wirtschaft heißt das: Die Matrix hilft uns, Produkte und Leistungen zu identifizieren, die es bisher nicht gab, die aber eine Lücke, eine „Marktnische" ausfüllen würden.

Physik: Archimedes' Entdeckerschrei Heureka

Finden wir auch in der Physik Einstiegsmöglichkeiten? Kreativität und Zufall gibt es natürlich nicht nur in der Chemie. Das bekannteste Beispiel stammt aus der Physik und mit ihm der Entdeckerschrei Heureka (gr. = Ich hab's).

Um 250 v. Chr. hatte König Hieron II. einem Goldschmied einen genau abgewogenen Barren Gold überlassen, um daraus eine Krone fertigen zu lassen. Die Krone wurde fertig, gefiel dem König und wog genau so viel, wie der Goldbarren gewogen hatte. Hieron hätte also zufrieden sein können, aber er fürchtete, übervorteilt worden zu sein. Der Goldschmied hätte ja einen Teil des Goldes durch eine gleiche Gewichtsmenge Kupfer ersetzen können. Also ließ Hieron II. seinen klugen Verwandten Archimedes rufen und schilderte ihm seinen Argwohn.

Archimedes überlegte vielleicht so, und wir schieben ihm einfach heutige Maßeinheiten unter: Gold hat die Dichte 19,32 Gramm pro Kubikzentimeter, Kupfer nur 8,94. 100 g reines Gold haben also ein Volumen von 5,176 cm^3, und jede gleichgewichtige Kupferbeimengung muß zu einer Volumenvergrößerung führen. Werden von den 100 g Gold 10 g durch Kupfer ersetzt, erhalten wir aus den Teilvolumina 4,568 cm^3 für die 90 g Gold und 1,119 cm^3 für die 10 g Kupfer ein Gesamtvolumen von 5,687 cm^3. Der Unterschied zwischen 5,176 und 5,687 cm^3 ist groß genug, um eine Fälschung dieses Ausmaßes nachweisen zu können. Man muß nur das Volumen der Krone bestimmen.

Archimedes schlug also (vielleicht) vor: „Hieron, lasse deine Krone am besten zu einer quadratischen Platte gleichmäßiger Dicke umschmieden. Dann berechne ich das Volumen, und wir wissen sofort Bescheid."

Darauf könnte Hieron böse geworden sein und etwa geantwortet haben: „Erstens wäre ich darauf auch selbst gekommen, denn so viel Mathematik beherrsche ich auch, zweitens ist die Krone ein Kunstwerk, das nicht zerstört werden soll, und drittens will ich mich im Falle eines falschen Verdachts nicht blamieren. Denke dir eine zerstörungsfreie Methode der Volumenbestimmung aus!"

Archimedes wird nun angestrengt nachgedacht haben. Nachdem die Näherungsverfahren versagt und ihn angestrengt hatten, ging er zur Entspannung (nachweislich) ins Bad. Als Archimedes sich wohlig ins Becken legte, schwappte Wasser über den Rand. Er bemerkte es, brachte es zufällig mit dem Problem der Volumenbestimmung unregelmäßig geformter Körper zusammen, fügte unwillkürlich eine Gedankenkette an und ... sprang plötzlich aus dem Wasser, aus dem Bad, lief nackt durch die Straßen von Syrakus, wobei er „Heureka, heureka" rief.

Archimedes hatte entdeckt, daß jeder Körper (der durch Wasser nicht verändert wird) nach Eintauchen in Wasser so viel Wasser verdrängt, wie seinem Volumen entspricht. Wo ein Körper ist, da kann kein anderer sein. Zwei Körper können nicht zur gleichen Zeit den gleichen Raum ausfüllen. Außerdem hatte er das Prinzip des Auftriebs gefunden.

Der Goldschmied soll übrigens hingerichtet worden sein, aber vielleicht ist das nur zur Dramatisierung der Geschichte erfunden worden.

Physik: Beugung und grafische Rechenoperationen

Im Kapitel 6.2 haben wir gelernt, daß wir neue Einsichten gewinnen und Probleme lösen, wenn wir Information umkehren oder verdoppeln. Die Umkehrung spielt eine Rolle bei der Beugung oder Diffraktion, die Verdoppelung und Überlagerung bei grafischen Rechenoperationen.

Umkehrung der Information
Die Umkehrung ist ein bewährtes Erfinderprinzip (s. Kapitel 2.7 und 6.2). Man kann die Umkehrung noch weiter treiben und auch die Umkehrung umkehren. So entsteht aus der Negation der Negation eine neue Position. Die Fotografie kennt die Negation der Negation schon lange und sogar in zweifacher Hinsicht. Einmal wird durch Kopieren oder Vergrößern ein Negativ eines Negativs, das wir richtig Positiv nennen, hergestellt. Zum anderen sind unsere Diafilme Umkehrfilme. Die Dias entstehen erst durch eine 2. diffuse Belichtung im Labor, haben also auch 2 x Licht bekommen wie ein Papier-Positivbild.
Die Negation der Negation spielt sich auch – für uns unsichtbar – im Mikroskop ab. Im Tubus des Mikroskops entsteht latent ein Beugungsbild, das nochmals gebeugt, das Objekt (vergrößert) zeigt. Nach Ernst Abbé gibt das Beugungsbild eines Beugungsbildes eines Objekts das Objekt selbst wieder (s. Bugdahl 1991).
Hiervon ausgehend kann man auf die Idee kommen, den sich im Mikroskop unsichtbar abspielenden Vorgang sichtbar in 2 Teile zu zerlegen – also erst ein Beugungsbild herzustellen und davon wieder eines. Wenn dieses zweite Beugungsbild dann das Objekt wiedergäbe, wäre die Idee richtig. Sie ist tatsächlich richtig, wie Taylor u. a. (s. Bugdahl 1991) experimentell bewiesen haben.
Mit einer schönen und richtigen Idee kann man nun schwierige Probleme elegant lösen. Während diese Idee selbst als *Problemlösung durch Zerlegung des Problems* bezeichnet werden kann (step by step), läßt ihre Anwendung die Aufzählung folgender Problemlösetechniken zu:
Analogieschluß, Vergrößern/Verkleinern, Herstellung eines Modells, Graphische Darstellung, Projektion, Transformation.
Ausführliche Erläuterungen mit dem Beispiel „Optische Transformationen" siehe Bugdahl 1991.

Verdoppelung der Information, Überlagerung von Gittern
Schon in den unteren Klassen haben wir gelernt, daß eine Gerade im x-y-Achsenkreuz mit einer Gleichung $y = mx + c$ beschrieben werden kann. Darin ist m der Anstieg der Geraden und c der Schnittpunkt mit der y-Achse. Alle Parallelen zu dieser Geraden unterscheiden sich nur im Wert

von c von der Geraden. Außerdem wissen wir noch, daß man den Schnittpunkt zweier Geraden bestimmen kann, indem man die Gleichungen für
diese beiden Geraden gleichsetzt. Der Schnittpunkt muß ja ein Punkt sein,
an dem **beide** Gleichungen **gleichzeitig** gelten.

$$Y_1 = Y_2; \quad m_1x + c_1 = m_2x + c_2$$

Bei der Überlagerung von Gittern haben wir nun
○ erstens viele parallele Geraden und
○ zweitens viele Schnittpunkte und
○ damit den Schlüssel für eine
exakte mathematische Erklärung der Moiré-Bilder (s. Kapitel 6.2). Wir wollen aber diesen Sachverhalt hier nicht weiter vertiefen. Für unsere Zwecke
genügt es zu wissen, daß jedes Moiré-Muster einen mathematischen Sachverhalt graphisch darstellt. So ist es nun nicht mehr so verwunderlich, daß
in Abhängigkeit vom Überlagerungswinkel der Gitter verschiedene Moiré-
Bilder entstehen. Damit sind wir bei den unter Verdoppeln in Kapitel 6
genannten Nutzanwendungen angelangt.

Biologie

Vom Organismus zur sozialen Gesellschaft

„Das Leben der Pflanzen" von Jean-Marie Pelt ist nicht unumstritten. Uns
gefällt es aber, weil der Autor – ganz im Sinne des Entrinnens – versucht,
uns das Verhalten der Pflanzen in den Begriffen menschlicher Ideen und
Affekte verständlich zu machen. Er betrachtet die Pflanzen als eigenständi-
ge Geschöpfe, die, wenn sie leben und überleben wollen, gezwungen sind,
zu erfinden, zu erneuern, zu organisieren. Willkürlich sei eine ganzheitliche
Betrachtung der Korbblütler verkürzt herausgegriffen:

Die Struktur der Korbblütler erinnert an die Lebensweise und die Organi-
sationsformen staatenbildender Insekten. Diese Ähnlichkeit ist um so er-
staunlicher, als es sich einmal um die Blüten eines Individuums (z. B.
Margerite) und andererseits um die Individuen einer Gruppe (z. B. Wespen)
handelt. Wespennestern sind unsere Hochhäuser ähnlich. Von der Einzelblüte zum Korbblütler, vom Insekten-Unterschlupf zum Bienenstock, vom
Bauernhaus zum Hochhaus ist eine Tendenz zur sozialen Konzentration
erkennbar. Aber es gibt auch Korrekturen, weil die Evolution Gigantismus
hartnäckig bekämpft. So wie Menschen heute wieder individueller leben
wollen und möglichst aus Hochhäusern ausziehen, so verkleinern Korbblütler ihren Blütenstand, bis er wieder in Größe und Aussehen einer
Einzelblüte ähnelt. Die Einzelblüte läßt sich mit dem vielseitigen Menschen
früherer Zeiten vergleichen, das Köpfchen der Korbblütler mit dem modernen Industriemenschen. Seine Blüten sind Spezialisten. Die Korbblütler

nehmen nun die gleiche Entwicklung wie vor ihnen die Einzelblüten. Die Anzahl der Blüten verringert sich, die Köpfchen rücken zusammen, bilden Köpfe aus kleinen Köpfchen. Auf der Evolutionsspirale ist eine Sozialisierung zweiten Grades erreicht worden.

Bei der Schafgarbe z. B. bilden die kleinen Köpfchen dichte, dekorative „Köpfchenblütenstände". Diese Entwicklung gipfelt im Edelweiß, bei dem sich viele kleine Köpfchen zu einem neuen und dichten Komplex zusammentun. Wie um uns zu täuschen, umgeben sich die „Köpfchenblütenstände" mit weißen Blättern, so daß alles wieder wie eine Blüte aussieht. Tatsächlich ist es ein Köpfchen blühender Köpfchen, eine Blüte dritten Grades. Im Rahmen der Evolution hat das Edelweiß eine weitere Runde der Spirale durchlaufen, es ist die jüngste Pflanze.

Dem Edelweiß waren wir schon beim Morphologischen Kasten (Kapitel 8) begegnet.

Die Evolutionsspirale bildet eine interessante Analogie zur Innovationsspirale (Kapitel 2.7).

Fibonacci-Zahlen

Leonardo da Pisa, Sohn des Bonaccio = filius di Bonaccio, genannt Fibonacci, lebte von 1180 bis 1250. Er führte die arabischen Ziffern in Europa ein, schrieb 1228 das erste kaufmännische Rechenbuch „Liber Abaci" und war schon zu Lebzeiten sehr berühmt. Mehr zum Spaß erfand er Zahlenreihen wie die nach ihm benannte: 0, 1, 1, 2, 3, 5, 8, 13, 21, 34, 55, 89, 144, 233, 377, 610, 987 …

Das Bildungsgesetz der rekursiven Fibonacci-Reihe ist:

$$f_{n+2} = f_n + f_{n+1} \quad \text{mit den Anfangsgliedern } f_0 = 0 \text{ und } f_1 = 1.$$

Ab dem 3. Glied ist also jedes Glied die Summe seiner beiden vorangehenden. Das Glied nach 21 und 34 heißt 55. Die biologische Bedeutung seiner Reihe zur Beschreibung sprunghaften Wachstums hatte Fibonacci selbst am Beispiel der Vermehrung eines Kaninchenpaares innerhalb eines Jahres gezeigt. Später verwendete man die Reihe analog im Rahmen der Mendelschen Erbgesetze, um die Folgen des Bruder-Schwester-Inzests abzuschätzen.

Fibonacci war sich der enormen Bedeutung seiner Zahlenreihe nicht bewußt. Sie läßt sich erahnen, wenn wir erkennen, daß die Quotienten je zweier benachbarter Glieder, also $\frac{1}{2}$, $\frac{2}{3}$, $\frac{3}{5}$, $\frac{5}{8}$, $\frac{8}{13}$, $\frac{13}{21}$ …, gegen den goldenen Schnitt konvergieren, d. i. die Irrational-Zahl $(\sqrt{5}-1)/2 = 0,618034$. Den Fibonacci-Zahlen begegnen wir in den Spiralen der Samenstände von Sonnenblumen und Tannenzapfen als räumlichem Ausdruck der chemischen Steuerung des Wachstumsverhaltens. Diese Anordnung sichert den nach und nach keimenden Samen die bestmögliche Versorgung unter weitestgehender Unterdrückung gegenseitiger Konkurrenz. Die Abbildung zeigt das Muster einer Sonnenblume, die über 34 und 55 Spiralen verfügt. $^{34}\!/_{55} = 0,6181818 \ldots$

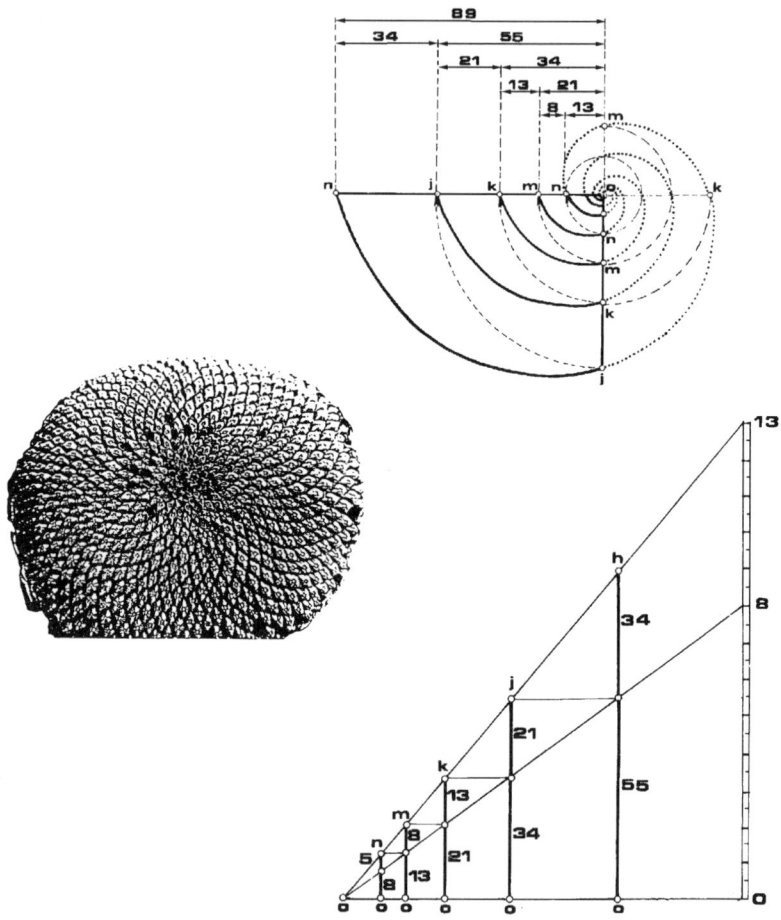

Typische Spiralen des Samenstandes der Sonnenblume

Gänseblümchen haben Spiralen im Verhältnis $^{21}\!/_{34}$, Kiefernzapfen solche von $^{5}\!/_{8}$ und Ananas solche von $^{8}\!/_{13}$. Auch bei ganz verschiedenen Muschelformen findet man die Proportionen des goldenen Schnitts (Doczi 1987). Die aufeinanderfolgenden Zuwachsraten der Seeohrmuschel – gemessen an den benachbarten Radien, die alle den gleichen Winkel einschließen – sind Zahlen der Fibonacci-Reihe.

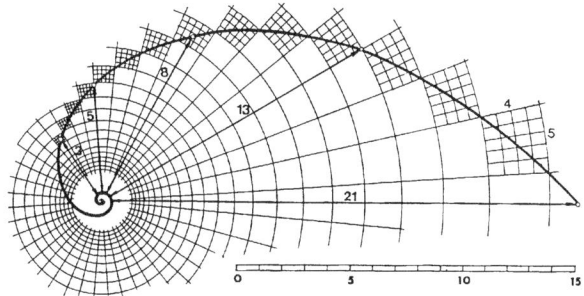

Rekonstruktion der Umrißlinie der Seeohrmuschel

Die Fibonacci-Reihe hat auch Dienste beim Bau gotischer Kirchen geleistet. Beim versetzten Mauern mit Ziegeln braucht man immer kleinere Endstücke. Es bietet sich an, Steine mit Längen zu verwenden, die sich ergänzen, also Fibonacci-Ziegel von 8, 13 und 21 Maßeinheiten Länge.

In der Kunst finden wir die Fibonacci-Reihe wegen des seit der Antike als harmonisch empfundenen goldenen Schnitts. Der Parthenontempel paßt z. B. genau in ein goldenes Rechteck. Georges Seurat und Piet Mondrian konstruierten bewußt nach dem goldenen Schnitt. Mario Merz malte Fibo-Spiralen und stellte die Fibonacci-Zahlen selbst in Neonziffern als Kunstwerk aus. Die Fibonacci-Reihe wird ihm zur universalen Metapher der natürlichen Beschleunigung von Lebensvorgängen, des raschen Wachstums biologischer Prozesse, der asymmetrischen Expansion des Organischen, der harmonischen Proportion. Merz sieht in der Zahlenreihe den Gegensatz von Vitalität und Rationalität aufgehoben: jede Zahl hat eine „Mutter" und einen „Vater".

Vielleicht lächeln Biologen und Mathematiker hierüber, aber sie müssen zugeben, daß die Fibonacci-Reihe wirklich interdisziplinär ist.

Fibonacci-Nim

Die Fibonacci-Folge hat noch eine interessante Eigenschaft: Nach dem Theorem von Zeckendorf ist jede natürliche Zahl eindeutig als Summe nicht benachbarter Fibonacci-Zahlen darstellbar, z. B. 42 = 34 + 8; 41 = 34 + 5 + 2. Wollen Sie ein Spiel kennenlernen, um von dieser Eigenschaft zu profitieren? Es heißt Fibonacci-Nim und stammt von R. Gaskel (in Thiele 1987, S. 153).

Prinzip: 2 Spieler haben n Spielsteine vor sich und nehmen abwechselnd davon Steine weg. Sieger ist, wer den letzten Stein bekommt.

Entnahmeregel:

Der erste Spieler nimmt wenigstens einen Stein, aber nicht den ganzen Haufen. Der Gegner nimmt wenigstens einen Stein, aber nicht mehr als das

Doppelte dessen, was der erste Spieler genommen hatte. Der erste Spieler nimmt nun mindestens einen Stein, aber nicht mehr als das Doppelte dessen, was der Gegner genommen hatte usw.
Wie können Sie gewinnen?
Entspricht die Menge der Spielsteine im Haufen einer Fibonacci-Zahl, so gewinnt der Nachziehende; ist die Anzahl keine Fibonacci-Zahl, so reduziert der Anziehende diese auf eine Fibonacci-Zahl und gewinnt. Fall a: Wenn Ihr Gegner auf einer F-Zahl startet, kann er Ihnen als Anzahl wieder eine F-Zahl hinterlassen (z. B. nimmt er von 233 Steinen 89 weg und hinterläßt 144). Sie können nun maximal 2 x 89 Steine entnehmen, also mehr als die vorhandenen 144 und haben gewonnen.
Fall b: Ihr Gegner startet von einer F-Zahl, hinterläßt Ihnen aber keine F-Zahl. Von 55 Steinen nimmt er beispielsweise 14 weg und hinterläßt 41. Sie zerlegen nun 41 in die F-Zahlen 34 + 5 + 2 und nehmen 2 Steine weg. Ihr Gegner kann nun maximal 4 Steine entfernen, kommt also nicht auf die F-Zahl 34, die Sie als Nachziehender erreichen werden. Jetzt wiederholt sich das Ganze. Entweder hinterläßt Ihnen der Gegner eine F-Zahl (dann können Sie den ganzen Haufen nehmen) oder nicht (dann erreichen Sie eine F-Zahl, indem Sie aus der Zerlegung stets kleinere Zahlen als die Hälfte des nächsten Gliedes nehmen).
Mit Fibonacci-Zahlen können Sie nur gewinnen – in jeder Hinsicht.

Informatik

Im Unterrichtsraum für Informatik sind alle apparativen Voraussetzungen gegeben, um Brainstorming über die Software Computer Aided Creativity (CAC) (s. Kapitel 6.2) und den Morphologischen Kasten über Morphos (s. Kapitel 8.5) einzuführen.

 ## 10.3 Mathematik

Ein ziemlich mathematischer Witz
Im Hilbertschen Raum geht zur Karnevalszeit eine Funktion spazieren. Plötzlich ruft jemand: „Halt, stehenbleiben! Ich bin ein Differentialoperator. Wenn du noch einen Schritt tust, differenziere ich dich so lange, bis du weg bist." – „Ha", sagt die Funktion, indem sie ihre Maske lüftet, „mich erschreckst du damit nicht. Ich bin nämlich die Funktion e^x (deren Ableitung wieder e^x ist)." – „Doch", antwortet der Differentialoperator, der sich nun gleichfalls demaskiert, „ich bin nämlich d/dy (für den e^x eine Konstante ist, deren Ableitung 0 ist)."
(Qu.: Jan-Dirk Weber, Student)

Eine formelle Denksportaufgabe
Aufgabe: Kombinieren Sie drei gleiche Grundzahlen oder Fakultäten oder Potenzen auf der Basis dieser Grundzahlen so, daß das Ergebnis immer 6 lautet. Beispiel und erste Lösungen:

$(0! + 0! + 0!)! = 6$
$(1 + 1 + 1)! = 6$
$2 + 2 + 2 = 6$

Und wie geht es weiter?

$3 \times 3 - 3 = 6$
$4^2 : 4 + 4^{1/2} = 6$
$5^2 : 5 + 5^0 = 6$
$6^2 : 6 \times 6^0 = 6$
$7^2 : 7 - 7^0 = 6$
$8^{1/3} + 8^{1/3} + 8^{1/3} = 6$
$9 - 9^{1/2} \times 9^0 = 6$

Wie weit können Sie die Reihe fortsetzen? Die Autoren freuen sich auf Ihre Antwort.

Labyrinth und Irrgarten

Wie wir wissen, besiegte Theseus den Minotaurus im Labyrinth von Knossos auf Kreta. Mit Hilfe eines Fadens, den ihm Ariadne geschenkt hatte, fand er glücklich aus dem Labyrinth heraus. Die Geschichte endete trotzdem tragisch, aber aufgrund von Kommunikationsfehlern. Aber im Mathematik-Unterricht wollen wir nicht die Geschichte nacherzählen, sondern überlegen, wie man auch ohne Faden aus einem Irrgarten herausfindet. Wohlgemerkt: aus einem Irrgarten! Aus einem Labyrinth findet man ohnehin heraus. Ein Labyrinth ist nämlich ein verbundenes System ohne Kreuzungen und Sackgassen. Der einzige Weg in einem Labyrinth führt ins Zentrum oder von dort zurück zum Ausgang (s. S. 162).
Im Unterschied zum Labyrinth gibt es in einem Irrgarten (s. S. 162) Sackgassen, Kreuzungen und mehrere Möglichkeiten, ins Ziel zu gelangen.
In einem Irrgarten kann man sich also verirren und muß sich oft und richtig entscheiden. Angeblich hilft die Regel „Linke Hand an der Wand". Natürlich ginge dann auch „Rechte Hand an der Wand". Tatsächlich gilt diese Regel nur, wenn man sie ab dem Eingang befolgt. Man kommt dann vielleicht umständlich, aber sicher zum Eingang zurück. Diese Regel garantiert die Rückkehr zum jeweiligen Standpunkt. Man passiert ja ein verbundenes System von Wänden. Wer die Regel zu spät befolgt, kann Pech haben. Wenn er sich gerade an einem Teil des Wandsystems befindet, das nicht mit dem Eingang verbunden ist, läuft er nur im weiten Bogen zu seinem Ausgangspunkt zurück.

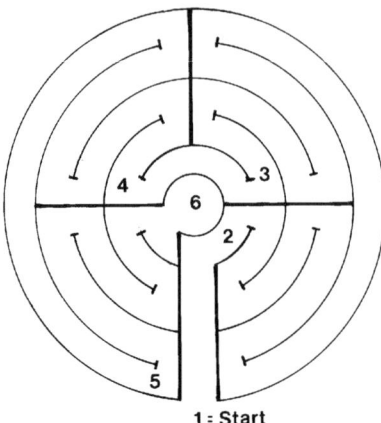

Labyrinth von Paolo Maccio (ca. 1570–1640) mit Inschrift: „Antequam incipias opus est consulto" (Denke nach, bevor du etwas anfängst)

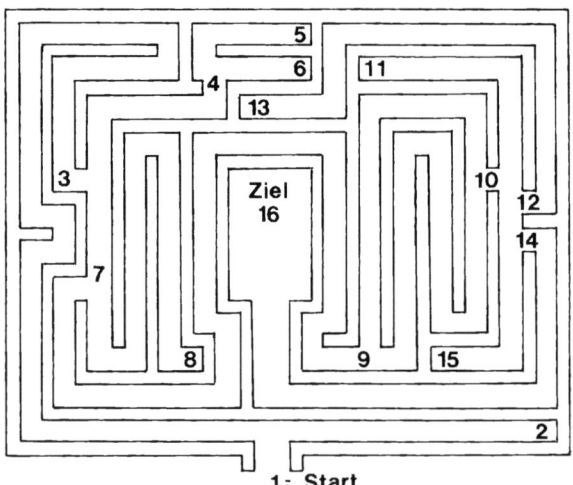

Irrgarten aus der Kirche St. Helena and St. Mary in Bourn, England

Topologie und Metrik

Wie findet man anders und möglichst schnell in das Zentrum eines Irrgartens oder wieder hinaus? Machen wir uns dazu einmal das Prinzip eines Irrgartens klar:

Wichtig ist nur, wie die Verzweigungen verbunden sind (Topologie). Die Wegstrecken zwischen den Verzweigungen (Metrik) müssen zwar passiert werden, sind aber nicht entscheidend. Wir kommen weiter, wenn wir die Topologie (und nicht die Metrik) in einen Entscheidungsbaum übersetzen.

1. Die Verzweigungen im Irrgarten werden zu Entscheidungsknoten im Entscheidungsbaum.

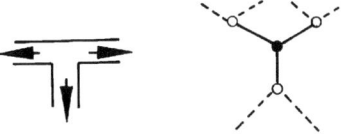

2. Sackgassen oder Kurven werden eliminiert.

3. Mehrwegkreuzungen werden zu Dreiwegkreuzungen reduziert:

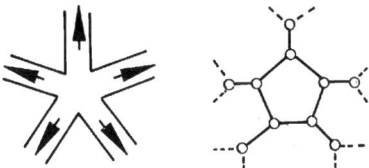

Transformation eines Irrgartens in einen Entscheidungsbaum

Der Depth-First-Search-Algorithmus
Wenn wir die Umformungen 1 bis 3 vorgenommen haben, können wir den Depth-First-Search-Algorithmus anwenden. Ein Algorithmus ist eine Rechenvorschrift. Der Name Algorithmus leitet sich von dem Ort al-Khorezmi ab, aus dem Mohamed ibn Musa Abdullah *al-Khorezmi* al-Madjusi al-Qutrubilli, ein Mathematiker des 9. Jahrhunderts, stammte. Die Vorschrift heißt „Search Depth first", also „Suche zuerst in der Tiefe", d. h., das Vordringen in die Tiefe des Irrgartens genießt Priorität. Dieser Algorithmus wurde 1892 von M. Trémaux zum Enträtseln von Irrgärten vorgeschlagen. Fast 100 Jahre später entdeckten John Hopcroft und Robert Tarjan ihn im Rahmen der Graphen-Theorie wieder. Die Depth-First-Methode hat den Vorteil, daß wir keine Karte des Irrgartens besitzen müssen. Wir registrieren die Knoten und Wege, die bereits durchschritten worden sind. Selbst wenn wir uns verirrt haben, können wir noch herausfinden. Jede durchschrittene Verzweigung

muß allerdings gekennzeichnet werden, damit wir erkennen können, ob wir schon einmal dort waren und von wo wir gekommen sind. Da wir nur noch Dreiwegkreuzungen haben, gibt es nur noch Entscheidungen zwischen rechts und links. Eine endliche Rechts-Links-Sequenzabfolge muß aus einem solchen Dreiwegsystem herausführen bzw. in es hineinführen. Um die richtige Sequenzabfolge von Entscheidungsknoten zu Entscheidungsknoten möglichst effektiv zu finden, empfiehlt die Depth-First-Search-Methode

○ grundsätzlich das Ansteuern neuer Positionen und

○ eine Zufallsauswahl bei mehreren neuen Möglichkeiten.

Der Depth-First-Search-Algorithmus zum Lösen von Entscheidungsproblemen

Regel:

1. Sobald eine neue Position erreicht ist (auch die Startposition), werden alle Positionen notiert, die von hier direkt erreichbar sind.

2. Von der Startposition wird irgendein Weg beschritten (Zufall). Danach geht es auf einem Weg weiter, der zu einer neuen Position führt, die bisher nicht schon einmal berührt wurde.

3. Schritt 1 und 2 werden so oft wie möglich wiederholt.

4. Wenn der nächste Schritt nur noch zu „alten" Positionen führt, geht man so weit auf dem begangenen Pfad zurück, bis es möglich ist, eine „neue" Position zu erreichen. Diese wird besetzt.

5. Beim Zurückgehen berührte „alte" Positionen gelten wieder als „neu".

6. Schritte 1 bis 5 werden wiederholt, bis die gewünschte Position erreicht ist. Falls man wieder zum Startpunkt zurückkommt, ist das Problem unlösbar.

Erprobung des Depth-First-Search-Algorithmus

Am Irrgarten von Bourn wollen wir ausprobieren, wie hilfreich der Algorithmus ist. Dazu formen wir den Irrgarten in einen Entscheidungsbaum um.

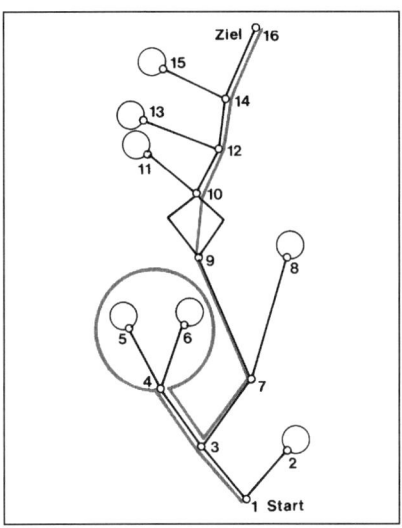

Die Abbildung zeigt, wie wir mit Hilfe des Algorithmus voranschreiten. Der Weg ist dick eingezeichnet.

Entscheidungsbaum nach dem Irrgarten von Bourn

Gegenwärtige Position		Mögliche Bewegung	Kommentar	Ausgeführte Bewegung
Start	1	2	gemäß Algorithmus	
		3	gemäß Algorithmus	3
3		1	zurück	
		4	gemäß Algorithmus	4
		7	gemäß Algorithmus	
4		3	zurück	3
		5	Sackgasse	
		6	Sackgasse	
3		1	zurück	
		4	zurück	
		7	gemäß Algorithmus	7
7		3	zurück	
		8	Sackgasse	
		9	gemäß Algorithmus	9
9		7	zurück	
		10	gemäß Algorithmus	10
10		9	zurück	
		11	Sackgasse	
		12	gemäß Algorithmus	12
12		10	zurück	
		13	Sackgasse	
		14	gemäß Algorithmus	14
14		12	zurück	
		15	Sackgasse	
		16	Ziel	16

Anwendung des Depth-First-Search-Algorithmus im Irrgarten von Bourn

Euklids Beweis

Primzahlen beschäftigen die Mathematiker schon lange. Eine Primzahl ist eine Zahl, die nicht als Produkt zweier Zahlen dargestellt werden kann, die kleiner sind als die Zahl selbst. Oder einfacher: Eine Zahl größer als 1, die nur durch sich selbst und 1 teilbar ist. Zu Beginn des Zahlenstrahls liegen die Primzahlen dicht gedrängt: 1, 2, 3, 5, 7, 11, 17, 19, 23 usw. Man könnte den Verdacht hegen, daß es bei höheren Zahlen mit immer größerer Wahrscheinlichkeit für Teiler schließlich eine letzte Primzahl gibt. Im Unterricht ergibt sich die Möglichkeit, hier auf die Teilbarkeitsregeln einzugehen. Danach sind alle geraden Zahlen (außer 2), alle auf 0 oder 5 endenden Zahlen, alle Zahlen mit einer durch 3 teilbaren Quersumme keine Primzahlen. Aber das ist hier nicht unser Ziel. wir kommen auf die Primzahlen, weil Euklid 300 v. Chr. einen eleganten Beweis für die Unendlichkeit der Primzahlen geliefert hat. Seine Beweisführung entspricht dem force fit bei der Synektik.

Behauptung:	Es gibt ∞ viele Primzahlen.
Ziel:	Beweis, daß es für jede Zahl eine noch größere Primzahl gibt.
Vorgehen:	1. Zahl N denken (Generalisierung: Es gibt ∞ viele N) 2. N! bilden N! ist durch alle Zahlen $\leq$ N teilbar 3. N! + 1 N! + 1 ist nicht teilbar durch 2, weil Rest 1 N! + 1 ist nicht teilbar durch 3, weil Rest 1 N! + 1 ist nicht teilbar durch 4, weil Rest 1 N! + 1 ist nicht teilbar durch N, weil Rest 1 4. d. h. N! + 1 = Primzahl (Ziel erreicht mit Force fit)
Methode:	Entfernung durch einzelne kleine logische Schritte, plötzlich bedeutender Schluß (einfach, zwingend, schön).

Euklids Beweis für die Existenz unendlich vieler Primzahlen

10.4 Religion und Sozialkunde

Lullus' Mühle

Zwischen Zwickys Morphologischem Kasten (Kapitel 8) und Lullus' Mühle liegen 700 Jahre – eine lange Zeit. Und doch gibt es eine Verbindung zwischen ihnen. Beide verwendeten zum Ideenfinden eine ähnliche Methodik: die logische Strukturierung des Suchfeldes und anschließend Zwangsverknüpfungen innerhalb dieses Suchfeldes. Oder anders gesagt: eine Kombination von Systematik und Zufall. Beide verwendeten auch eine Art Mechanik für die Strukturierung: Zwicky den Kasten mit Schubfächern, Lullus eine Mühle und Tafeln. Vordergründig gesehen, strebten beide verschiedene Ziele an. Zwicky suchte moderne technische Problemlösungen, Lullus immer neue gute Gründe für die logische Bekehrung der Heiden. Beide blickten himmelwärts, beide bemühten sich mit missionarischem Eifer und mit logischen Mitteln um ein „richtiges" Weltbild.

Wer war Raimundus Lullus?
Wer schon einmal auf Mallorca war, hat es vielleicht zufällig erfahren, sozusagen auf dem 3. Bildungsweg. Hier ergibt sich jedenfalls ein Anknüpfungspunkt für den Dialog mit den Schülern oder auch ein Forschungsauftrag für künftige Mallorca-Reisende (Strelocke 1987).
Eigentlich hieß er RAMON AMAT wie sein Vater, ein Edelmann im aragonesisch-katalanischen Königreich. Sein Vater schon hatte den Spitznamen LLULL, d. h. Unkraut, Störenfried, Streitmacher. Dieser hatte unter König Jaime I. 1229 Mallorca eingenommen und zum Dank Ländereien auf der Insel erhalten. Er ließ sich auf Mallorca nieder und heiratete 1231. 1235 (laut Strelocke; nach Erika Lorenz lebte Lullus von 1232 bis 1316) wurde ihm der Sohn Ramon geboren. Ramon wurde Page bei König Jaime II. und führte ein so ausschweifendes Leben, daß der Hof und die Eltern zur Heirat mit dem Edelfräulein Catalina Labots drängten. Leider half das nichts. Es gab weitere Skandale. Der letzte: Ramon stellte der Ehefrau eines Höflings, Senora Ambrosia de Castello, bis in die Kirche nach. Hoch zu Roß folgte er ihr bis zum Altar, wo sie schließlich in ein Rendezvous einwilligte. Beim Treffen soll sie nach der Legende ihre Bluse aufgerissen und ihren von Aussatz zerfressenen Busen gezeigt haben. Das machte Ramon schlagartig die Vergänglichkeit und die Notwendigkeit eines sinnvollen Lebens klar. Durch das Erweckungserlebnis wurde aus dem Lebemann ein Glaubensritter. Er verkaufte Hab und Gut, trennte sich von Frau und Kindern, pilgerte nach Santiago de Compostela und ließ sich auf dem Berg Randa als Eremit nieder. In 10 Jahren Selbststudium eignete er sich das Wissen seiner Zeit an und lernte Arabisch und Hebräisch. So wurde aus Ramon Llull der Doctor Illuminatus RAIMUNDUS LULLUS.

Sein Hauptziel, alle Zweifel aus der Welt zu schaffen, wollte er über drei verknüpfte Unterziele erreichen:
1. Juden und Mohammedaner wollte er logisch (und damit endgültig) von der christlichen Wahrheit überzeugen.
2. Da er dies nicht allein bewerkstelligen konnte, wollte er Sprachschulen gründen, in denen viele Missionare Arabisch und Hebräisch lernen.
3. Zur theoretischen Untermauerung und für den Unterricht in den Sprachschulen wollte er schließlich das beste Buch der Welt schreiben.

1275 hatte er auf dem Berg Randa auf Mallorca eine Erleuchtung für das – seiner Meinung nach – beste Buch der Welt, die „Ars magna" (oder „Ars maior"). In „Ars magna" beschreibt Lullus eine Kombinationsmethode zur Erfindung von Wissen. Gestützt durch eine mechanische Drehvorrichtung – eine „Mühle" nach Art der Kinderrassel –, findet er immer neue Kombinationen des Weltwissens. Diese Zufalls- und Zwangsverknüpfungen führen zu immer neuen Argumenten und Einsichten. Wer die Mühle besitzt und anwendet, ist nie mehr ideenlos und ratlos. Die Mühle greift auf arabische und jüdische Tradition zurück. Die islamische Philosophie kennt den Kreis als Gottes- und Vollkommenheitssymbol, die jüdische Kabbala verwendet Buchstabenkombinationen. Die Ars magna wurde übrigens von Leibniz ins Deutsche übersetzt.

Wie sah nun Lullus' Mühle aus?
Sie bestand aus drei konzentrischen verschiedenfarbigen Holzscheiben, die sich wie bei einer Kinderknarre segmentweise gegeneinander verdrehen lassen. Die drei Scheiben bestanden jeweils aus neun (drei x drei) Segmenten, die mit den Buchstaben B, C, D, E, F, G, H, I und K beschriftet waren.

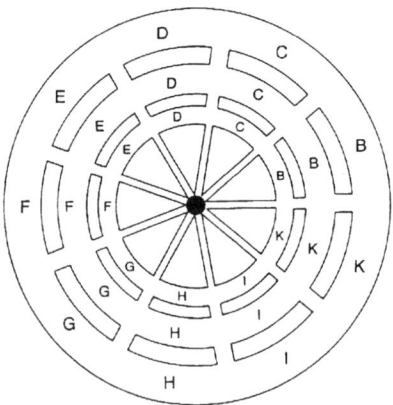

Lullus' Mühle, Ars Magna (Nachbau mit Pappscheiben)

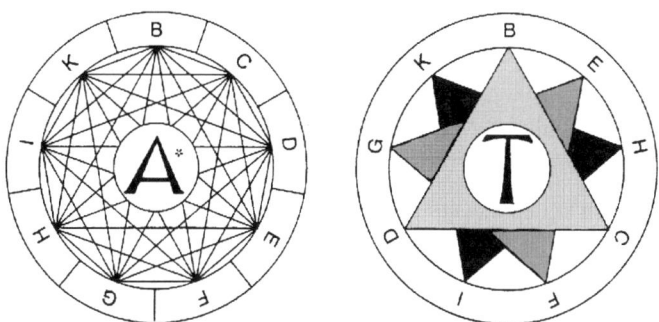

Lullus' Mühle mit den Scheiben A und T; * gilt für Gott

Buchstabe A war schon als Bezeichnung der wichtigsten Scheibe vergeben: Diese Scheibe A demonstriert die Einheit der Eigenschaften B bis K in Gott; die „absoluten Prinzipien". Eine andere Scheibe hieß T (= Ternare) und zeigte die relativen Prinzipien. Diese Scheibe ist für die Demonstration der Beziehungen von Feldern B bis K (allgemein) oder Eigenschaften von A (speziell) wichtig. Über der Mühle befand sich eine Tafel mit Erklärungen für die Buchstaben auf den 3 Scheiben.

An der Mühle wurden jeweils nur drei Scheiben verwendet. Aber es gab mehr als 3 Tafeln. So konnte Lullus das Wissen aus Medizin und Jura, Ethik (Tugenden und Laster) usw. einbringen und die Kombinationsmöglichkeiten vervielfachen. Die Tafeln sind der „Kornspeicher" der Mühle. Die Verdrehung der „Mühlräder" (die Hardware) bringt immer neue Verbindungen zustande – angefangen von BBB, BBC, BBD, BBE, BBF, BBG, BBH, BBI, BBK, über BCB, BCC, BCD, ... bis zu KKI und schließlich KKK.

Alle Kombinationen wollen wir hier nicht aufschreiben. Sie füllen 22 Seiten der „Ars Magna". Die 22 Seiten mit Dreierkombinationen von Buchstaben wirkten auf Lullus' Zeitgenossen wie Buchstabenmystik; sie waren nicht an Computerausdrucke gewohnt. Deshalb entwickelte Lullus eine Art Software, ein Regelwerk, das die Verwandlung der Buchstabenkombinationen in sinnvolle Sätze lehrt.

Ohne dieses Regelwerk wäre die Mühle ein Zufallsgenerator, der auch unsinnige oder sogar religiös verbotene Sätze produziert wie etwa „Gott ist lasterhaft". Das Regelwerk gibt aber auch an, wie vorzugehen ist, damit keine der möglichen Kombinationen vergessen wird. Angenommen, Lullus wolle über Güte und Größe Gottes (Buchstaben B und C in der Tafel für Scheibe A) nachdenken. Er bildet dazu der Einfachheit halber zunächst die Zweierkombination BC. Diese Buchstaben können maximal 48 mal miteinander verknüpft werden, indem die Begriffe aus der Tafel der Reihe nach alle Stellungen im Satz durchgehen.

	B	C	D	E	F	G	H	I	K
1. Attribute Gottes Scheibe A	Güte	Größe	Dauer	Macht	Weisheit	Wille (Liebe)	Wirkkraft	Wahrheit	Herrlichkeit
2. Beziehungen der Dinge zueinander Scheibe T	unterschieden	einheitlich	entgegengesetzt	einander Ursache	einander Wirkung	einander Ende	< kleiner	= gleich	> größer
3. Frageformen	Welche(s) ist?	Was ist?	Woher?	Weswegen?	Wieviel?	Wie beschaffen?	Wann?	Wo?	Wie?
4. Medizin									
5. Jura									
6. Tugenden									
7. Laster									
⋮ ⋮ ⋮ ⋮									

Tafeln für die Kreisscheiben der Lullus' Mühle

1. Güte ist groß
2. Güte ist unterschieden
3. Güte ist einheitlich

Nun folgen je 3 einfache Aussagesätze für Größe, Unterschied und Einheit. Dann kommen komplexere Satzformen und am Ende philosophische Fragesätze:

46. Was ist die große Einheit?
47. Welche Einheit ist unterschieden?
48. Was ist die unterschiedene Einheit?

Diese 48 mechanisch-kombinatorisch produzierten Sätze wären nun nach den Regeln weiter zu spezifizieren und durch Zusatzfragen zu vervielfachen. Am Ende wären alle möglichen Sätze über Güte und Größe zusammengetragen – ohne die Frage nach ihrem Sinn zu stellen.

Das macht auch ein Computer heute so. Tatsächlich haben Mitarbeiter der Firma Siemens in Berlin Lullus' Mühle samt Tafeln erfolgreich in die Computersprache Cobol übersetzt. Lullus war „der erste Hacker mit Zugang zu den himmlischen Datenbanken" (Bexte 1988, S. 94). Er hat das erste theologische Expertensystem geschaffen. Das Wesen eines Expertensystems besteht ja darin, keine endgültigen Resultate zu liefern, sondern Alternativen als Entscheidungshilfen; Datenkombinationen, die nochmals interpretiert werden müssen.

Wie es mit Raimundus Lullus weiterging? Er reiste von 1276 bis 1315 missionierend und schreibend 40 Jahre lang. Lullus schrieb 27 000 Seiten. Er war in Algerien, Frankreich, Italien, Tunesien, Armenien, Palästina, Ägypten, England und als 80jähriger wieder in Algerien. In Bougie (heute Bejaja) wurde er als Prediger wider den Islam öffentlich zu Tode gesteinigt.

Gekonnt diskutieren: 6 Hüte – 6 Denkarten

Bei einer Sitzung kommen Leute zusammen, um etwas zu klären, zu entscheiden oder zu beschießen. Meist geht das so vor sich: Die schlecht oder gar nicht vorbereiteten Teilnehmer fangen an zu reden, zunächst (hoffentlich) noch direkt zum Thema, bald abschweifend, unkonzentriert, hin und herspringend, reagierend. Argumente, Kritik, neue Ideen, Hoffnungen, Einschätzungen, Fakten, Gefühle kommen kreuz und quer auf den Tisch. Es gibt auch mehr oder minder klare Absichten, die aber nicht ausgesprochen, geschweige denn als Ziele formuliert werden. Man redet und redet in der Erwartung, daß dadurch einer der Teilnehmer auf eine bewährte Methode kommt, mit der wieder ein Ergebnis erzielt werden könnte. Von Kritik wird freigiebig Gebrauch gemacht – mit der guten Absicht, die Zahl der

Beiträge zu reduzieren. So sollte sich unter zunehmendem Zeitdruck aus Erfahrungen und Sachzwängen ein durch Kritik „gereinigtes" Ergebnis herausschälen. Was wirklich herauskommt, ist oft nicht einmal der kleinste gemeinsame Nenner. Wer sagt denn, daß die Teilnehmer überhaupt optimale Vorschläge zusammengetragen haben! Sie konnten ja gar nicht konzentriert nachdenken. Vielmehr haben sie sich schnell einen aus Erfahrungen und Vorurteilen basierenden Standpunkt zusammengebastelt und versuchen, ihn in der Diskussion auszubauen. Das ist natürlich nicht befriedigend, sondern sehr störend und auch kostspielig. Wenn wir Sitzungen effektiver gestalten wollen, müssen wir zunächst lernen, effektiver zu denken.

Zwei Denkmodelle
Schnittmengen von Lin Yutang
Über *unser* Denken wissen wir nicht viel. Wir können uns beim Denken nicht zugucken, ohne es zu stören oder zu beeinflussen. Aber über *das* Denken allgemein haben große und viele Denker Berge von Wissen angehäuft. Der chinesische Philosoph Lin Yutang z. B. stellte ein Modell auf, das sich heute nach der Mengenlehre besonders kompakt ausnimmt.

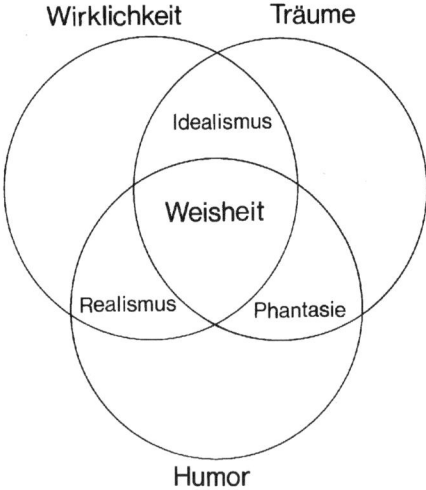

Das Lin-Yutang-Modell in Schnittmengen

Nach Lin Yutang ist die Weisheit die höchste Stufe des Denkens. Weise ist, wem es gelingt, seine Träume durch Wirklichkeit und Humor zu modifizieren.

Wirklichkeit + Träume	= Herzweh (Idealismus)
Wirklichkeit – Träume	= Animalische Existenz

Träume + Humor	= Phantasie
Träume – Humor	= Fanatismus

Humor + Wirklichkeit	= Realismus (Konservatismus)
Humor – Wirklichkeit	= ? (Albernheit)

Träume + Humor + Wirklichkeit = Weisheit

Das Lin-Yutang-Modell erfreut auf den ersten Blick. Aber dann scheinen die Kategorien doch nicht vollständig, nicht ebenbürtig und ihre Kombinationen nicht so benannt, wie wir es heute täten. Wir kennen den historischen Kontext nicht und mögen irren. Nicht aus Überheblichkeit, sondern der Verständlichkeit wegen möchten wir das Modell verändern. Mit den 3 Kategorien Realität, Phantasie (incl. Träume) und Humor stoßen wir auf die Schnittmenge Kreativität und haben die Weisheit verloren. Das kann nicht befriedigen. Mit nur drei Denkarten ist „der Weisheit letzter Schluß" nicht erreicht. Sicher auch nicht mit sechs Denkarten.

Die sechs Hüte von de Bono
Aber mit sechs Denkarten ist sehr viel zu erreichen, besonders dann, wenn man sie sich bewußt macht und getrennt anwendet. Edward de Bono hat mit seinem „Sechsfarben-Denken" ein zeitgemäßes Modell entwickelt, mit dem sich sehr gut arbeiten läßt (s. S. 174).
Sechs Arten zu denken werden durch sechs farbige Hüte symbolisiert. Diese Verpackung ist sehr geschickt und einprägsam gewählt. *Einprägsam,* weil wir uns die Einteilung der Denkarten über gewohnte Farbsymbole leicht merken können:

Weiß   steht für neutral,
rot   für „rot sehen", zornig sein, Gefühlen folgen,
schwarz   für „schwarz sehen", pessimistisch sein,
gelb   für sonnig, optimistisch,
grün   für Natur, Wachstum,
blau   für kühl, klar sein.

Die Hut-Verpackung der sechs Denkarten ist *geschickt* gewählt, weil sie den Rollen- und Aufforderungscharakter unterstreicht. Wenn wir von einer auf die andere Denkart umschalten wollen, setzen wir einfach einen Hut ab und einen anderen auf. Die doppelte Rückführung auf Gewohntes, auf Farben

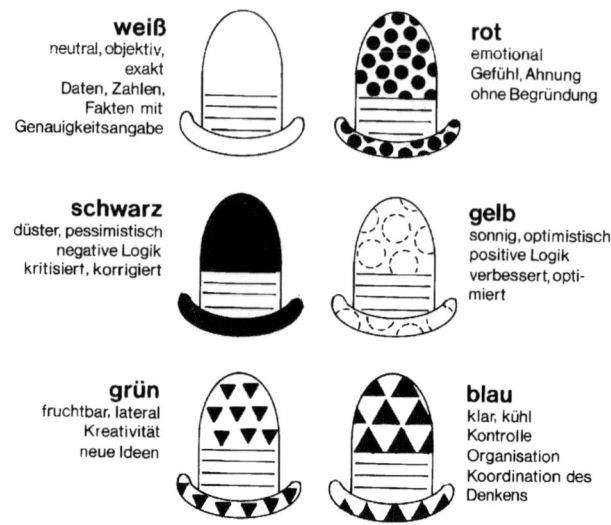

weiß
neutral, objektiv,
exakt
Daten, Zahlen,
Fakten mit
Genauigkeitsangabe

rot
emotional
Gefühl, Ahnung
ohne Begründung

schwarz
düster, pessimistisch
negative Logik
kritisiert, korrigiert

gelb
sonnig, optimistisch
positive Logik
verbessert, opti-
miert

grün
fruchtbar, lateral
Kreativität
neue Ideen

blau
klar, kühl
Kontrolle
Organisation
Koordination des
Denkens

Die 6 Denkhüte von de Bono

und Hüte, nimmt schon einmal die Schwellenangst. Es ist „kinderleicht", sofort mit dem Sechsfarben-Denken zu beginnen.
Aber warum sollen wir überhaupt beginnen? Was hat getrenntes Denken in sechs Richtungen für Vorteile? Sehr viele. Sehen wir uns dazu in zwei Beispielen an, wie üblicherweise gedacht wird.

1. Beispiel: Der Schulaufsatz
In der Hoffnung, daß bessere Lehrer empört sind, wenn sie dies lesen sollten, sagen wir, wie wir angehalten wurden, Aufsätze zu schreiben. Der Aufsatz besteht aus Einleitung, Hauptteil und Schluß. In der Einleitung, spätestens aber zu Beginn des Hauptteils steht die Schlußfolgerung, die nachfolgend mit möglichst drei Beispielen untermauert wird. Der Aufsatz dient also nicht der Suche eines Standpunkts, sondern der Begründung eines Vorurteils.

2. Beispiel: Urteilsfindung bei Gericht
In der Hoffnung, daß bessere Richter und Verteidiger empört ... Beide Seiten gehen von festen Standpunkten aus. Ein Standpunkt ist ein Gesichtskreis mit dem Radius Null.

Diskutieren mit Hüten
Eine Diskussion mit den sechs Denkhüten verläuft ganz anders: interessanter, zielstrebiger, kürzer, ergiebiger. Bei Anwendung der Hut-Methode geht

es zunächst um die Exploration, das Kartografieren des Geländes. In diesem Sinne ist die Methode ein Mapping-Verfahren (Kapitel 10.3.). Dann werden verschiedene Wege erkundet, und schließlich wird ein Weg ausgewählt. Beispiele:

„Wir wollen jetzt keine Meinungen oder Vorschläge sammeln, sondern den weißen Hut aufsetzen, um reine Zahlen und Fakten ohne Interpretation zusammenzutragen."

„Sie haben gerade den schwarzen Hut aufgehabt, als Sie sagten, warum es nicht geht. Lassen Sie uns jetzt den gelben Hut aufsetzen, um eine positive Einschätzung zu versuchen."

„Es gibt also auch positive Aspekte. Jetzt setzen wir uns den grünen Hut auf, um in dieser Richtung noch etwas ganz Neues zu finden."

„Zu diesem Punkt wollen wir einmal unsere Gefühle äußern – ohne Begründung. Wir setzen uns den roten Hut auf."

„Nun brauchen wir eine Pause und dann 'Blaues-Hut-Denken' für die Festlegung von Prioritäten und das Zusammenstellen der Einschränkungen."

Warum funktioniert das Sechshüte-Denken?
Es funktioniert durch eine zweifache Trennung
a) der Denkarten und
b) von Persönlichkeit und Rolle,
     durch   – die Künstlichkeit beim Rollenspiel und
              – das Mehrfarbendruck-Vorgehen.

Beim Mehrfarbendruck macht man mit Farbfiltern Farbauszüge und druckt dann die Farbauszüge mit den entsprechenden Farben übereinander. Das Trennen in Denkarten verbessert die Gesamtqualität durch Konzentration und Fokussierung. Die Aufmerksamkeit wird gelenkt, die Zweckdienlichkeit erhöht. Beim emotional gefärbten Denken verändert sich sogar der chemische Zustand des Denkers (z. B. Adrenalin-Ausstoß).

Die Künstlichkeit beim Rollenspiel ist so vorteilhaft, weil der Denker nun nicht mehr seine Gesamtpersönlichkeit einbringen und verteidigen muß. Er kann sich nicht nur hinter einer Maske verstecken, wenn er etwa sagt, was er sonst verschwiege oder umschriebe. Nein, er **muß** einen Hut aufsetzen und die zugehörige Rolle spielen. Auch wenn ihm die Rolle nicht liegt, wird er ehrgeizig versuchen, nicht als schlechter oder einseitiger Schauspieler dazustehen. Diese Trennung von Persönlichkeit und Rolle ist genauso wichtig wie die Trennung der Denkarten.

Lassen Sie es nicht bei wohlwollender Zustimmung bewenden. Versuchen Sie es! Denn:

„Viele Male schaut der Wille durchs Fenster, ehe die Tat durch das Tor schreitet." (Erasmus von Rotterdam)

Das Auto als Modell für die Gesellschaft

Grundfunktionen

„Das Auto ist der Deutschen liebstes Kind", wird manchmal behauptet. Sicher ist jedenfalls, daß es viele Aufgaben erfüllt. Es schafft Arbeitsplätze, hilft bei der Arbeit, macht uns beweglicher, hat Statuswert oder snob-appeal usw. Es schafft aber auch viele Probleme, weshalb Autos immer sparsamer und umweltfreundlicher werden und neue Verkehrskonzepte entstehen. Das Auto kann uns aber auch als Denkmodell dienen, wie Serge Prétre beschreibt.

Was muß ein Auto mindestens haben, wenn es benutzbar sein soll?

○ Einen Antrieb,
○ eine Lenkung und
○ eine Bremse.

Das sind keine Extras aus der Aufpreisliste, denn ohne diese Grundfunktionen geht es nicht. Und die braucht auch jedes andere bewegliche System, wie z. B. unsere Gesellschaft. Der Fortschritt der Gesellschaft will gelenkt und gelegentlich auch gebremst sein, sonst geht er zu weit oder in die falsche Richtung.

Das Modell

Wer ist in der Gesellschaft für die drei Grundfunktionen zuständig?

○ Der Antrieb erfolgt durch die „Pioniere" (Erfinder, Visionäre, Unternehmer, Produzenten ...),
○ die Lenkung durch die „Bürokraten" (Verwalter, Administratoren, Gesetzgeber ...),
○ das Bremsen durch die „Moralisten" (Opposition, Gerichte, Kritiker ...).

Damit ist das Modell fast beschrieben. Es fehlen nur noch die großen Oberbegriffe Freiheit, Ordnung und Reinheit:

○ Freiheit steht für die Pioniergesellschaft, die den Antrieb bewirkt,
○ Ordnung steht für die steuernden Bürokraten und
○ Reinheit für die bremsenden Moralisten.

In unserer modernen Gesellschaft kommen alle drei Gesellschaftstypen

○ Pioniergesellschaft,
○ Ordnende Gesellschaft und
○ Moralisierende Gesellschaft

gleichzeitig vor. Ihre Koexistenz ist nützlich, denn ein Gleichgewicht im Dreieck Freiheit – Ordnung – Reinheit bedeutet eine „gesunde", ausgewogene Gesellschaft.

Ideal wäre es, wenn sogar in jedem einzelnen von uns, in jedem Mitglied der Gesellschaft, ein Gleichgewicht der drei Verhaltensweisen bestünde:
○ Initiative und Pragmatismus (Antrieb),
○ Methode und strukturierendes Denken (Lenkung) sowie
○ Hygiene und Schutz der Gesundheit (Bremse).

Es gibt aber auch negative Aspekte, die außerhalb des Dreiecks stehen. Die radikalsten sind:
○ Eliminierung der „Schwächeren" (dominante Pioniergesellschaft),
○ Eliminierung der „Chaoten" (dominante Ordnende Gesellschaft) und
○ Eliminierung der „Ungläubigen" (dominante Moralisierende Gesellschaft).

Diese negativen Aspekte kommen immer dann zum Vorschein, wenn ein Ungleichgewicht herrscht, wie z. B. gegenwärtig.

Mögliche Folgerungen aus dem Modell
Seit Beginn der Industriegesellschaft, von der Gründerzeit bis mindestens in die Fünfziger Jahre, glaubte die Gesellschaft an den Segen der Technik. Für diese Pioniergesellschaft bedeutete Technik auch Befreiung von schwerer körperlicher Arbeit, ja, sogar die Vision der Freiheit selbst.
In den siebziger und achtziger Jahren herrschte eine Koalition aus „Pionieren" und „Bürokraten". Auch den Begriff „Technokrat" hörte man öfter. Die „Moralisten" begannen sich zu formieren. Unter ihrem zunehmenden Einfluß ergab sich bis in die Mitte der achtziger Jahre eine erneute Gleichgewichtsverschiebung zu Lasten der Pioniere. Die Moralisten haben wichtige, längst überfällige Probleme, wie den Schutz der Umwelt und der Ressourcen, angepackt und zeitweise sogar die Rolle der Pioniere übernommen. Unserer Meinung nach läßt sich das Modell weiter so deuten: Die „Moralisten" begannen dann aber, mit den „Bürokraten" eine Koalition einzugehen, und läuteten damit eine weitere Kräfteverschiebung ein, die, die uns zur Zeit beschäftigt. Das Lahmlegen der Pioniergesellschaft, das Zerstören des Motors kann niemandem nützen. Wettbewerbsnachteile des Industriestandorts Bundesrepublik, schleppende Konzessionierung neuer Betriebe, erschwerte Zulassung neuer Produkte und anderes haben ernste Warnsignale erkennen lassen und den Immunmechanismus unserer Gesellschaft auf den Plan gerufen. Während die Moralisten allmählich erkennen lassen, daß sie als Opposition wertvoll, als Regierung jedoch weder fehlerfrei noch besonders konstruktiv sind, haben die Pioniere ihre eigene Moral wesentlich verbessert. Der Wettbewerb um verminderte Emissionen, bessere Nutzung der Ressourcen, Rückführung von Wertstoffen, Vermeidung von Nebenprodukten ist heute Gegenstand eines freiwilligen Wettbewerbs in der gesamten Industrie. Nicht zuletzt in der Autoindustrie. Und damit sind wir wieder an unserem Ausgangspunkt.

11. Methodenübersichten

11.1 Problemlösemethoden und Verfahrensmerkmale

Problemlösemethoden		
Methodengruppe	Methoden	Verfahrensmerkmale
Ungehemmte Entladung	Brainstorming und Varianten	Spontane Diskussion ohne Kritik, Quantität vor Qualität, Fantasie, keine Urheberrechte
	Brainwriting, CNB, 635	Spontanes Aufschreiben von Ideen, sonst wie Brainstorming, evtl. Urheberrechte
Schöpferische Konfrontation	Bionik, fantastische Analogien, Synektik	Stimulierung der intuitiven Ideenproduktion mittels scheinbar irrelevanter Worte und Bilder
Systematische Strukturierung mit schöpferischer Schlußfolgerung	Morphologischer Kasten, Morphologische Matrix, Funktionsanalyse, Attributive Listing, Problemfeld-Darstellung	Aufteilung des Problems in Systemelemente, Lösung von Teilproblemen und Zusammenfügen zu einer Gesamtlösung. Auch: Systematisierung von Lösungsmöglichkeiten
Systematische Strukturierung für Analyse und Entscheiden	Methode Kepner-Tregoe, Sequentielle Morphologie	Problemanalyse: Soll-Ist-Vergleich; Entscheidung: Gewichtung von Zielkriterien und Vergleich der numerisierten Alternativen
Systematische Strukturierung als Terminkontrolle und Rationalisierungshilfe	Netzplantechnik	Zeitliche Koordination von Bewegungsabläufen
Systematische Strukturierung von Experimenten als Auswertungs- und Rationalisierungshilfe	Statistische Versuchsplanung und Auswertung	Erkennung der Haupt- und Wechselwirkungen von Einflußgrößen; Quantifizierung dieser Effekte auf Zielgrößen/Optimierung

Übersicht über einige Problemlösemethoden und ihre Verfahrensmerkmale

11.2 Allgemeine Fragen zur Anregung der Ideenproduktion

Checkliste nach Osborn

1. Andere Anwendungen?

Gibt es eine neue Anwendung? — z. B. Benutzung von Hubschraubern für die Kontrolle von Hochspannungsleitungen im Gebirge

Gibt es nach Modifikation eine andere Anwendung? — z. B. Angelruten aus Glasfasern, eingebettet in Kunststoff

Was kann man noch daraus machen? — z. B. ein Pappenhersteller baut zusätzlich eine Puzzle-Produktion auf

Kann man etwas retten? — z. B. Herstellung von Tabakblättern aus Tabakstaub nach Verfahren der Papierherstellung oder Belag für Tennisplätze aus Gummiabfall

Welche Anwendung kann man hinzufügen? — z. B. Telefonservice wie Zeitansage, Wetterbericht, Theaterprogramm, Lottozahlen …

2. Borgen oder anpassen?

Was ist so ähnlich? — z. B. Studien der Flugpioniere an Vögeln

Welche Parallelen gibt es in der Vergangenheit? — z. B. Modedesigner orientieren sich an antiker Kunst.

Können andere Prozesse kopiert werden? — z. B. Züchten von Perlen durch Implantieren von Sandkörnern in Muscheln

Welche anderen Ideen sind brauchbar? — z. B. Diesel wurde zu seiner Erfindung durch einen Zigarettenanzünder angeregt

3. Modifizieren/Verändern?

Andere Gestalt? — z. B. Herstellung der ersten schnelleren Einspänner unter Verwendung konischer Kugellager, zurückgehend auf eine 400 Jahre alte Erfindung Leonardo da Vincis

Andere Form? — z. B. Waschpulver anstelle von Seife

Farbe? — z. B. die Einführung von bunten Metallicfarben brachte der amerikanischen Autoindustrie 1955 eine riesige Umsatzsteigerung

Bewegung?	z. B. Aufwertung von Spielwaren oder Industrieroboter, Rolltreppe, Fließband
4. Vergrößern/mehr?	
Längere Zeit?	z. B. doppelt gebackenes Brot oder längere Service-Intervalle
Häufiger?	z. B. mehrere leichte Mahlzeiten für Magenkranke
Stärker?	z. B. verstärkte Spitzen und Fersen bei Strümpfen
Höher?	z. B. Stelzen
Länger?	z. B. Verlängern von Schraubenschlüsseln mit einem Rohr
Etwas zusätzlich?	z. B. Chlorophyll in Zahnpasta
5. Verkleinern/weniger?	
Kompakter?	z. B. gegenwärtiger Trend bei Autos
Leichter?	z. B. Schaumstoff-Verpackung
Verdichten?	z. B. Schirme in Normalgröße, die als Taschenschirme transportierbar sind
Eliminieren?	z. B. schlauchlose Reifen
Enger?	z. B. Verpacken in Containern
6. Ersetzen?	
Andere Teile?	z. B. Automatik statt Gangschaltung
Anderes Material?	z. B. Argon anstelle von Vakuum in Glühlampen
Anderes Verfahren?	z. B. Spritzgießen statt Gießen
Anderer Antrieb?	z. B. Luft statt Elektroenergie für Scheibenwischer
Andere Wege?	z. B. Luftbrücke nach Berlin
7. Umformen/umstellen?	
Richtung ändern?	z. B. variable Einbahnstraßen je nach Verkehrsfluß
Aussehen revidieren?	z. B. Umgestaltung von Supermärkten, um zielstrebiges Einkaufen zu verhindern
Reihenfolge ändern?	z. B. Rückblenden im Film
Ursache und Wirkung transponieren?	z. B. wie Ärzte Diagnosen stellen

Anders verpacken?	z. B. easy opening oder kindersicherer Verschluß oder Dosierspender
Umgruppieren?	z. B. neues Verteidigersystem beim Fußball

8. Umkehren?

Vertauschen?	z. B. Staubsauger als Fön oder Heckmotor statt Frontmotor
Spiegelschrift?	z. B. um Rettungsfahrzeuge im Rückspiegel besser erkennen zu können
Aufwärts statt abwärts?	z. B. indirektes Licht
Das Gegenteil tun?	wie der Erfinder der Nähmaschine, der das Nadelöhr unten statt oben benutzte

9. Kombinieren?

Legierungen?	z. B. neue Synthesefasern, metallische Gläser
Alte Ideen aufwerten?	z. B. Fensterwäscher mit Bürste und Wasserzuführung
Ensembles?	z. B. Partnerlook, Geräteserien mit einheitlichem Design
Kombipack?	z. B. Rasierklingen und -seife nur zusammen verkaufen oder Wegwerfrasierer mit Klinge
Doppelnutzen?	z. B. Bifokalgläser für Brillen (angeblich von Benjamin Franklin erfunden)

Checkliste nach Raudsepp

Hier geht es vor allem um die Problemdefinition (s. Zacharias 1989). Eugene Raudsepp, der sich auch mit Ideenkillern auseinandergesetzt hat, möchte mit dieser Liste vermeiden helfen, daß eine mangelhafte Problemklärung Gedanken blockiert oder Ideen für ein anderes Problem sucht.

1. Problemdefinition
   ○ Worin besteht das Problem? Eine einfache, klare, grundlegende Antwort wird gesucht.
   ○ Worauf basiert das Problem, und in welchem Umfeld befindet es sich?
   ○ Können wir das Problem auch anders darstellen? Umformulieren kann Lösungsideen liefern.
   ○ Worin besteht das *eigentliche* Problem?

2. Ideensammlung

○ Liste der Problemerklärungen anlegen. Jede ist bis zum Schluß wichtig.
○ Möglichst viele Ideen ungeprüft aufschreiben.
○ Alle denkbaren Hypothesen, Methoden und Aktionspläne gedanklich ausschöpfen, Problemerklärungen und Ideen verbinden; noch immer keine Bewertung.
○ Problem in Beziehung zu seiner Umgebung setzen, Analogien suchen.
○ Nicht aufgeben. Problemdruck ist kein Grund zur Klage, sondern hilft, die beste Lösung zu finden.
○ Selbstvertrauen und Zuversicht bewahren!

Checkliste nach Linneweh

Klaus Linneweh, der Gründer des Instituts für Systematische Innovation in Hannover, hat 10 Empfehlungen für kreative Problemlöser (s. Zacharias 1989):

1. Notieren Sie Ihre Ideen
2. Kritik muß mindestens 24 Stunden warten
3. Rechtzeitig Teilziele und Zwischentermine setzen
4. Fragen Sie häufiger „Warum"
5. Streßfreier Arbeitsplatz
6. Distanz bewahren, keine vorschnellen Entscheidungen
7. Vorsicht bei schnellen Lösungen
8. Problemabstand (schöpferische Pausen)
9. Selbstbesinnung
10. Positives Umweltklima (Offenheit, Vertrauen)

Zum systematischen Problemlösen empfiehlt Linneweh folgende Checkliste:

Problemerkennung
1. Was will man erreichen?
2. Gibt es Veränderungsnotwendigkeiten?
3. Gibt es Verbesserungsmöglichkeiten?
4. Gibt es Widersprüche zum Ist-Zustand?
5. Warum sollte etwas getan werden?

Analyse
1. Lassen sich die erkannten Widersprüche eindeutig bestimmen?
2. Welches sind die Ursachen, welches die Symptome?
3. Kann man unübersichtliche Sachverhalte in überschaubare Unterprobleme aufgliedern?
4. Welche Informationen müssen beschafft werden?
5. Wer kann Informationen beschaffen?

6. Welche Unterlagen sind verfügbar?
7. Hat man ähnliche Probleme in anderen Bereichen?
8. Welche besonderen Mittel, Fähigkeiten und Kenntnisse von Experten sind erforderlich?
9. Kann man aufgrund der zusätzlichen Informationen zu einer Neuformulierung der Probleme kommen?
10. Welche Hypothesen ergeben sich daraus?
11. Welche wesentlichen Kriterien sollte die Lösung erfüllen?
12. Welche entscheidenden Kriterien muß die Lösung erfüllen?

Ideenfindung
1. Wird das Ziel sachlich und subjektiv von den Mitwirkenden bejaht?
2. Wie soll die Innovationsgruppe zusammengesetzt sein?
3. Wer ist Koordinator?
4. Welche Maßnahmen zur Auflockerung können getroffen werden?
5. Welche Techniken ermöglichen eine schnelle Suchfeldauflockerung?
6. Welche Innovationstechniken können angewandt werden?
7. Sind die Innovationstechniken allen Beteiligten bekannt?
8. Wie sollen die Ideen festgehalten und präsentiert werden?

Bewertung
1. Erfüllt die Lösung die festgelegten, wesentlichen und entscheidenden Kriterien?
2. Ist der Aufwand zur Realisierung der Lösung dem Problem angemessen?
3. Gibt es gleichwertige Alternativlösungen?
4. Welche Lösung soll zur endgültigen Realisierung bzw. Entscheidung vorgelegt werden?

Realisation
1. Wie und mit welchen Mitteln kann die Lösung verwirklicht werden?
2. Welche Schwierigkeiten sind bei der Realisierung zu erwarten?
3. Welche besonderen Auswirkungen müssen beachtet werden?
4. Wer soll die Problemlösung durchführen?
5. Wann und in welchem Zeitraum soll die Problemlösung durchgeführt werden?

11.3 Brainstorming-Varianten

Variante	Kurze Erläuterung
Solo	Brainstorming im Alleingang.
Ping-Pong	2 Teilnehmer stimulieren sich wechselseitig.
And-also	Jede Idee wird erst ausdiskutiert, bevor eine neue genannt wird.
Stop and go	Kritik ist abschnittsweise zugelassen.
Little by little oder Didaktisches Brainstorming	Nur der Koordinator kennt das Problem. In mehreren Sitzungen gibt er mehr und mehr Information. Die Unbestimmtheit ermöglicht auch weit entfernte Ideen und verhindert eine zu frühe Einengung des Suchfeldes.
Imaginäres Brainstorming	Das definierte Problem enthält zusätzlich eine vorgestellte Verfremdung, um die Fantasie anzuregen (z. B. alle Menschen haben 3 Arme, sehen mit den Ohren, leben bei –30 Grad C, sind leichter als Wasser usw.)
Allmacht	Mit Allmacht ausgestattet, können wir jedes Problem lösen. Die ersten Lösungsideen sind kompliziert und teuer, werden jedoch durch Vereinfachung bald so realistisch, daß wir uns die Allmacht für das nächste Problem aufsparen können.
Anonymes Brainstorming	Die Teilnehmer haben ihre Lösungsansätze schon vor der Sitzung aufgeschrieben. Der Koordinator liest die Ideen nacheinander vor, ohne den Urheber zu nennen, und versucht, sie mit der Gruppe weiterzuentwickeln (gut z. B. bei Gruppenkonflikten). Im Schutz der Anonymität wagt sich auch Abgeblocktes hervor, das dann nicht übergangen werden kann, sondern endlich einmal diskutiert wird.
Tear oder inverses Brainstorming	Das Problem wird zunächst gedanklich vergrößert, um die Einflußgrößen klar herauszuarbeiten, Ansätze von Fehlverhalten oder Produktschwächen besser zu erkennen. Beispiel: Wie können wir erreichen, daß der Umsatz noch stärker zurückgeht? Nach der Auswertung werden die „Drehknöpfe" der Einflußgrößen einfach in die positive Richtung gedreht.
Plus-Minus-Interessant (PMI)	Dieses Mapping-Verfahren von de Bono trennt die 3 Aspekte. Durch Beginn mit dem Positiven wird ein Teil des Negativen abgemagert. Ein weiterer Teil des Negativen hat interessante Aspekte. Gut zur Zerstörung vorgefaßter Meinungen.

66 oder Buzz Session	Größere Gruppen werden in Sechsergruppen aufgeteilt, die getrennt 6 Minuten lang (6 x 6) „brainstormen". Anschließend trägt der Sprecher jeder Gruppe die Lösungen vor, die dann im Plenum diskutiert werden. Darauf kann ein neues Problemdetail in den Sechsergruppen bearbeitet werden.
SIL-Methode oder Sukzessive Integration von Lösungselementen	Die Teilnehmer schreiben ihre Ideen zunächst getrennt auf. Dann trägt der erste seine Lösungsidee vor, darauf der zweite. Die Gruppe entwickelt aus beiden Lösungen eine neue Variante, die möglichst die Vorteile beider Ideen enthält. Nun wird die 3. Idee integriert usw. Aber bei den weiteren Ideen werden nur Verbesserungen berücksichtigt.
Creative Casting	Durch Sammlung aller brauchbaren und anschaulichen Materialien wie Bilder, Gegenstände, Begriffe, Eindrücke und Aussagen sollen alle „Pforten der Wahrnehmung" geöffnet werden. Über eine Collage wird ein Eindrucks-Poster (mood chart) erstellt.
Collective Collaboration Technique (Nachlese)	Nach dem Brainstorming denken die Teilnehmer noch ca. 10 Minuten alleine nach und schreiben Ideen auf. Die Nachlese schöpft Anregungen aus der Diskussion ab, sammelt „Spätzünder" ein und verbessert die Ausbeute.

11.4 Methoden der schöpferischen Konfrontation

Methode	Erläuterung
1. Random entry (Reizwortanalse, Lexikontechnik)	s. Kapitel 6
2. Warenhaus-Methode (Katalogtechnik)	Wie Random entry. Es können auch zufällig zwei und mehr Objekte ausgewählt und auf ihre Gemeinsamkeiten hin untersucht werden. Fünf bis sieben Teilnehmer.
3. Nebenfeld-Integration	Das Umfeld des Problems beeinflußt das Problem und seine Lösung. Die fünf bis sieben Teilnehmer definieren fünf bis 15 Nebenfelder. Damit gewinnen sie zugleich einen breiteren Überblick über das Problem und verringern die Gefahr, wichtige Details zu übersehen. Aus den Nebenfeldern werden Elemente frei assoziiert, und aus diesen schließt die Gruppe auf Lösungen.

4. Semantische Intuition	Semantik = Wortbedeutungslehre; Intuition = Eingebung. Durch Wortverknüpfungen versucht man neue Realitäten zu schaffen. Anstatt erst zu erfinden und dann der Erfindung einen Namen zu geben, wird aus einem erfundenen Namen eine Erfindung abgeleitet. Die Methode kann auch solo ausgeführt werden.
5. Forced Relationship	Ähnlich wie Semantische Intuition. Technisch ähnliche Produkte bzw. ihre Namen werden gesammelt und dann beliebig kombiniert zu Fantasieprodukten und -maschinen.
6. TILMAG	= Transformation idealer Lösungselemente durch Matrizen der Assoziations- und Gemeinsamkeitenbildung. Die von H. Schlicksupp erfundene Methode ersetzt den Verfremdungsprozeß der Synektik durch ein „rationaleres" Verfahren, das Reizwörter liefert.
7. Force-fit-Spiel	Zwei bis acht Personen bilden zwei Mannschaften, ein zusätzlicher Teilnehmer ist Schiedsrichter und Schreiber. Die erste Mannschaft nennt einen Begriff (Reizwort), der mit dem Problem „nichts" zu tun hat. Die zweite Mannschaft versucht, daraus einen Lösungsansatz abzuleiten. Gelingt es ihr, erhält sie einen Punkt und darf nun selbst ein Reizwort nennen. Gelingt es nicht, geht der Punkt an die erste Mannschaft, die dann das Spiel fortsetzt.
8. Synektik	Das Problem wird 1. diskutiert, analysiert und definiert, 2. durch Analogien verfremdet und 3. durch Force-fit gelöst

12. Literaturverzeichnis

BAYER, OTTO: Veröffentlichungen aus dem Wissenschaftlichen Hauptlaboratorium der Farbenfabriken Bayer AG Leverkusen (1957–1966), S. 20–38

BEELICH, KARL HEINZ, SCHWEDE, HANS-HERMANN: Denken – Planen – Handeln, Vogel Buchverlag Würzburg, 3. Aufl. 1983

BEXTE, PETER, KÜNZEL, WERNER: Lullus oder was der Computer im Mittelalter konnte, FAZ-Magazin, H 452 vom 28. 10. 1988, S. 94–102

BINNIG, GERT: Bild der Wissenschaft, H 3 (1990), S. 96

DE BONO, EDWARD: Laterales Denken, Rowohlt Verlag Reinbek 1971

DE BONO, EDWARD: Das spielerische Denken, rororo 6786, Rowohlt Verlag Reinbek 1974

DE BONO, EDWARD (Hrsg.): Buchers Illustrierte Geschichte der Erfindungen, C. J. Bucher Verlag, Luzern und Frankfurt/M. 1975, S. 15, 62

DE BONO, EDWARD: Thinking Course, London BBC books 1989

DE BONO, EDWARD: Sechsfarben-Denken, ETB 23013, Econ Düsseldorf 1989

DE BONO, EDWARD: Letters to Thinkers, Penguin Books, London, 1988

BRECHT, BERT: Me-ti: Buch der Wendungen, Ed. Uwe Johnson, Frankfurt/M. 1965, S. 42

BROWN, RONALD: The ah a! reaction, Chemtech H2 (1981), S. 72–76

BUGDAHL, VOLKER: Methoden der Entscheidungsfindung, Vogel Buchverlag Würzburg 1990

BUGDAHL, VOLKER: Kreatives Problemlösen, Vogel Buchverlag Würzburg 1991

BUGDAHL, VOLKER: Kreativität und Zufall, Chemie in Labor und Biochemie (CLB-Memory), H2/1992, S. M14–16, H 4/1992, S. M29–30 und H 6/1992, S. 44–47

COUDENHOVE, GEROLD: Vollmond und Zikadenklänge, Bertelsmann Gütersloh 1955

DOCZI, GYÖRGY: Die Kraft der Grenzen, Capricorn Glonn 1987

DREVDAHL, J.: Factors of importance for creativity, J. of Clinical Psychology H 12 (1956), S. 21–26

FREY, PETER, FUCHS, HEIKE-MARLENE: 1. deutscher Bionik-Kongreß, VDI Nachrichten Nr. 26 vom 26. 6. 1992, S. 6–8

FÜHMANN, FRANZ: Die dampfenden Hälse im Turm von Babel, Der Kinderbuchverlag Berlin 1979

GIDE, ANDRÉ: Die Falschmünzer, Ed. Galimard 1925

HANKISS, ELEMÉR: Tarsadalmi Csapdák, Magvető Verlag Budapest 1983

HANNAN, PATRICK et.al.: Prince Serendip at work, Chemtech H1 (1988), S. 18–21

HANNAN, PATRICK et al: Chance and drug discovery, Chemtech H2 (1988), S. 80–83

HARDIN, GERRET: The Tragedy of the Commons, Science 162 (1968) S. 1234–1248

HELLFRITZ, F.: Innovation via Galeriemethode, Eigenverlag Königstein/Ts. 1978

HÖHLER, GERTRUD: K-Plastik- & Kautschuk-Zeitung, 19. 10. 1989, S. 9

HOLLIGER, HERMANN: Morphologische Methodik der Innovation, MIZ Verlag Zürich 1972

IONESCO, EUGÈNE: Rhinocéros, Editions Gallimard Paris 1959

KIRKHOFF, MOGENS: Mind Mapping, PLS Verlag Bremen 1992

KIRST, WERNER et al: Creativitätstraining, dva Stuttgart 1971

KOCH, KARL HEINZ: Kryptogramme, Hugendubel München 1984

KÜHNERT, HANNO: Nur du, Gudrun! Die Zeit vom 2. 7. 1993, S. 59

LEVI, PRIMO: The periodic table, Abacus London 1986

LORENZ, ERIKA: Ramon Llull, Herder Freiburg 1985

MAITAL, SHLOMO und SHARONE: Economic games people play, Chemtech, H6 (1988), S. 331–332

MATUSSEK, PAUL: Kapitel „Kreativität" S. 45–65 in Band XV „Imagination, Kreativität, Transzendenz, ..." in Condrau, Gion (Hrsg.): Die Psychologie des 20. Jahrhunderts, Kindler Verlag Zürich 1979

MAIROVITZ, MARCO et al: Fitneßtraining für Denker, Studio DuMont Köln 1989

MEYERS Großes Taschenlexikon in 24 Bänden, B.I. Taschenbuchverlag Mannheim, 2. Auflage 1987

MORAVA, HANS: Mit Quickstorming Ideen finden und Probleme lösen, Wirtschaftswoche-Karriere v. 22. 4. 1988, S. 1

NACHTIGALL, W., KRESLING, B.: Bauformen der Natur, Naturwissenschaften 79 (1992), S. 192–201 und S. 251–259

OSBORNE, ALEX: Applied Imagination – Principles and Procedures of Creative Thinking, New York 1953

PELT, JEAN-MARIE: Das Leben der Pflanzen, Econ Verlag Düsseldorf 1982

PRÉTRE, SERGE: Atomwirtschaft, November 1992, S. 518–522

RIECK, CHRISTIAN: Computerturniere als Forschungsmethode, Computer persönlich, Ausg. 24 vom 13. 11. 1991, S. 35–39

SALNY, A., GROSSWIRTH, M.: Phantastische Mensa-Rätsel, DuMont Köln 1985

SCHELLING, T.: The Ecology of Micromotives, Public Interest 25/1971, S. 61–98

SCHLICKSUPP, HELMUT et al: Studie über 43 Kreativmethoden, Battelle Institut Frankfurt 1970

SCHLICKSUPP, HELMUT, FAHLE, ROLAND: Morphos, Vogel Buchverlag Würzburg 1988

SCHLICKSUPP, HELMUT: Ideenfindung, Vogel Buchverlag Würzburg, 3. Aufl. 1989

SCHLICKSUPP, HELMUT: Kreativ-Workshop, Vogel Buchverlag Würzburg 1993

STRELOCKE, HANS: Mallorca, DuMont Kunst-Reiseführer Köln, 6. Aufl. 1987

SHUBIK, MARTIN: The Dollar-Auction Game, Journal of Conflict Resolution, 15, 1, 1971, S. 109–111

TAYLOR, I.: The nature of the creative process. In: P. Smith (Hrsg.): Creativity, New York, Hastings House Publ. 1959, S. 51–82

THIELE, RÜDIGER: Das große Spielvergnügen, dtv München 1987

VOGELBACH, BEATRICE: Creo, Management Development Pharma, Firmenschrift, ca. 1980

WANDTNER, R.: Frankfurter Allgemeine Zeitung vom 24. 6. 1992, S. N1–N2

WERTHEIMER, MAX: Produktives Denken, Verlag Waldemar Kramer Frankfurt 1964

WESTHEIMER, FRANK: Chemtech, H7 (1987), S. 400–404

YUTANG, LIN: Die Weisheit des lächelnden Lebens, rororo, Rowohlt Reinbek 1991

ZACHARIAS, CARNA: Die Kunst Probleme zu lösen, Delphin Verlag München 1989

ZWICKY, FRITZ: Entdecken, Erfinden, Forschen, Droemer Knaur Verlag München 1966

13. Stichwortverzeichnis

Aktion – Reaktion 32
Ambiguitätstoleranz 15, 60, 84, 147
Analogien 33, 70 ff., 88, 97 ff., 101, 155, 176, 178, 180
Analyse 30, 178, 182
Angst 41, 49, 174
Assoziationen 33, 54, 77, 80 f., 95 f.
Asymmetrie der Einsicht 117
Attributive Listing 114, 178
Aufgeschobenes Urteil 67 f., 131, 146, 182

Beweglichkeit 44 f., 141
Biologie 95, 156 f.
Bionik 90 ff., 102 f., 178
Brainstorming 20 ff., 99, 115, 118, 128, 178, 184 f.
Brainwriting 53 ff., 118
Brainwriting Pool 56, 118

Chemie 24, 68, 142, 146 f., 152
Collective Notebook (CNB) 55, 118, 178
Computer 116, 118, 127, 169, 171
Computer Aided Creativity (CAC) 79, 118

Darstellen 31, 133, 155, 181
Deduktion 29, 44, 136
Deutsch 136 f.
Definitionen 12 ff.
Denkarten 173 f.
Denken, ganzheitlich 11, 145, 156
Denken, kreativ 44 ff.
Denken, langsam 46, 145 f.
Denken, lateral 92 ff., 130
Denken, positiv 22, 50

Denken, spielerisch 43 f.
Denken, vertikal 92 f.
Denkhüte von de Bono 173
Denksport 43, 65, 139, 141, 161
Depth-First-Search 163 f.
Dollar-Auktion 123 f.
Dringlichkeit 87, 129

Eindringtiefe 85
Enthemmung 22 f., 25, 27, 40, 96, 102, 142 f.
Entrinnen 36, 61 ff., 96, 156
Entscheidungsbaum 163
Entscheidungsprobleme 164
Erfahrung 64, 67, 131
Erfindung 14
Ergonomie 91

Fahrrad 75, 78, 101
Fibonacci-Zahlen 157
Flohmarkt-Prinzip 22
Flüssigkeit 44 f., 141
Force fit 97, 100, 102, 166, 186
Fortführen von Ideenansätzen 25
Fresnel-Linse 31
Funktionsanalyse 114, 178

Galerie-Methode 56, 118
gebildete Laien 23
Gedächtnistraining 43, 48 ff.
Gefangenen-Dilemma 120 f., 134
Gewohnheit 87
Gulliver 34, 39

Haiku 142 f.
heterogene Gruppe 23
Humor 139, 160, 172

Idea Engineering 56, 118
Ideen Delphi 55
Ideenproduktion, Fragen 179 f.
Ideenkiller 23 f., 27, 35, 41, 79,
   135, 138, 146, 148
Induktion 29, 44
Informatik 160
Information 22, 29 f., 155, 182
Infragestellen des Selbstverständli-
   chen 36, 65 f., 87
Innovation 148 f.
Innovation, Definition 14, 152
Innovation, Kreislauf 18, 139
Innovationsspirale 19, 157
Intelligenz, Definition 12
Intelligenzfalle 131
Irrgarten 32, 44, 161 f.

Kalender 50
Kärtchenbefragung 56, 118
Kippfiguren 74 f.
Kombination 34 f., 103, 107 f.,
   149, 167 f., 181
Konfliktlösen 34, 55, 119 ff., 172 f.
Konfliktmorphologie 133 f.
Konfrontation 34
Kreativität, Definition 12, 14, 147
Kreativitätsdilemma 38 ff.
Kreativitätsebenen 13
Kritik ausschalten 22, 24, 41
Kryptogramme 141

Labyrinth 44, 161
Lin-Yutang-Modell 173
Lösemittel 67 f.
Logik 29, 44, 136 f., 139, 174
Lullus' Mühle 167 f.

Märchen 20, 93
Malbergbahn 31 f.
Mapping 128 ff., 146, 175
Mathematik 31, 38, 160 f.

Matrjuschka-Prinzip 34
Mengenlehre 21, 173
Methoden, Übersicht 178 ff.
Metrinch-Schlüssel 35 f.
Mnemo-Kettenmethode 50
Modell 32, 155, 173, 176
Moderator 27, 40, 118
Modifikation von Information
   29 ff., 179
Moiré-Muster 76
Morphologie 105, 118
Morphologischer Kasten 104 ff.,
   152, 167 f., 178
Morphologisches Tableau 112,
   152, 178
Morphos 116, 118
Motivation 30, 42 ff., 55, 84, 96,
   147
Muster 61, 67 f., 76, 91, 94

Nachdenken 29, 139, 172
Nachlese 27, 41, 185
Näherungsverfahren 29, 154
Natur als Vorbild 90
Nebenfeldintegration 185
Negation der Negation 19, 35,
   72 f., 155
Nullsummenspiel 120, 123 f.

Optik 31
Optische Täuschungen 74
Ordnen 30 f., 131
Originalität 44 ff., 141
Oulipo 139 ff.

Palindrome 141
Periodensystem 142, 152
Pharmazie 66, 91, 93, 151
Physik 35, 76, 78 f., 153 f.
Plus, Minus, Interessant (PMI)
   131, 184
PO 67 f., 88

Prioritäten setzen 109, 128 ff., 135, 163 f., 175
Probierelite 41
Problem, Definition 16 f., 95, 97, 147, 181
Problemarten 17, 84 f., 129
Problemfinden 84 f.
Problemzerlegung 104, 155
Provokation 67 f., 88

Quickstorming 39

Random entry 77 f., 79, 81 f., 88, 90 f., 96, 102, 118, 185
Reflexion 37
Reizworttechnik 77 f., 79, 81 f., 88, 90 f., 96, 102, 118, 185
Religion 167
Rezeptionsästhetik 137

Schöpferische Konfrontation 33, 96, 178, 185
Sechsfarben-Denken 171 f.
635 53 ff., 118, 178
Semantische Intuition 102, 186
Sequentielle Morphologie 178
Sitzungen 172 f.
Spiele 43 f., 61, 70, 120, 123, 134, 159
Soziale Fallen 119 f.
Sozialkunde 121 f., 167
Spontanreaktion 55, 77, 97, 139
Stille Post 70
Strukturierung 107, 167, 177
Substitution 33, 180
Suchraumerweiterung 64, 77
Syllogismen 136
Synektik 90 ff., 118, 143, 166, 178, 186
Synergie 22

Tangram 61
Tendenz 129
Tradition 131
Transformation 16, 37, 71 f., 155
trial and error 32

Überlagerung 76
Umdefinieren 93
Umkehrprinzip 35, 62, 72 f., 79, 101, 155, 181
Umstrukturieren 61, 64, 67, 88, 93
Ungehemmte Entladung 178
Unterbewußtes Wissen 21
Unwissen 62 ff.

Verbesserungsanfälliger Bereich (VB) 84, 89
Verdoppeln 78 f., 155
Vereinfachen 30 f.
Verfremdungsverfahren 33 f., 64 f., 67, 95 f., 100, 102, 138, 143, 154
Vergrößern 34, 155, 180
Verhaltensforschung 95
Verkleinern 34 f., 155, 180
Verzerrung 34, 180
VO-BU-Spiel 134

Warenhausmethode 77, 90, 96, 185
Wenn-Dann-Beziehung 32
Wichtigkeit 87, 129
Wunschkonzept 84

Zufall 14, 146 f., 153, 164 f., 167
Zufallswörter 77 f., 88
Zwangsverknüpfung 77, 79, 100, 107, 112, 167 f.

Fundgruben
für Ihren Unterricht

Die Fundgrube für den Deutsch-Unterricht ab Klasse 5

Cornelsen
SCRIPTOR

Gerd Brenner (Hrsg.)
Die Fundgrube für den Deutsch-Unterricht ab Klasse 5
1995. 304 Seiten, Abbildungen, Paperback
3-589-21054-0

Neben Aufwärmübungen für die ersten Unterrichtsminuten gibt es kreative Ideen zum Lesen und Schreiben. Dazu gehören Vorschläge zum Umgang mit Klassenarbeiten und Noten, hilfreicher Rat z.B. für Konferenzen und Elternsprechtage, außerdem Tips für „Litera-Touren", Feste und Projekte.

Jamie Walker
Gewaltfreier Umgang mit Konflikten in der Sekundarstufe I
Spiele und Übungen
1995. Ca. 192 Seiten, Abbildungen, Paperback
3-589-21059-1

Im Mittelpunkt stehen Spiele und Übungen, die Schülern die Fähigkeit vermitteln, mit Konflikten umzugehen, ohne

gleich auszurasten. Wichtige Themen sind z.b. aktuelle Konflikte in der Klasse, Förderung des Selbstwertgefühls, Kommunikation und Kooperation. Ein Praxis-Handbuch zur Prävention von Gewalt.

Harald Parigger
Geschichte erzählt
Von der Antike bis zum 20. Jahrhundert
1994. 368 Seiten, gebunden
3-589-20940-2

In den rund 100 spannenden Erzählungen finden Sie für Ihren Geschichtsunterricht jede Menge Vorlesestoff für die Klassen 5 bis 8: von der „rätselhaften Mumie" in Ägypten bis zum „Dienstmädchen Anna" im späten 19. Jahrhundert.

Petra Hölscher (Hrsg.)
Interkulturelles Lernen
Projekte und Materialien für die Sekundarstufe I
1994. 192 Seiten, Abbildungen und Kopiervorlagen, Paperback
3-589-21050-8

Dieser Band bietet ausführliche Projektbeschreibungen und hilfreiche Tips zum interkulturellen Lernen. Themen sind u.a. Einander besser verstehen - Ein Blick in andere Länder und Kulturen; Vom Leben in fremden Kulturen - Ausländer bei uns.

Peter Sehrbrock
Freiarbeit in der Sekundarstufe I
1993. 144 Seiten, Abbildungen, Paperback
3-589-21045-1

**Cornelsen Verlag
Scriptor**

Fragen Sie
in Ihrer Buchhandlung.